수업에 바로 쓰는 진로독서 길잡이

책으로 말 걸고, 토론으로 진로 찾기

수업에 바로 쓰는
진로독서 길잡이

김길순
김윤진
박혜미
이영옥

학교
도서관
저널

일러두기
- 발문 끝에 관련 내용이 수록된 참고도서의 해당 쪽을 괄호에 넣어 표시했습니다.
- 본문에 쓰인 인용문은 대부분 저작권자의 동의를 얻어 수록했으나 저작권자를 찾지 못한 경우는
  확인되는 대로 정식 동의 절차를 밟겠습니다. 수록을 허락해 주신 모든 분들께 감사드립니다.

서문

성장소설에서 진로 찾기

독서토론 연구 모임 '책봄'에서 활동한 내용을 엮은 첫 책, 『수업에 바로 쓰는 독서토론 길잡이』를 출간하고 독자들로부터 많은 격려를 받았습니다. 그대로 따라 하니 수업이 되더라는 말은 새 책을 낼 수 있는 용기와 의지를 북돋아 주었습니다.

  앞으로 우리 청소년이 살아갈 미래 사회는 한 사람이 여러 가지 직업을 갖게 될 것이라고 합니다. 또한 직업과 직업 간의 경계가 허물어지고 여러 분야를 융합해서 하는 일의 비중이 늘어나게 될 것으로 보입니다. 그러므로 새로운 직업을 갖기 위해 스스로 공부하는 능력, 과제 해결을 위해 협력해서 일하는 능력, 창의적으로 문제를 해결하는 능력, 자신의 생각을 표현하는 능력 등이 핵심 역량으로 작용하게 될 것입니다.

  교육계에서도 바뀐 사회 변화를 반영하여 이미 중학교에서는 자유학년제를 시행하고 있습니다. 자유학년제란, 한 학년 동안 다양한 진로 체험 활동과 학생 참여형 토론 수업을 지향하고 지필고사 대신 과정형 평가를 실시하여 청소년들의 핵심 역량을 강화하려는 정책입니다.

  이러한 자유학년제의 취지에 부합하며 지필고사를 보지 않음으로써 우려되는 학습 공백을 메울 좋은 대안으로 독서만큼 훌륭한 것이 없다고 생각합니다. 게다가 청소년기의 독서는 미래에 대한 다양한 가능성을 심어줄 수 있습니다. 그래서 이번 책에서는 성장소설을 진로교육에 활용하는 '독서토론을 연계한 진로·직업 탐색 활동'을 제안합니다.

왜 성장소설인가?

진로교육이 강조되다 보니 많은 진로·진학 관련 도서가 출간되었지만 직업인을 소재로 한 인물 중심의 이야기와 직업을 소개하는 시리즈 형식의 실용서들이 대부분이었습니다. 청소년들 중에는 자신의 진로에 대해 결정을 내리지 못한 학생이 많습니다. 그런 학생들이 특정 직업에 대해 검색하면 찾을 수 있는 정보 나열식의 실용서를 참고하는 것은 아쉬움이 남습니다.

개개인의 꿈 찾기가 제대로 되기 위해서는 마음에서 우러난 진로 결정이 필요합니다. 그래서 재미난 책 읽기로 즐겁게 진로를 고민하는 방법을 찾아보았습니다. 재미있게 읽으면서 진로·직업에 관해 탐색하는 책, 이 두 가지 조건을 충족하기 위해 안성맞춤인 소재가 바로 성장소설입니다.

성장소설 속 등장인물은 곳곳에서 만나는 우리 청소년들의 이야기입니다. 그렇기 때문에 청소년들이 더욱 재미있게 읽고 공감할 수 있겠지요. 진로·직업과 관련해 자신과 같은 고민을 하는 성장소설 속 주인공이 갈등이나 문제를 해결해 가는 모습을 보면서 공감하고 위로를 받으며, '나도 할 수 있다'라는 자신감을 갖게 될 것입니다. 또한 그들처럼 '무엇이 될까', '어떻게 될까'를 함께 고민하면서 더 넓고 깊은 꿈을 꾸게 되길 기대합니다.

어떤 책을 선정했는가?

『수업에 바로 쓰는 진로독서 길잡이』는 성장소설 속 주인공들이 진로에 대해 고민하고 자신의 길을 찾아가는 이야기를 통해 청소년들에게 꿈을 찾아가는 길을 열어 주고자 합니다. 본문에 수록된 책은 다음과 같은 기준에 따라 진로 교육에 적합한 책으로 선별했고, 되도록 꿈 찾기에 대한 고민과 내적 성장이 잘 드러나도록 토론 발문을 만들었습니다.

첫째, 주인공이 자신의 재능을 인식하는 과정이 드러나는가?
둘째, 주인공이 자신의 꿈을 이루기 위해 어떠한 노력을 하는가?
셋째, 주인공이 자신의 꿈을 반대하는 주변 인물들과의 갈등을 어떠한 방법으로 해결하는가?
넷째, 주인공 자신이 꿈꾸는 직업인에 관한 적합한 가치관이 드러나는가?
다섯째, 주인공은 자신의 부족한 역량을 보충할 여지가 있는가?

 책 속의 주인공들처럼 청소년들 모두가 삶의 주인공으로 우뚝 서길 바라는 마음을 담아 책봄의 두 번째 책을 펴냅니다. 자신만의 멋진 꿈을 꾸는 청소년들과 그 꿈을 응원하며 도움을 주고자 하는 선생님들 모두에게 이 책이 선물처럼 전해졌으면 좋겠습니다.

2019년 4월
책봄 일동

차례

- 005 서문
- 010 책의 구성과 활용법
- 012 독서토론 연계 진로 수업 과정

1장. 자기 발견 : 내가 진짜로 원하는 게 뭘까?

- 018 남들이 아닌 내가 바라는 꿈과 진로 | 꿈을 찾는 아이들에게 |『빅 보이』
- 032 텃밭을 일구며 배우는 세상살이 | 농부 |『너 지금 어디 가?』
- 048 꿈을 요리하는 형제의 맛깔나는 성장기 | 요리사 |『도무라 반점의 형제들』
- 062 조선의 아픈 여인들을 살리겠다는 소명 | 의사 |『꿈을 가져도 되오?』

2장. 진로 가치 : 무엇을 위해 살 것인가

- 078 아이가 살아갈 미래를 걱정한 핵융합 과학자 | 과학자 |『달 위를 걷는 느낌』
- 092 부조리한 세상에 정의를 바로 세워라 | 기자 |『남산골 두 기자』
- 106 세계의 문제를 끌어안은 한 소년 | 사회 운동가 |『내 꿈은 세계평화』
- 120 불법 포획을 막기 위한 분투기 | 환경 운동가 |『고래들이 노래하도록』

3장. 진로 갈등 : 꿈을 가로막는 시련 앞에서

- 138 어른들이 반대해도 음악하고 싶어 | 대중음악가 |『너희는 안녕하니?』
- 152 헤어 디자이너를 꿈꾸는 소년의 장밋빛 인생 찾기 | 미용사 |『꼴값』
- 166 여자는 왜 야구하면 안 돼? | 야구 선수 |『홈으로 슬라이딩』
- 180 무대에 서고 싶은 연습생들의 도전 | 연예인 |『밤을 들려줘』
- 194 그라운드 안에서 펼쳐지는 희로애락 | 축구 선수 |『하프라인』

4장. 직업 이해 : 무작정 뛰어든 직업 체험기

- 210 　수아와 함께하는 캄보디아 여행 | 관광 가이드 | 『내 이름은 망고』
- 226 　재기발랄한 10대의 광고회사 입성기 | 광고 기획자 | 『우리는 마요네즈가 아니에요』
- 240 　스릴 넘치는 법의 세계를 누비는 소년 변호사 | 법조인 | 『시어도어 분』
- 256 　조작된 영상으로 인기를 얻은 BJ 소녀 | 유튜버 | 『브이로그 조작사건』
- 270 　똑똑하고 당찬 아이들의 사업 성공기 | 사업가 | 『치약으로 백만장자 되기』

5장. 진로 멘토 : 내 꿈의 이정표가 되는 사람

- 286 　열혈 경찰, 폭력에 멍든 불량소년을 구하라 | 경찰 | 『WELCOME, 나의 불량 파출소』
- 300 　만화에 빠진 60대 민수와 10대 민수의 우정과 전쟁 | 만화가 | 『오늘의 민수』
- 314 　불안에 쫓기는 아이들을 위한 독서회 | 사서(교사) | 『미치도록 가렵다』
- 328 　옆집에 유명 작가가 산다면? | 작가 | 『어느 날 작가가 되었습니다』

- 342 　부록 1. 진로·직업 영역별 추천 책
- 349 　부록 2. 다양한 진로·직업 체험 통로
- 354 　부록 3. 진로·직업 정보를 제공하는 사이트

책의 구성과 활용법

각 장마다 성장소설을 매개로 책 소개, 낱말 퍼즐, 해석적 발문, 선택적 발문, 사색적 발문, 책 속 진로 찾기, 진로 탐색을 거치면서 책 읽기의 모든 단계를 통합적으로 경험한 후 직업에 대한 올바른 가치관을 갖고 스스로 진로를 탐색하는 능력을 길러줄 수 있도록 구성했습니다.

책 소개

서지 사항 및 책에 대한 간략한 정보를 제공하고, 책에서 다룰 만한 주제를 알려줍니다. 또한 '함께 보면 좋아요'를 통해 비슷한 주제의 책을 골라 소개합니다.

낱말 퍼즐

주제를 드러내는 주요 단어와 청소년이 알아두면 좋을 사자성어로 퍼즐을 만들었습니다. 독서토론을 하기 전에 흥미 유발 및 집중을 유도하는 아이스브레이크로 활용해 보세요.

유형별 발문

· 해석적 발문 : 책 속 내용을 다양한 의미로 해석해 보는 사고 확장형 발문입니다.
· 선택적 발문 : 입장을 정하여 이유와 근거를 생각하게 하는 발문입니다.
· 사색적 발문 : 자신이나 현 사회의 문제 해결을 위한 방법을 제시하는 발문입니다.
· 진로 발문 : 주인공이나 주변 인물들의 진로 고민과 선택, 직업 수행 등을 살펴보며 진로 탐색 과정을 들여다봅니다. 직업인으로서의 가치관이나 노력해야 할 사항, 갖추어야 할 능력, 하는 일, 유기적으로 연결된 직업의 세계 등을 탐색할 수 있습니다.

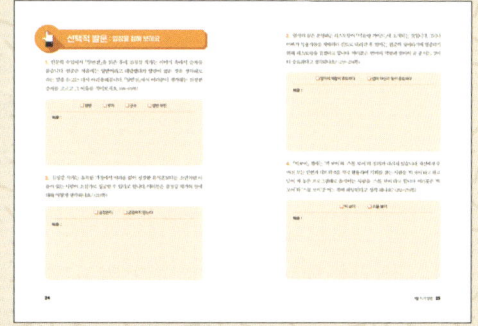

참고자료 목록

미래의 직업 변화를 알려주는 책, 청소년들에게 롤 모델이 될 만한 인물에 관한 책, 학생들은 물론 진로교육을 지도하는 교사와 학부모들에게도 도움이 될 만한 책을 골라 소개합니다. 그리고 다양한 진로 직업 체험을 할 수 있는 시설과 진로 직업 관련 정보를 제공하는 사이트를 알려줍니다.

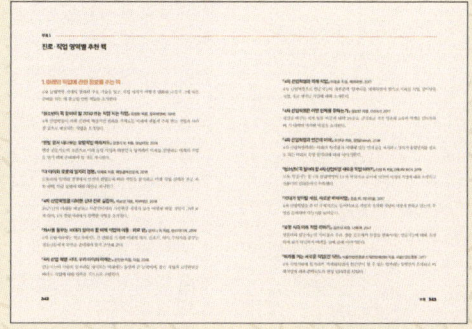

독서토론 연계 진로 수업 과정

책에 수록된 발문들로 독서토론과 연계한 진로 수업을 진행할 수 있도록 그 구체적인 방법을 제시하고자 합니다. '책 읽기 ⇒ 발문을 활용한 토론 활동 ⇒ 진로 탐색'의 순서로 수업 진행 과정을 살펴보겠습니다.

1단계 : 책 읽기

독서토론 연계 진로 수업은 책 읽기를 함께하는 것으로 시작합니다. 수업 전에 개인별로 읽어 오게 하면 안 읽어오는 학생이 다수 발생할 수 있습니다. 학교도서관 사서와 진로 담당 교사가 협의하여 진로 수업에 필요한 목록을 만들고 수업 지원 방법(아래 표. 수업을 위한 학급 단위의 책 읽기 방법)을 선택하여 독후 활동을 구상합니다. 여러 권의 책으로 수업을 진행할 경우에는 학생들의 수준을 고려하여 상중하로 구분된 자료를 골고루 안배합니다.

수업을 위한 학급 단위의 책 읽기 방법

독서 형태	장점	단점
같은 책으로 한 학급 읽기	- 같은 내용을 공유할 수 있다. - 독후 활동을 같이할 수 있다. - 학급 구성원의 공감대를 형성한다.	- 학급 구성원만큼의 책 확보가 어렵다. - 학교도서관에서 구입한 경우 수업이 종료된 후 복본 관리가 곤란하다.
같은 책으로 모둠별 읽기	- 모둠별로 공감대를 형성한다. - 모둠의 수만큼 다양한 책을 선정한다. - 자신이 읽고 싶은 책을 우선 접한다.	- 독후 활동을 모둠별로 진행해야 하기 때문에 교사의 특별한 역량이 필요하다. - 모둠별로 책 읽기 종료 시점이 다르다.
여러 책으로 개인별 읽기	- 모둠별 활동에서 자신의 수준에 맞는 책을 선택한다. - 모둠 안에서 여러 직업에 대해 토론할 수 있다.	- 동일한 독서토론이 곤란하다. - 모둠 내에서 책 읽기 종료 시점이 다르다.

책 읽기를 마친 후에는 주제를 드러내는 주요 단어들로 만든 낱말 퍼즐을 풀어봅니다. 낱말 퍼즐은 독서토론 전에 분위기를 환기하고 흥미를 유발하는 맛보기 게임으로 활용하여 개인별 또는 짝꿍별, 모둠별로 풀어보면서 팀워크를 다질 수도 있습니다.

2단계 : 발문을 활용한 토론 활동

책 읽기를 마친 후 발문을 통해 본격적인 토론 수업을 진행합니다. '해석적 발문-선택적 발문-사색적 발문' 등 순차적으로 진행하여 독서토론을 완성합니다. 다만 수업 시간을 고려하여 발문의 개수는 취사 선택할 수 있습니다. 「토끼와 거북이의 경주」를 예로 들어 3가지 발문 활용법에 대해 설명하고자 합니다.

1) 해석적 발문 : 다양하게 생각해 보아요

책 속의 내용에 대한 다양한 의미를 해석하는 사고 확장형 발문으로 다섯 명이 함께 토론했다면 다섯 권을 읽은 느낌을 받을 수 있습니다. 다소 엉뚱하고 기발한 발언이 있더라도 모두 수용해주는 것이 좋습니다. 주로 '왜~'라는 물음으로 시작하여 3~4개 이상 다양한 대답을 들을 수 있습니다.

예시문	'왜 거북이는 달리기 경주를 하자는 토끼의 제안을 받아들였을까요?'
예시 답1	자기가 느린 것을 뻔히 알고 있는 토끼가 달리기 경주를 하자고 하니 분한 마음에 승낙했다.
예시 답2	거북이는 빨리 달리는 토끼가 평소에 게으르다는 것을 알고 있었다.
예시 답3	토끼의 달리기 실력은 빠른 것으로 이미 소문이 나 있기 때문에 거북이는 자신이 지더라도 손해 볼 것이 없다고 생각했다.

2) 선택적 발문 : 입장을 정해 보아요

독자의 입장을 선택하여 이유와 근거를 생각하게 하는 발문입니다. 주로 '~를 어떻게 생각하는가?'라는 물음에 관한 자신의 입장을 정합니다. 이때 자신의 주장에 대한 근거를 반드시 책의 본문에서 찾도록 하여 막연한 주장이 되지 않도록 해야 합니다.

예시문	경기 도중 자고 있는 토끼를 깨우지 않은 거북이는 페어플레이를 했다고 할 수 있는가?	
선택	■ 거북이는 페어플레이어이다	□ 거북이는 페어플레이어가 아니다
선택 이유	자기 페이스를 유지하면서 경기를 완주한 거북이는 페어플레이어이다. 이에 반해 토끼는 경기 도중에 잠을 자며 상대 선수에 대한 예의 없는 경기를 펼쳤다. 거북이에게 자신을 얕잡아 보고 경기에 임한 토끼를 깨울 의무는 없다.	

3) 사색적 발문 : 생각을 넓혀 보아요

책을 읽고 나서 느낀 점이나 생각을 넓혀 자신과 연결 지어보는 발문입니다. 자신의 문제에 대한 해결 방법을 찾게 하거나 현 사회 문제를 다양한 시각으로 바라볼 수 있게 합니다. '만약에~'라는 가정으로 창의적인 결말로 재구성하기도 하며 독후 활동으로 생각을 확장할 수 있습니다.

예시문	토끼와 거북이가 공정한 경주를 하려면 어떤 방식이 좋을까?
예시 답	토끼는 육지로, 거북이는 바다로 세계 일주하는 경주를 한다.
독후 활동	'토끼와 거북이의 공정한 경주 포스터' 만들기

3단계 : 진로 탐색(활동지 작성을 통한 진로 탐색 과정)

3가지 발문을 활용하여 독서토론을 진행했다면 이어서 책 속 등장인물들을 살펴보며 진로 탐색 활동을 해 봅니다. 주인공과 주변 인물들이 처한 상황과 그들의 행동을 작품 밖으로 확장해 보는 활동지를 작성하면서 진로와 직업에 대한 자발적인 관심을 끌어냅니다.

1) 책 속 진로 찾기 : 꿈을 키워 보아요

자신이 좋아하는 일로 직업과 진로를 위해 고민하는 주인공의 모습을 통해 희망하는 직업인이 되기 위한 과정과 방법에 대해 탐색하도록 돕는 활동입니다. 직업인으로서의 가치관이나 노력해야 할 사항에 대해 탐색해 봅니다. 수업 시간에 따라 진로 탐색 발문만으로도 토론 및 독후 활동이 가능합니다.

2) 진로 탐색 : 꿈을 응원합니다

책에 중점적으로 언급된 직업에 대해 구체적으로 알아볼 수 있는 진로 탐색 발문입니다. 각 직업의 가치관과 해당 직업군에서 필요로 하는 능력에 대해 알아보고, 유기적으로 연결된 직업의 세계에 대해서도 생각해 봅니다.

1장 자기 발견

내가 진짜로
원하는 게 뭘까?

#1
남들이 아닌
내가 바라는 꿈과 진로

| 꿈을 찾는 아이들에게 |

About the Book

빅 보이 : 가슴 뛰는 일을 찾아봐!

고정욱 지음, 책담, 2014

주인공 현준은 엄마가 정한 스케줄대로 공부하면서 삼성전자에 취직하여 돈을 많이 버는 것을 꿈으로 생각하고 지냈습니다. 그러다가 김청강 작가와 시작한 인문학 공부를 계기로 꿈에 대해 새롭게 고민하게 됩니다. 부모님은 반대하지만 자신이 행복한 일을 꿈꾸는 소연과 꿈을 이룬 윤석훈 기자를 만나고, 그제야 현준은 가슴 뛰는 자신의 진짜 꿈을 찾습니다. 자신에게 주어진 것을 적극적으로 활용하여 기회를 잡는 사람을 '빅 보이'라고 하고, 남이 짜 놓은 프로그램대로 움직이는 사람을 '스몰 보이'라고 합니다. 내가 정말 좋아하고 하고 싶은 일은 무엇일까? 스스로 해답을 찾고 빅 보이로 성장하는 현준을 보면서 꿈에 대한 생각과 가치관을 키울 수 있습니다.

함께 보면 좋아요

『누가 뭐래도 내 길을 갈래』 김은재 지음, 사계절, 2018
『복잡하지 않아요』 사위엘 뤼베롱 지음, 박정연 옮김, 어린이나무생각, 2016
『나는 아무 생각이 없다』 마르탱 파주 지음, 배형은 옮김, 내인생의책, 2015
『상큼하진 않지만』 김학찬 지음, 문학동네, 2012

낱말 퍼즐 : 내용을 떠올려 보아요

정답

가로 | 1.한목소리 2.제자리 3.스포츠 기자 4.맥시멈 5.양반전 6.스포츠 에이전트 7.흥미 8.불감청이언정 고소원 9.소개 10.고소 11.덕치주의 12.판타지 13.공인중개사

세로 | ①한자 ②소설가 ③제리 맥과이어 ④기승전결 ⑤스몰보이 ⑥미상불 ⑦감지덕지 ⑧고정욱 ⑨원고지 ⑩개정판 ⑪주인공 ⑫타율

가로

1. 현준에게 꿈에 대해 이야기한 소연과 김청강 작가는 같은 생각을 드러냄. 같은 견해나 입장을 비유적으로 이르는 말.
2. 어떤 물건이나 마음이 처음에 있던 자리.
3. 김청강 작가의 제자인 윤석훈의 직업. 방송사나 신문사에서 스포츠와 관련된 기사를 작성하거나 편집하는 사람.
4. 최댓값을 뜻하는 영어 단어 'maximum'의 한글 표기.
5. 현준이 김청강 작가와 인문학 수업 때 토론했던 고전문학. 박지원이 지은 대표적인 한문 단편소설.
6. 현준이 구체적으로 갖게 된 자신의 꿈을 펼칠 수 있는 곳. 스포츠 선수들의 경제 활동과 관련하여 대행하거나 주선하는 일을 하는 회사.
7. 직업을 선택할 때 고려하는 사항 중 하나. 자신이 흥을 느끼는 재미.
8. 현준이 책 배달 심부름을 핑계로 소연과 같이 가게 되었을 때의 마음을 잘 드러내는 고사성어. '감히 청하지는 못하지만 간절히 바라던 일'이라는 뜻. ○○○이 언정 ○○○.
9. 김청강 작가는 스포츠에 관심 많은 현준에게 스포츠와 관련된 일이나 활동을 말해줌. 잘 알고 있지 못하거나 알려지지 않은 것을 설명하여 알려줌.
10. 소연에게 책 심부름을 갔던 현준이 소연의 아빠에게 폭행을 당하자 현준의 엄마는 법적으로 처리하겠다고 함. 피해자나 그 법정 대리인이 수사기관에 범죄 사실을 신고하여 법적 처리를 구하는 일.
11. 공자의 정치적 이상으로 도덕성에 근거한 정치사상. '덕'으로 정치를 행하는 것.
12. 윤석훈 기자가 청소년 시절에 주로 창작했던 문학의 장르. 공상이나 상상이 특별히 많이 드러나는 문학의 형식.
13. 토지와 건축물 등의 중개를 영업으로 하는 전문중개업자.

세로

① 인문학 수업에서 시험을 보았던 글자. 우리말을 이해하기 위해서는 반드시 알아야 한다고 김청강 작가가 강조한 공부.
② 자신이 행복해지는 일이라며 부모님의 반대를 무릅쓰고 소연이 꿈꾸는 장래희망. 지속적으로 소설을 써서 발표하는 직업.
③ 스포츠에 관심 있는 현준에게 김청강 작가가 추천한 스포츠 관련 영화. 자신만의 스포츠 철학으로 회사를 만들어 새로운 도약을 꿈꾸는 매니저의 이야기.
④ 글을 체계적으로 짓는 4단계 방식. 起-承-轉-結.
⑤ 현준처럼 남이 짜 놓은 프로그램대로 움직이는 사람을 칭하는 말. ↔ 빅 보이.
⑥ 아니라고 부정할 수 없음. 未甞不.
⑦ 스포츠에 관심이 많은 현준은 김청강 작가의 도움으로 윤석훈 기자와 만나 대화도 나누고 박찬호 선수와 전화 통화도 하게 됨. '과분한 듯하여 아주 고맙게 여김'을 뜻하는 사자성어. 이 단어의 초성만 나열하면 ㄱㅈㄷㅈ.
⑧ 『까칠한 재석이가 사라졌다』, 『공짜로 놀아 주마』, 『빅 보이』 등의 성장소설을 지은 작가 이름.
⑨ 원고를 작성할 때 쓰는 일정 규격의 문서. 글을 쓸 때 분량을 쉽게 파악하고 글을 교정하는 데 매우 효율적인 종이.
⑩ 이미 출판된 책의 내용을 고치거나 보완하여 다시 출판한 책.
⑪ 소설, 연극, 영화 등에서 사건과 이야기를 이끌어 가는 중심인물.
⑫ 야구 경기에서 안타 수를 타수로 나눈 값. 보통 타자의 타격 능력을 뒷받침하는 기록으로 사용함.

 **해석적 발문 : 다양하게 생각해 보아요**

1. 시험 성적만 잘 나오면 된다던 현준 엄마는 현준을 김청강 작가에게 보냅니다. 성적을 가장 우선시하던 엄마가 현준에게 김청강 작가의 인문학 수업을 듣게 한 이유는 무엇이라고 생각하나요? (63쪽)

2. 소연이 현준에게 꿈을 묻자 삼성전자에 취직해서 돈을 많이 버는 것이라고 합니다. 현준의 대답에 소연과 김청강 작가는 웃지만 정작 현준은 두 사람이 웃는 이유를 모릅니다. 그들이 현준의 꿈을 듣고 웃은 이유는 무엇이라고 생각하나요? (102쪽)

3. 김청강 작가는 친구에게 자전거를 얻어 타고 다녔던 일을 이야기해 주면서 영원할 줄 알았던 것도 시간이 지나면 변하기 때문에 세상에 믿을 것이 없다고 합니다. 그리고 세상이 변하기 때문에 꿈과 희망도 변할 수밖에 없다고 합니다. 김청강 작가는 현준에게 왜 이 말을 해주었을까요? (138쪽)

4. 인문학 수업을 계속하면서 김청강 작가는 현준에게 여전히 대기업에 취직하는 것이 꿈이냐고 묻습니다. 현준은 아니라고 답하지만 여전히 무슨 일을 해야 할지 모르겠다고 합니다. 김청강 작가와 공부하는 동안 현준의 꿈에 대한 답이 달라진 이유는 무엇일까요? (176쪽)

5. 기사 쓰는 법을 따로 배워야 하는 줄 알았던 현준에게 김청강 작가는 진정성만 담겨 있으면 모든 글쓰기 방법은 다 똑같다고 말합니다. 여러분은 글을 쓸 때 진정성 외에도 어떤 것이 중요하다고 생각하나요? (210쪽)

6. 김청강 작가는 독서토론과 영화토론 등 다양한 방법으로 인문학 수업을 합니다. 인문학 수업 과정을 되짚어 보면서 현준이 깨닫게 된 것을 정리해 봅시다.

인문학 수업 과정	깨닫게 된 것
한자 외우기 & 시험	
『양반전』 읽고 독서토론 하기	
『엄마의 말뚝』 읽고 독서토론 하기	
영화 〈제리 맥과이어〉, 〈머니 볼〉 보기	
『젊은 베르테르의 슬픔』 읽고 독서토론 하기	

선택적 발문 : 입장을 정해 보아요

1. 인문학 수업에서 『양반전』을 읽은 후에 김청강 작가는 이야기 속에서의 승자를 묻습니다. 현준은 처음에는 양반이라고 대답했지만 양반이 잃은 것을 생각해 보라는 말을 듣고는 혼란스러워집니다. 『양반전』에서 여러분이 생각하는 진정한 승자를 고르고, 그 이유를 적어보세요. (68~69쪽)

☐ 양반   ☐ 부자   ☐ 군수   ☐ 양반 부인

이유 :

2. 김청강 작가는 유복한 가정에서 어려움 없이 성장한 윤석훈보다는 소연처럼 아픔이 있는 사람이 소설가로 성공할 수 있다고 합니다. 여러분은 김청강 작가의 말을 어떻게 생각하나요? (213쪽)

☐ 공감한다   ☐ 공감하지 않는다

이유 :

3. 엄마의 꿈은 자신이 운영하는 레스토랑이 『미슐랭 가이드』에 소개되는 것입니다. 그러나 아빠가 특용 작물을 재배하러 진도로 내려간 후 엄마는 현준의 뒷바라지에 열중하기 위해 레스토랑을 접겠다고 합니다. 여러분은 엄마의 역할과 엄마의 꿈 중 어느 것이 더 중요하다고 생각하나요? (233~234쪽)

☐ 엄마의 역할이 중요하다   ☐ 엄마 자신의 꿈이 중요하다

이유 :

4. 소설 『빅 보이』에는 '빅 보이'와 '스몰 보이'의 정의가 나옵니다. 자신에게 주어진 모든 인연과 네트워크를 적극 활용하여 기회를 잡는 사람을 '빅 보이'라고 하고, 남이 짜 놓은 프로그램대로 움직이는 사람을 '스몰 보이'라고 합니다. 여러분은 '빅 보이'와 '스몰 보이' 중 어느 쪽에 해당한다고 생각하나요? (252~253쪽)

☐ 빅 보이   ☐ 스몰 보이

이유 :

사색적 발문 : 생각을 넓혀 보아요

1. 김청강 작가는 청소를 도와주다가 유리창 열 장을 깨뜨린 볼 보이와 숨겨 놓은 사탕을 꺼내 먹다가 한 장을 깬 아이를 예로 들면서 깨진 유리창 개수로 잘못의 크기를 따질 수 없다고 합니다. 어떤 일이 생겼을 때 결과만으로 판단하면 안 되는 경우가 있습니다. 여러분도 나쁘게 나온 결과를 다르게 해석했던 경험이 있다면 소개해 주세요. (53~54쪽)

2. 인문학적 소양을 경영에 가장 잘 적용한 대표적인 사람이 스티브 잡스라고 합니다. 특정 기업이 독점하고 있는 컴퓨터를 왜 개인이 가지면 안 될까를 생각하고 개인용 컴퓨터 애플을 개발했다고 합니다. 여러분이 생각하는 '인문학적 소양'은 무엇이며, 왜 필요하다고 생각하나요? (56쪽)

내가 생각하는 인문학적 소양이란?	인문학적 소양이 필요한 이유는?

3. 박완서 작가의 『엄마의 말뚝』은 누구나 가지고 있는 마음속 중심에 대한 소설입니다. 이 책을 읽고 이야기를 나눈 현준은 말뚝을 어디에 꽂는지에 따라 인생의 방향이 달라질 수도 있다는 것을 알게 되었습니다. 그래서 아빠가 진도에 내려가 특용 작물을 재배하겠다는 것도 자신이 스포츠 스카우터가 되겠다는 것도 마음속에 말뚝을 세운 결과라고 생각합니다. 여러분의 마음속에는 어떤 말뚝이 있는지 이야기해 보세요. (236쪽)

4. 공부에 대한 스트레스로 힘들었던 현준에게 축구와 야구는 최후의 보루였고 희망이었습니다. 여러분도 힘든 상황을 견디고 이겨내도록 힘을 주는 것들이 있다면 무엇인지 이야기해 봅시다. (154쪽)

책 속 진로 찾기 : 꿈을 키워 보아요

1. 김청강 작가는 현준에게 좋아하는 일을 직업으로 삼으라고 조언합니다. 그러나 『빅 보이』에 등장하는 인물들은 다양한 흥미가 있지만 소연처럼 자신이 좋아하는 일을 직업으로 연결하지는 못합니다. 여러분은 그 이유가 무엇이라고 생각하나요? (129쪽)

	흥미·특기	원하는 직업	흥미를 직업으로 연결하지 못하는 이유
현준			
종민			
민석			

2. 현준은 글을 잘 쓰는 소연이 문예창작학과나 국문학과에 진학할 것으로 예상했습니다. 그러나 소연은 게임 시나리오를 쓸 수도 있고 스포츠 기자가 될 수도 있을 거라며 다양한 진로를 생각하고 있습니다. 글을 쓰면서 살 수 있는 직업에는 어떤 것들이 있는지 연상해 봅시다. (146쪽)

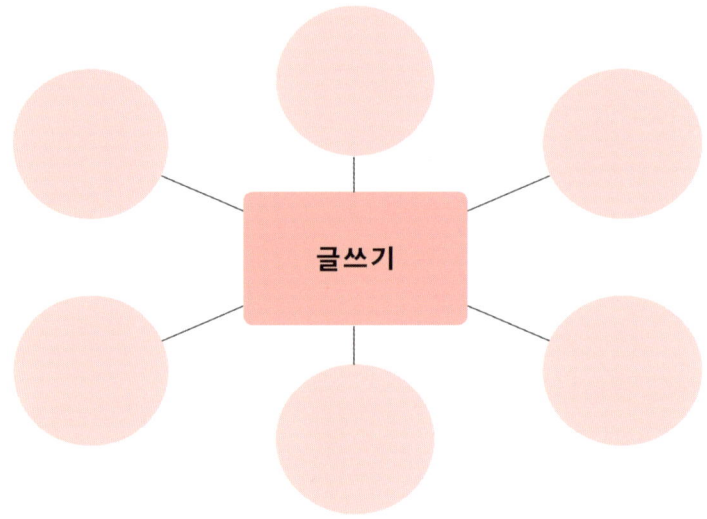

3. 김청강 작가가 추천해준 영화 〈머니볼〉과 〈제리 맥과이어〉를 본 현준은 운동을 잘하지 못해도 스포츠 관련 업종에서 일할 수 있다는 걸 알게 되었습니다. 이를 계기로 자기 진로에 대해 좀 더 구체적으로 고민하게 되었습니다. 현준이 할 수 있는 스포츠와 관련된 직업은 어떤 것들이 있을지 생각해 보세요.

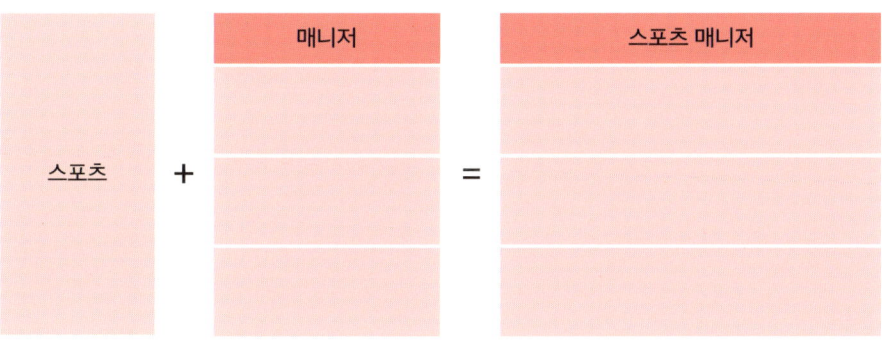

4. 현준은 윤석훈 기자를 만나 많은 대화를 나누고, 스포츠 스카우터가 되고 싶다는 꿈을 꾸게 되었습니다. 그러기 위해서는 새롭게 변하는 아이디어로 스포츠의 흐름에 대처해야 한다고 생각했습니다. 여러분이 꿈꾸고 있는 관심 분야가 어떻게 변하고 있는지 정리해 봅시다.

직업 (관심분야)	예전의 특징	변화된 특징
사서	도서관에서 책을 대출·반납하고 정보를 제공하는 사람	도서관의 독서문화 행사를 기획하고 인문학적 관점으로 도서관을 운영하는 사람

 **진로 탐색 : 꿈을 응원합니다**

※ '나'에 대해 생각해보고 빈칸을 채워 보세요.

1. '나'는 누구인가요?

2. '나'는 어떤 성격인가요?

3. 『빅 보이』에서 현준은 축구에 대한 이야기를 꺼내자 신이 나서 유럽 축구 리그에 대한 설명을 쏟아냈습니다. 현준처럼 여러분이 가장 신나게 이야기할 수 있는 분야는 무엇인가요?

관심 분야	신나서 이야기할 수 있는 내용
맛집 탐방	우리 동네 골목 구석구석 맛집 정보와 맛 평가 가능

4. 직업을 선택할 때 여러분이 가장 고려하는 점은 무엇이고, 그 이유는 무엇인가요?

☐ 돈·경제력 ☐ 명예·지위 ☐ 전망·장래성 ☐ 성격·흥미 ☐ 적성·재능 ☐ 자기실현

이유 :

5. 『빅 보이』에서 김청강 작가는 현준이 꿈을 찾을 수 있도록 다양한 방법으로 기회를 제공했습니다. 현준이 경험한 과정을 여러분의 경우와 접목하여 진로 찾기 계획을 짜 봅시다.

- **현준의 진로 찾기(현준의 꿈 : 스포츠 스카우터)**

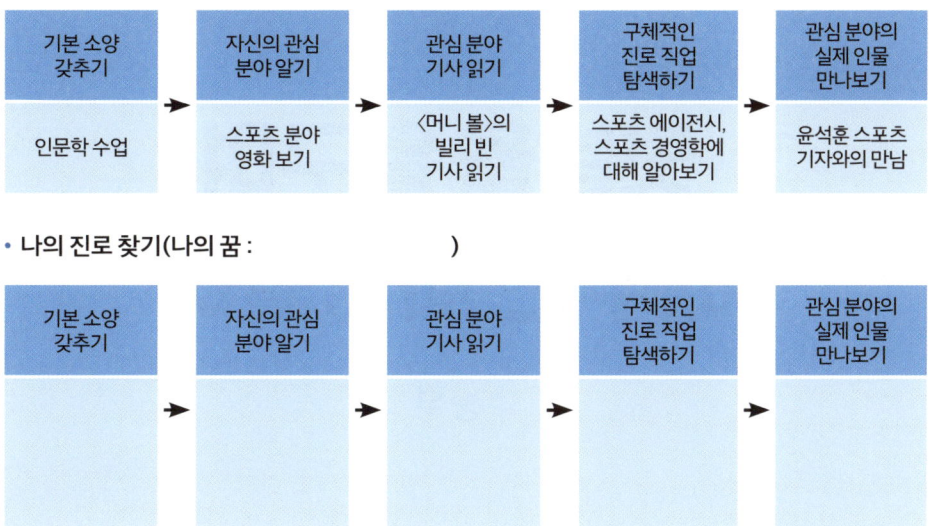

- **나의 진로 찾기(나의 꿈 :   )**

6. 과거에는 한 직장에 들어가면 은퇴할 때까지 다녔습니다. 그러나 현재는 평생 직업이라는 말이 사라지고, 은퇴 후에 어떤 일을 하며 살 것인가에 대한 고민이 늘었습니다. 더군다나 미래에는 기대 수명이 늘어나 한 사람이 10개가 넘는 직업을 갖게 될 것이라고 합니다. 여러분이 꿈꾸는 직업을 중심으로 가지를 뻗어 도전해 보고 싶은 직업을 정리해 보세요.

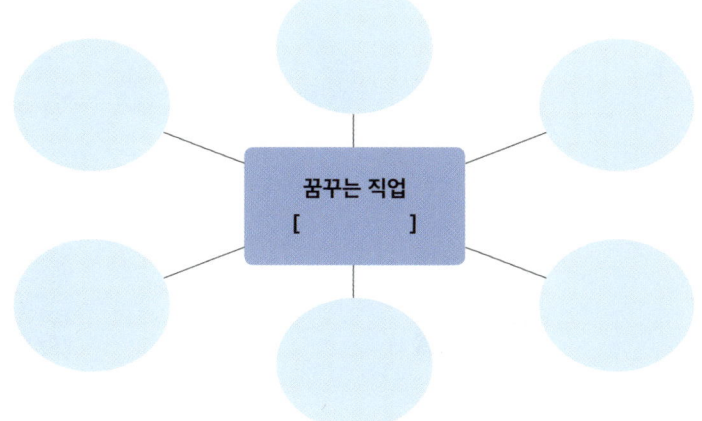

#2
텃밭을 일구며 배우는 세상살이

| 농부 |

About the Book

너 지금 어디 가?

김한수 지음, 창비, 2013

건호는 아빠를 따라 주말농장에서 일하기도 하지만 농사일을 좋아하지는 않았습니다. 그러다가 담임 선생님의 권유로 텃밭 동아리 회장을 맡게 되면서 조금씩 변화하기 시작합니다. 공부기계 같은 지욱이, 한글을 깨치지 못한 열등감을 품고 있는 정태, 가정 형편을 감추기 위해 자신을 포장한 대풍이, 어떤 일도 주도적으로 해보지 못한 민석이. 이들이 텃밭을 가꾸면서 싸우고 화해하며 화합해 가는 모습이 식물이 성장하고 열매를 맺는 모습과 비슷해 보입니다. 어떤 일을 하든 중요한 것은 자신이 좋아하는 일을 찾고 먼저 자신을 사랑하는 법을 알아야 한다는 메시지와 함께 농부라는 직업을 새롭게 생각해 보게 합니다.

함께 보면 좋아요

『누가 뭐래도 내 길을 갈래』 김은재 지음, 사계절, 2018
『10대와 통하는 농사 이야기』 곽선미 외 지음, 철수와영희, 2017
『열네 살 농부 되어 보기』 이완주 외 지음, 들녘, 2013
『위기의 밥상, 농업』 서경석 지음, 미래아이, 2010

낱말 퍼즐 : 내용을 떠올려 보아요

가로: 1.상대를 훌륭하다 2.누가 지은 시드 가 3.비타민C가 4.이어진 5.0이 U 6.우정을 8.지 구 9.양수 10.지지자는 11.표징지 12.하지 12.기 13.이 땅에 14.군집 15.장배를 들리며
세로: 1.양심 2.철학자 피즈 3.영수정이 4.등불잔이 5.피크롤 6.의미자 7.우수신대를 8.해어 9.녹는 10.상장가 11.우정 12.상징성 13.가정되 14.동물원 15.세상

정답

가로

1. 순환적 삶의 가치를 깨달을 수 있도록 건호 아빠가 교육적 차원에서 짓자고 제안한 것.
2. 텃밭동아리 농사 활동을 통해 치유하며 성장하는 건호와 친구들의 이야기. 김한수 작가의 성장소설 제목.
3. 식물을 키우기 위해 비닐로 만든 온실.
4. 전라북도 진안군에 있는 산으로 말의 귀 모양을 닮은 두 봉우리가 유명함.
5. 초여름에 노란 꽃이 피었다가 진 자리에 맺힌 가늘고 길쭉한 녹색 열매. 수분이 많고 식감이 아삭아삭하다.
6. 곡식이나 과일 등과 같이 농사를 지어 생산한 물건.
7. 휴대폰으로 공과금 납부, 이체 등의 은행 업무를 하는 서비스.
8. 할아버지가 해마다 다섯 상자도 넘게 건호네 집으로 배달해 주었던 과일. 아무리 많이 먹어도 물리지 않아 잼으로 만들기도 함.
9. '먹을 수 있는 열매가 달리는 나무'를 뜻하는 한자어.
10. 유통 과정을 거치지 않고 농사를 지은 곳에서 소비자에게 바로 보내주는 것.
11. 포장할 때 쓰는 종이.
12. 학비의 다른 표현.
13. 친환경 농업에서 양분의 전달을 맡은 생물. 아주 작아 현미경으로만 볼 수 있음.
14. 껍질을 벗기고 꼬챙이에 꽂아서 말린 감.
15. 정태가 한글을 모른다는 사실을 지욱이 폭로하자 국어선생님께 추천받아 정태가 낭송한 김준태 시인의 시 제목.

세로

① 정태가 건호를 자신의 집에 초대한 날. 세상에 태어난 날.
② 화학적으로 처리하여 인공적으로 생산되는 비료. 건호의 아빠는 이것을 사용하지 않는 자연 농법으로 농사를 지으려고 애씀.
③ 비단에 수놓은 듯이 아름다운 우리나라의 강산을 비유적으로 표현한 사자성어.
④ 가을에 곡식을 거두는 일(=추수)을 뜻하는 순우리말.
⑤ 대풍이 팡팡 떡볶이 사장에게 팔려고 훔쳤던 물건.
⑥ 다섯 가지의 맛이 느껴지는 붉은색 열매. 폐의 기능을 향상시키고 기침을 멎게 하는 효능이 있어 주로 차로 끓여서 마심.
⑦ 텃밭 일과 목공 일을 재미있어하는 민형이 진학하려고 마음먹은 학교. 등록금이 없고 농사를 지으면 군대도 면제해 주는 3년제 국립대. 한국 ○○○○○.
⑧ 괴도라치의 잔 새끼를 여러 마리 붙여서 일정한 크기의 납작한 조각으로 만든 포.
⑨ 건호 아빠가 풀을 베어낸 자리에 다시 풀이 자라는 것을 방지하고, 베어낸 풀 자체가 거름이 되도록 덮은 곳. 밭과 밭 사이의 경계를 이루는 두두룩한 곳.
⑩ ○○○변형작물. 형질을 만들어 내는 인자이며 유전 정보의 단위.
⑪ 작은 구멍을 뚫는 데 쓰는 도구.
⑫ 어떤 일에 뜻을 두고 그 일을 하려고 하거나 배우려는 사람(가수 ○○○).
⑬ 스스로 품위를 지키고 자기를 존중하는 마음.
⑭ 좋지 않은 선입견 때문에 어떤 일을 하여도 밉게 보이는 것을 비유적으로 이르는 말. 예: ○○○이 박히다.
⑮ 농사짓다가 끼니 사이에 먹는 음식.

# 해석적 발문 : 다양하게 생각해 보아요

1. 가뭄 때문에 고통받는 농민들의 이야기가 뉴스에 나올 때마다 아빠는 건호를 불러 이런 뉴스를 봐 두는 것이 진짜 공부라고 합니다. 아빠가 말한 '진짜 공부'의 의미는 무엇일까요? (26쪽)

2. 엄마는 오랜만에 맛있는 저녁을 준비한 식사 자리에서 자신의 눈치를 보느라 고생했다며 가족들에게 미안한 마음을 전합니다. 그리고 더 이상 인생을 낭비해서는 안 되겠다는 생각에 직장을 그만두었다고 합니다. 엄마가 말하는 '인생의 낭비'란 어떤 의미일까요? (122쪽)

3. 텃밭 동아리 최종 합격자 명단에는 문제아, 왕따, 은따로 소문난 아이들이 유독 많았습니다. 텃밭 동아리를 맡은 선생님은 왜 이런 아이들을 대거 합격시켰을까요? (158~159쪽)

4. 담임 선생님과 건호 아빠는 텃밭 농사를 지으면서 아이들에게 생긴 변화를 '기적'이라고 표현했습니다. 문제를 일으켰던 대풍과 정태, 은따였던 민석 그리고 숙인과 건호까지 조금씩 변했습니다. 아이들에게 생긴 변화는 무엇 때문이라고 생각하나요? (203쪽)

5. 지욱은 다른 아이들과는 달리 함께 어울리지 못하고 겉돌기만 하더니 텃밭 동아리를 탈퇴했습니다. 왜 지욱에게는 다른 아이들이 경험한 변화가 일어나지 않았다고 생각하나요? (244~245쪽)

6. 책가방을 탁자 위에 내던지고 아이들과 축구하러 나가는 건호에게 아빠가 책 제목과 같이 "야, 인마. 너 지금 어디 가?" 하고 소리쳐 묻습니다. 여러분은 건호가 지금 어디를 가고 있다고 생각하나요? (274쪽)

선택적 발문 : 입장을 정해 보아요

1. 영어학원에 보내달라고 하는 건호에게 아빠는 공부도 적성이라며 혼자 할 수 없다면 공부에 소질이 없는 거라고 말합니다. 학원이나 과외를 다닐 시간에 자기가 잘할 수 있는 게 뭔지 고민하고 이것저것 시도해 보는 게 백배 유익하다는 아빠의 말에 대해 여러분은 어떻게 생각하나요? (16~17쪽)

☐ 공감한다   ☐ 공감하지 않는다

이유 :

2. 소리 내어 읽기를 시킨 국어 선생님께 정태가 욕을 하며 대들자 지욱은 그런 정태에게 맞섭니다. 그런데 지욱은 친구의 잘못된 행동을 지적하려던 것이 아니라 그저 자신이 쉬고 싶었기 때문에 정태에게 덤볐다고 합니다. 여러분은 지욱의 행동을 어떻게 생각하나요? (55쪽)

☐ 공감한다   ☐ 공감하지 않는다

이유 :

3. 할머니의 장례식에 모인 친척들을 둘러보던 건호는 승철 형이 오지 않은 사실에 놀랍니다. 고3은 오직 공부에만 매진하는 시기라고 인정하지만 할머니의 장례식조차도 참석하지 않는 것에 대해서는 섭섭한 마음이 듭니다. 여러분은 건호의 느낌에 대해 어떻게 생각하나요? (177쪽)

☐ 공감한다　　☐ 공감하지 않는다

이유 :

4. 청소년법에 의하면 만 19세 미만인 청소년은 보호받을 권리가 있습니다. 건호의 아빠는 청소년을 보호 대상으로만 여기지 말고 스스로 의식주에 대한 고민을 하면서 살게 해야 한다고 말합니다. 여러분은 건호 아빠의 말에 대해 어떻게 생각하나요? (183쪽)

☐ 공감한다　　☐ 공감하지 않는다

이유 :

사색적 발문 : 생각을 넓혀 보아요

1. 건호는 성적 문제로 엄마와 갈등하는 지욱이 위태로워 보입니다. 스트레스가 많은 지욱에 대한 이야기를 털어놓고 의논하고 싶지만 누구와 의논할지 막막합니다. 만약 여러분에게 지욱과 같은 상황의 친구가 있다면 누구와 의논하고 싶은가요? (19~21쪽)

의논 대상	의논 내용

2. 목공 동아리 아이들은 그네의자가 완성되자 환호성을 지르며 기뻐했습니다. 자신들이 이토록 멋진 그네의자를 만들었다는 것이 놀랍기만 했습니다. 여러분도 목공 동아리 아이들처럼 감격스러운 성취감을 느껴 본 적이 있다면 이야기해 보세요. (22쪽)

언제	어떤 일

3. 사는 게 막막하고 두렵다는 아빠의 말을 들은 건호는 처음으로 아빠가 불쌍해 보였습니다. 아이들뿐만 아니라 어른도 그럴 수 있다는 것이 신기하기도 했습니다. 아빠에게 필요한 것은 위로라고 생각한 건호처럼 여러분도 부모님이 힘들어할 때 위로해 드린 적이 있다면 어떤 것이었는지 이야기해 봅시다. (125쪽)

위로의 말	위로의 행동

4. 세계화와 기업화를 빠르게 따라가지 못한 우리 농업은 유전자를 조작한 외국 종자를 들여오고 있습니다. 토종 씨앗을 보존하여 계속 농사를 지을 수 있어야 하는데 그렇지 못하는 것이 현실입니다. 그 외에도 여러분이 알고 있는 우리 농업의 문제점은 무엇일까요?

"이건 의성 배추라고 토종 배추인데 정말 귀한 거래. 왜냐하면 종묘사에서 사다 쓰는 씨앗들은 대부분 외국에서 수입해 온 거라서 불임 씨앗이거든. 원래는 농부들이 씨앗을 받아서 이듬해에 농사를 지을 수 있어야 하는데, 그럼 자기들이 씨앗을 더는 팔아먹을 수가 없잖아. 그래서 외국 씨앗들은 그게 불가능하도록 유전자를 조작해서 장난질을 했대. 그런데 이 토종 씨앗들은 계속 씨앗을 받아서 농사를 지을 수가 있어. 그래서 토종 씨앗이 귀한 거야."

내가 찾은 우리 농업의 문제점

책 속 진로 찾기 : 꿈을 키워 보아요

1. 목공 동아리와 텃밭 일을 열심히 하는 민형은 한국농수산 대학으로 진로를 정했다고 합니다. 하고 싶은 일을 준비하기 위해서는 자신이 무엇을 좋아하고 잘하는지를 아는 것이 중요합니다. 이 책을 읽고 여러분이 느낀 농사일에 필요한 직업 가치관은 무엇인지 씨앗 판을 참고하여 씨앗으로 심을 만한 가치관을 선택해 보세요. (269~270쪽)

가치 씨앗 판		
전문지식	성실성	근면성
관찰력	인내력	정직성
책임감	체력	뿌린 대로 거두어들이는 마음
창의성	안정성	경제력
땅에 대한 경애심	세심함(꼼꼼함)	성취감

2. 해외에서 우리 농기구 '호미'에 대한 관심이 뜨겁습니다. 땅에 작은 홈을 파거나 잡초를 뽑을 때 유용해 30년 넘게 사용해온 사람도 있다고 합니다. 좁은 땅에서 생산물을 최대한 많이 내야 할 때는 호미만큼 섬세한 도구가 없다고 극찬합니다. 호미 외에도 해외에 소개할 만한 또 다른 우리 농기구를 찾아봅시다.

해외에 소개할 농기구를 그려 보세요

소개 이유

3. 텃밭을 가꾸면서 건호가 익힌 농사 기술을 계절 순서별로 정리해 보았습니다. 아래 표에 녹색으로 표시된 농사 관련 용어를 조사하여 정리해 봅시다.

계절	본문	건우의 농사 기술	농사 관련 용어
봄	26쪽	마늘, 양파, 감자 밭에 북을 주면서 풀을 잡는다.	북을 주다 : 나무나 풀의 뿌리를 덮고 있는 흙더미를 조금 더 높이 솟아오르도록 흙을 덮어준다.
봄	61쪽	낫질하여 벤 풀로 두둑을 덮어주면 새로운 풀이 자라는 것도 방제하고 거름도 된다.	
봄	79쪽	밭에 심은 작물에 압축 분무기로 아미노산 액비를 준다.	
여름	145쪽	감자를 캐어 낸 자리에 김장 농사를 준비한다.	
여름	161쪽	텃밭 동아리 아이들에게 농기구를 다루는 요령과 밭 만드는 방법을 설명한다.	
여름	167쪽	모둠별로 봄에 심은 작물을 수확한다.	
가을	187쪽	가을밭에 심을 모종을 직접 내는 것의 중요성에 대해 설명한다.	
가을	188쪽	모종 씨앗은 씨앗 크기의 세 배 깊이로 묻는다.	
가을	188쪽	파종 작업 후에 터널 모양으로 한랭사를 씌워 준다.	
가을	190쪽	밭에 씨앗을 직접 파종하는 방법(흩뿌림, 줄뿌림, 점뿌림)에 대해 설명한다.	

	쪽	내용	
가을	213쪽	생태화장실을 이용하여 퇴비 만드는 방법에 대해 설명한다.	
	217쪽	무더기로 싹을 틔운 잎채소 솎는 작업을 한다.	
	267쪽	웃거름을 주면서 벌레를 잡아준다. 고구마와 땅콩을 수확한다.	
	269쪽	수확이 끝난 밭을 뒷정리한다.	
	271쪽	수확한 밭작물을 아동센터에 기부하고 이웃과 나눈다.	

4. 『너 지금 어디 가?』에는 농사에 필요한 여러 농기구가 등장합니다. 농기구의 그림과 특징을 읽어본 후 각 농기구와 어울리는 등장인물을 이어보세요.

호미	낫	쇠스랑	모종삽	삽
밭에서 김을 매거나 풀을 뽑을 때 사용함. 밭농사에 두루두루 다양하게 쓸모가 많음.	풀이나 곡식을 베고 나무의 가지를 치는 데 사용함. 날이 날카로워 사용할 때 주의해야 함.	밭을 일구고 씨를 뿌린 뒤에 이것으로 흙을 덮기도 하고 감자, 고구마 등을 캐기도 함. 거름을 뒤섞기도 함.	씨앗 심을 구멍을 파거나 모종 심을 때 사용함. 삽과 비슷한 역할을 하지만 크기가 작음.	흙을 파고 옮길 때 사용함. 굴착기를 쓰기 어려운 좁은 장소에서 사용하기 편리함.

건호   지욱   정태   대풍   숙인

진로 탐색 : 꿈을 응원합니다

※ 농업 종사자에 대해 조사해 보고 빈칸은 여러분이 채워 보세요.

1. 농업 종사자란?

> 농작물을 재배하여 곡식을 수확하며 가축을 길러 생활에 필요한 먹거리를 생산합니다.
> 그리고 씨앗을 받아 다음 해에 파종하기 위해 관리합니다.

2. 농업 종사자들은 어떤 일을 할까요?

> - 과수작물 재배자: 사과, 배, 감귤 등 과일을 재배하고 수확합니다.
> - 곡식작물 재배자: 쌀, 보리, 콩 등 곡식을 재배하고 수확하는 일을 합니다.
> - 농촌지도사: 농업 농가의 발전을 위하여 작물 재배법을 지도하고 신품종을 보급합니다.
> - 원예종묘기사: 기후, 영농, 재배 조건에 맞는 원예작물의 품종을 개발하고 보급합니다.
>
> 그 외에 또 어떤 일을 할까요?

3. 농업 관련 일을 하려면 어떤 점이 필요할까요?

성격	공부	능력
- 근면 성실함 -	- 농사에 관한 전문적인 기술 -	- 자연의 변화를 읽을 수 있는 자연 친화력 -

4. 농업 관련 일을 하면서 좋은 점과 힘든 점은 무엇일까요?

좋은 점	힘든 점

5. 농업과 관련된 직업에는 무엇이 있을까요?

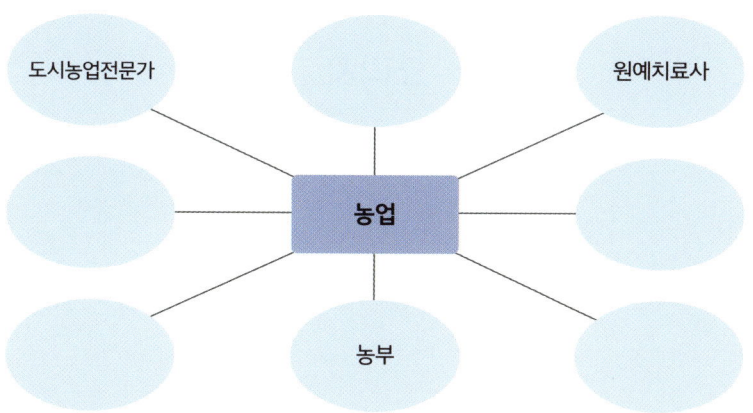

6. 농업과 다른 직업을 융합하여 새로운 직업을 만들어 봅시다.

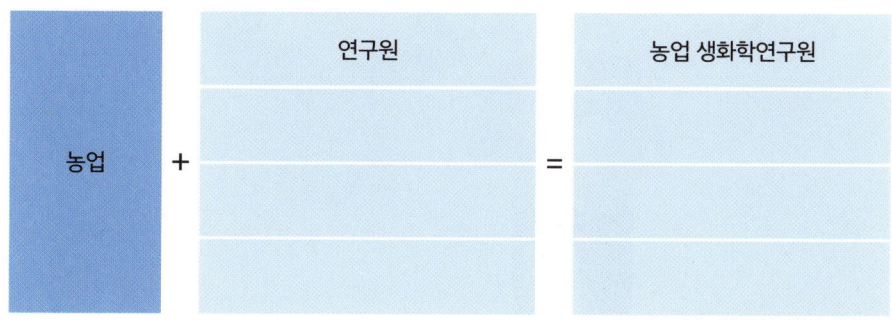

#3
꿈을 요리하는 형제의 맛깔나는 성장기

| 요리사 |

About the Book

도무라 반점의 형제들

세오 마이코 지음, 고향옥 옮김, 양철북, 2011

도무라 반점의 형제인 고스케와 헤이스케는 각자의 방식으로 진로를 고민합니다. 형인 헤이스케는 독립하고 싶어 고등학교를 졸업하자마자 도쿄로 떠났습니다. 형이 집을 나간 뒤 고스케는 막연히 자신이 도무라 반점을 이을 거라고 생각합니다. 그런데 고스케의 진로 상담을 위해 학교에 온 아버지는 도무라 반점을 잇겠다는 고스케에게 불같이 화를 내고, 그제야 고스케는 자신이 진짜 원하는 진로를 고민해 보게 됩니다. 한편 헤이스케는 낯선 도쿄에서 만난 사람들을 통해 자신을 들여다보고, 자신이 늘 도무라 반점에 대해 생각하고 있었음을 깨닫습니다. 다양한 고민과 경험 끝에 도무라 반점의 두 형제는 삶의 방향을 정하여 앞으로 나아가려고 합니다.

함께 보면 좋아요

『소년의 레시피』 배지영 지음, 웨일북, 2017
『소년이여, 요리하라!』 금정연 외 지음, 우리학교, 2015
『내일은 바게트』 이은용 지음, 문학과지성사, 2014
『수지킴의 도시락 아트』 수지킴 지음, 이유미 엮음, 아라크네, 2012

낱말 퍼즐 : 내용을 떠올려 보아요

정답

가로 | 1.오믈렛 2.도무라반점 3.장독대 4.아르바이트 5.포카리 6.식품영양학 7.헤이스케 8.요리사 9.하수구 10.르포르타주 11.식당 12. 데이트 13.세오 마이코 14.유네스코

세로 | ①오징어포 ②도쿄바나나 ③점장 ④대학 진학 ⑤아리 ⑥카레라이스 ⑦영양사 ⑧지휘자 ⑨요구르트 ⑩기타지마 ⑪식용유 ⑫데루코 ⑬세 끼 ⑭이윤

가로

1. 프랑스식 달걀 요리. 프라이팬에 달걀을 풀어 다양한 재료를 섞어 만든 음식.
2. 고스케의 할아버지가 시작해서 아버지가 이어받아 운영하고 있는 중식당 이름.
3. 장독을 올려놓은 축대. 주로 된장, 고추장, 간장 등이 들어 있는 항아리를 모아 둔 곳.
4. 고스케의 형은 도쿄에 가서 카페 레스토랑 라쿠에서 임시로 일을 함. 정식 직원이 아니라 임시로 일하는 형태.
5. 고스케의 집안에서는 열이 나거나 아프면 으레 이 음료를 먹임. 일본의 오츠카 제약에서 발매한 이온 음료의 이름.
6. 식품과 영양학을 전반적으로 연구하는 학문.
7. 고스케의 형. 어려서부터 집을 나가 독립하는 것이 꿈이어서 고등학교를 졸업하자마자 소설가가 되겠다는 핑계를 대고 도쿄로 감.
8. 전문적으로 음식을 만드는 기술자.
9. 가정이나 공장에서 쓰고 버리는 더러운 하수가 흘러가도록 만든 도랑.
10. 특별한 사건이나 현장 체험 등을 객관적으로 서술한 문학을 뜻하는 외래어. 다큐멘터리, 기록 문학, 논픽션 등과 같은 의미이며 줄여서 '르포'라고도 함 (=reportage).
11. 음식을 만들어 파는 가게. 음식점과 비슷한 말.
12. 고스케가 오카노를 좋아한다고 친구에게 고백하자 여름방학 동안 둘이 꼭 해보라고 숙제처럼 내준 것. 서로 호감 있는 남녀가 사귀려고 따로 만나는 일.
13. 『도무라 반점의 형제들』을 쓴 일본 작가.
14. 세계 평화와 인류 발전을 위해 노력하는 국제기구 (=UNESCO).

세로

① 오징어 말린 것을 기계에 넣어 넓적하게 편 가공식품.
② 고스케의 형이 자신의 안부를 알리려고 매월 고향으로 보냈던 도쿄의 명물 간식.
③ 상점의 업무 책임자. 고스케의 형이 일했던 카페 레스토랑 라쿠에서 시나무라 씨가 맡은 일.
④ 아버지의 음식점을 물려받을 줄 알았던 고스케가 뒤늦게 정한 진로. 고등학교 다음의 상급학교에 감.
⑤ 고스케의 형이 도쿄에서 하나조노 창작학교에 다닐 때 문장 구성을 가르치던 강사 이름. 훗날 고스케의 형과 사귀게 된 여자.
⑥ 인도의 카레에서 유래한 음식으로 일본의 유명한 요리 중 하나. 채소와 고기를 함께 볶고, 강황과 매운맛을 내는 여러 가지 향신료를 물과 섞어 끓인 후 밥에 얹은 음식.
⑦ 집단 급식 시설에서 면허를 가지고 식생활과 영양에 관한 직업에 종사하는 사람.
⑧ 학교 합창제에서 고스케가 맡은 역할.
⑨ 유목민들이 동물의 젖을 발효시켜 만든 고대의 건강식. 살균 농축한 우유에 유산균을 번식시켜 발효하고 응고시킨 음료.
⑩ 피아노와 플루트 연주를 잘하며, 고스케의 입시 공부를 위해 자신이 쓰던 참고서를 선물로 준 친구 이름.
⑪ 식물의 씨앗이나 견과류의 열매에서 얻은 식용 기름. 주로 부침개, 튀김 등의 조리에 사용.
⑫ 일본 인형 테루테루보즈를 고스케 형제가 어릴 때 행운의 인형으로 착각하여 따로 부른 이름.
⑬ 아침, 점심, 저녁으로 하루에 세 번 먹는 밥.
⑭ 장사나 사업을 하여 남기는 이익.

해석적 발문 : 다양하게 생각해 보아요

1. 부모님은 고스케와 헤이스케를 다르게 대합니다. 고스케가 잘못하면 화를 내고 때리기도 하지만, 헤이스케에게는 화를 내지 않습니다. 도무라 반점의 이웃들도 형제를 다르게 생각합니다. TV 프로그램의 등장인물들에 비유하여 고스케는 간페이 타입이라 있으면 재미있지만 없어도 견딜 만하고, 헤이스케가 없으면 허전하다고 합니다. 부모님과 이웃을 통해 봤을 때 고스케와 헤이스케가 어떤 인물인지 생각해 보세요. (32~33쪽, 86쪽)

고스케	헤이스케

2. 헤이스케는 집을 떠나고 싶은 마음에 도쿄로 갔지만 늘 도무라 반점을 생각하고 있습니다. 그러나 막상 다시 집으로 돌아올 결심을 하고는 슬픈 마음이 듭니다. 헤이스케가 집을 떠나 돌아오기까지, 마음의 변화를 생각해 봅시다. (43쪽, 274쪽)

집을 떠날 때	도쿄에서 생활할 때	집으로 돌아올 때

3. 형이 집을 나간 뒤로 고스케는 자신이 도무라 반점을 이어야 한다고 생각합니다. 그런데 진로 희망 조사서에는 '취직 희망'이라고만 쓰고, 희망 직종은 '미결정'이라고 응답했습니다. 고스케 안에 남겨진 아주 작은 조각 하나가 기다려 달라고 했기 때문입니다. 고스케의 마음속에 있는 '아주 작은 조각 하나'는 무엇이었을까요? (186~187쪽)

4. 고스케의 진학 상담을 위해 학교에 온 아버지는 고스케가 도무라 반점을 잇겠다고 하자 불같이 화를 냅니다. 형이 떠난 뒤로 아버지가 자신을 의지하고 있다고 생각했던 고스케는 당황스럽기만 합니다. 아버지는 왜 고스케에게 화를 내며 집을 떠나 다른 곳으로 가라고 했을까요? (188~189쪽)

5. 집을 나올 때 아버지가 주셨던 봉투를 그대로 가지고 있었던 헤이스케는 고스케의 대학 진학에 도움을 주려고 봉투를 열어봅니다. 그 안에는 만 엔짜리 50장과 아버지가 쓴 쪽지가 들어있었습니다. 편지에 담긴 아버지의 진심은 무엇이라고 생각하나요? (253쪽)

> '네가 이 봉투를 열 때는 모든 게 끝났을 때겠지. 오십만 엔 갖고는 어림도 없을 거다. 돌아와.'

6. 헤이스케는 집을 나온 뒤 매월 '도쿄바나나'를 집으로 보냈습니다. 그러나 정작 자신은 그것을 한 번도 먹어본 적이 없었습니다. 헤이스케는 왜 자신은 먹어보지도 않은 채 집으로만 보냈을까요? (261쪽)

선택적 발문 : 입장을 정해 보아요

1. 헤이스케는 여학생들이 추천한 레스토랑 음식이 도무라 반점 음식보다 비싸다고 생각합니다. 하지만 도무라 반점에 비해 깔끔하게 단장된 외양을 보고, 맛 못지않게 분위기도 중요하다고 느꼈습니다. 여러분은 음식점을 찾을 때 어느 부분을 더 중요하게 생각하나요? (53쪽)

☐ 맛　　☐ 분위기　　☐ 가격　　☐ 영양　　☐ 그 외

이유 :

2. 글쓰기 강사 겸 음식 칼럼니스트인 아리 씨는 헤이스케와 함께 종종 음식을 먹으러 다닙니다. 음식을 먹고 조리법의 특징을 파악하는 헤이스케와 달리 아리 씨는 음식 이론보다 느낌을 살려 짧게 쓰려고 합니다. 여러분은 아리 씨와 헤이스케의 칼럼 중 누구의 글이 더 마음에 드나요? (137쪽)

아리 씨의 칼럼	헤이스케의 칼럼
멋스런 실내 분위기에 몸에 좋은 재료의 맛을 살린 요리.	춘권피하고 소 사이가 조금 비어 있어야 돼. 튀기거나 튀기지 않은 거나 똑같지만 소와 피 사이의 공기가 춘권을 더 맛있게 해 주니까. 소가 이렇게 꽉 차 있으면 먹을 때 우적우적 씹게 돼서 안 돼. 피의 역할을 줄여 버리거든.

☐ 아리 씨의 칼럼   ☐ 헤이스케의 칼럼

이유 :

3. 집에 돌아가기로 한 헤이스케는 지난 1년을 허비했다고 생각했습니다. 아무 결정도 하지 못한 채 무책임하게 살다가 다시 집으로 돌아가니 이제는 악착같이 몸을 써서 일해야겠다고 결심합니다. 여러분은 헤이스케가 도쿄에서 보낸 1년을 어떻게 생각하나요? (272~273쪽)

☐ 허비한 시간이다   ☐ 의미가 있는 시간이다

이유 :

사색적 발문 : 생각을 넓혀 보아요

1. 오카노가 형에게 쓰는 편지에 도움을 주기 위해 고스케는 형에 대해 진지하게 생각해 봅니다. 그런데 이것저것 생각해 보아도 형이 진짜 어떤 사람인지 알 수가 없습니다. 『도무라 반점의 형제들』을 읽은 여러분은 고스케에게 형이 어떤 사람이라고 말해주고 싶은가요? (25쪽)

> 고스케야, 너의 형 헤이스케는 이런 사람이야.

2. 집을 나가 생활하라는 아버지의 말을 듣고 고스케는 자신을 돌아봅니다. 형이 없으니 자신이 가게를 이어야 한다고 생각했지만 달리 하고 싶은 것이 없었는지도 모르겠다는 생각이 듭니다. 여러분도 고스케처럼 진지하게 생각해 보지 않고 어쩔 수 없었다고 핑계를 댄 경험이 있나요? (195쪽)

3. 대학 진학을 결심한 고스케에게 기타지마는 자신이 쓰던 참고서를 챙겨줍니다. 그러면서 공부는 열심히 하지 않았지만 학교 생활에 즐겁게 참여했던 고스케가 반드시 대학에 진학할 줄 알았다고 합니다. 고스케처럼 공부 외에 여러분이 학교 생활에서 찾은 재미는 무엇인가요? (213쪽)

4. 대학 진학을 결심한 고스케는 이웃으로부터 진심 어린 격려와 선물을 받습니다. 만약 여러분이라면 고스케에게 어떤 선물을 하고 싶은가요? (213~215쪽)

- 기타지마 : 자신이 사용하던 참고서
- 가시와기 아줌마 : 대학에 합격한 자기 딸이 공부했던 참고서
- 히로세 아저씨 : 한신 타이거 우승 당시 감독이 사인했던 볼펜
- 야마다 할아버지 : 고스케를 위한 하이쿠 한 수
- 이웃 술집 아줌마 : 백 년에 한 번밖에 만들지 못하는 환상의 술

책 속 진로 찾기 : 꿈을 키워 보아요

1. 『도무라 반점의 형제들』에는 중식당 '도무라 반점'과 카페 겸 레스토랑 '라쿠'가 나옵니다. 헤이스케는 라쿠에서 일하면서 고용주인 시나무라 씨와 도무라 반점을 가업으로 이어가는 아버지를 비교해 봅니다. 음식과 경영 마인드 등 두 식당의 장단점과 보완할 점을 비교해 보세요. (56쪽)

	도무라 반점	라쿠
장점		
단점		
보완할 점		

2. 기타지마는 고스케에게 '내가 먹기 위해 만드는 음식과 손님을 위해 만드는 음식은 다르다'라고 말합니다. 내가 먹기 위해 만드는 음식은 아마추어의 영역이지만, 손님을 위해 만드는 음식은 프로 요리사의 영역입니다. 여러분은 두 영역 사이에 어떤 차이가 있다고 생각하나요? (103~104쪽)

	내가 먹기 위해 만드는 음식	손님을 위해 만드는 음식
차이점	· · · · ·	· · · · ·

3. 헤이스케와 고스케가 도무라 반점을 물려받아 운영하게 된다면 각각 어떤 특징으로 운영하게 될지 도무라 반점의 변화를 생각해 보세요.

	헤이스케	고스케
음식		
인테리어		
서비스		

4. 헤이스케가 창작학교에서 만났던 후루바토는 소설 『고향』의 작가 루쉰 때문에 소설가가 되기로 결심했다고 합니다. 루쉰은 아무리 병을 치료해도 정신을 고치지 않으면 소용없다는 것을 깨닫고는 의사가 되려던 꿈을 작가로 바꾸었습니다. 여러분이 꿈을 꾸거나 결정할 때 영향을 준 책이나 사람이 있다면 소개해 주세요. (235쪽)

 진로 탐색 : 꿈을 응원합니다

※ 요리사에 대해 조사해 보고 빈칸은 여러분이 채워 보세요.

1. 요리사란?

> 한식, 양식, 중식, 일식 등 다양한 분야에서 전문적으로 요리합니다. 음식 메뉴 개발과 음식을 맛있게 요리하는 것 외에도 주방의 청결과 위생 상태를 점검합니다.

2. 요리사는 어떤 일을 할까요?

> - 쿠킹 호스트 : 요리하는 모습을 실제로 보여주며 요리 프로그램을 진행합니다.
> - 제과제빵사 : 빵이나 과자를 맛있게 구워 냅니다.
> - 푸드스타일리스트: 요리를 어울리는 그릇에 담고 테이블을 꾸밉니다.
>
> 그 외에 또 어떤 일을 할까요?

3. 요리사가 되려면 어떤 점이 필요할까요?

성격	공부	능력
- 맛에 대한 호기심 -	- 요리에 따른 조리 계량법 -	- 섬세한 미각 -

4. 요리사가 되면 좋은 점과 힘든 점은 무엇일까요?

좋은 점	힘든 점

5. 요리사와 관련된 직업에는 무엇이 있을까요?

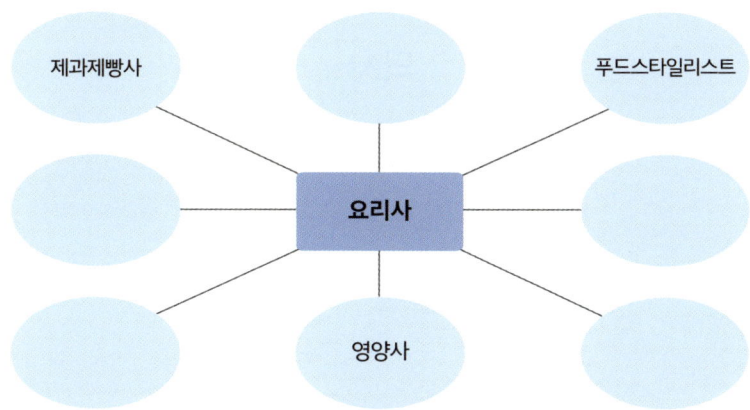

6. 요리사와 다른 직업을 융합하여 새로운 직업을 만들어 봅시다.

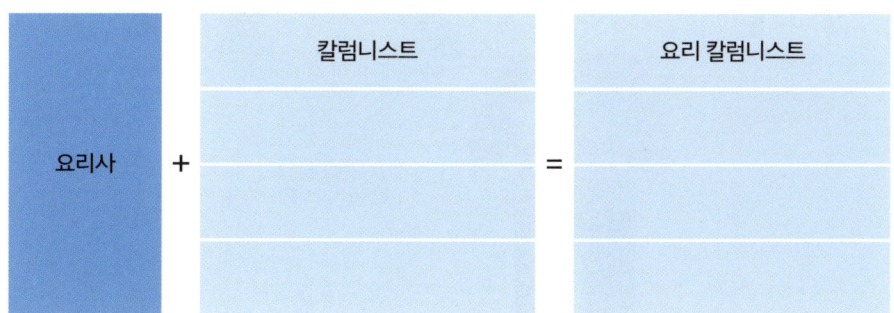

#4
조선의 아픈 여인들을 살리겠다는 소명

| 의사 |

About the Book

꿈을 가져도 되오?
오채 지음, 단비, 2018

'쓸모없는 계집'이라는 소리를 듣고 자란 점동은 그곳에 가면 조선의 보배가 될 수 있다는 말을 듣고 이화학당에 가기로 마음먹습니다. 할머니의 드센 반대에도 아버지의 도움으로 들어가게 된 그곳에서 점동은 셔우드 선생님을 만나 의사의 꿈을 꿉니다. 여인의 몸을 함부로 보여줄 수 없어 병이 나도 제대로 치료받지 못하던 조선 시대에 점동이 의사가 되기까지의 과정은 순탄치만은 않습니다. 아버지가 지어주신 '김점동'과 이화학당에서 세례명으로 받은 '김에스더' 그리고 결혼하면서 새로 가진 '박에스더'라는 이름. 세 개의 이름으로 살다 간 우리나라 최초의 여의사 김점동의 이야기가 꿈을 향해 도전하라는 메시지를 전합니다.

함께 보면 좋아요
『숨결이 바람이 될 때』 폴 칼라니티 지음, 이종인 옮김, 흐름출판, 2016
『나는 조선의 의사다』 이수광 지음, 북랩, 2013
『청년의사 장기려』 손홍규 지음, 다산책방, 2012
『톤즈의 약속』 이병승 지음, 한수임 그림, 실천문학사, 2011

낱말 퍼즐 : 내용을 떠올려 보아요

[십자말풀이 격자]

가로: 1. 조선시대 화폐 2. 베개 3. 운파라치 4. 간접흡연자 5. 강풍속도 6. 느티나무 7. 이화문양 8. 학생증
9. 사은금 10. 영원 11. 공통 된 곳 12. 사신

세로: ① 조선시대 ② 꽃가마 ③ 파라치 ④ 상대방 ⑤ 지진기 ⑥ 공통점 ⑦ 하느님 ⑧ 팽이채 ⑨ 용비어천가 ⑩ 통음하여 ⑪ 혜화동 ⑫ 잠자리 ⑬ 공부 ⑭ 사고방 ⑮ 드기기 ⑯ 선발하고 ⑰ 공모

정답

64

가로

1. '쓸모없는 계집'이라는 소리를 듣고 자란 점동은 학당에 다니면 '○○의 ○○'가 될 수 있다는 말을 장터에서 우연히 듣고 마음이 설렘.

2. 전쟁과 전염병으로 인해 마을과 시가지가 황폐하게 됨. 파괴되어 황폐해진 터.

3. 점동의 남편은 농장에서 일하면서 의사 공부를 하는 아내를 물심양면으로 도움. 뒤에서 보살피며 도와주는 일.

4. 관례, 혼례, 상례, 제례를 통틀어 칭하는 사자성어.

5. '매우 빠르게 부는 바람과 무섭게 소용돌이치는 물결'이라는 뜻. 청소년의 특징을 표현할 때 자주 사용하는 사자성어.

6. 점동의 일본인 친구가 장터에서 구입하여 편지와 함께 선물한 것. 여자의 한복 저고리의 고름이나 치마 허리에 달아 장식하는 패물.

7. 점동이 입학하여 꿈을 키운 곳. 1889년 서울에 설립되었던 초·중·고등학교 과정의 사립학교.

8. 점동의 남편 이름. 천한 마부 출신이라 부모님이 반대했지만 점동이 의사 공부를 할 수 있도록 도운 최고의 조력자.

9. 먼 이국땅에서 조선까지 와서 봉사하는 모습에 반해 점동이 닮고 싶어 했던 의사.

10. 어떤 일에 열렬한 애정을 쏟아 열중하는 마음.

11. 조선 최초의 여의사 김점동에 대하여 오채 작가가 쓴 성장소설.

12. 물체에서 모가 진 가장자리.

세로

① 약을 짓기 위해 별도로 마련해 놓은 방.

② 점동이 미국에서 의사 일을 마치고 귀국하여 일을 시작한 곳. 1887년 서울에 설립되었던 한국 최초의 여성 전문 병원.

③ 대감집 딸이 종기가 심하게 나고도 부끄러워 어머니에게도 차마 보여주지 못했던 신체 부위.

④ 맞거나 부딪쳐서 생긴 상처. 흔히 '멍'이라 함.

⑤ 솜씨가 좋은 점동의 어머니가 주변 사람들에게서 일감을 받아 생계를 꾸렸던 일.

⑥ 원래 있던 자리. 마땅히 지켜야 할 자리.

⑦ 점동이 언니에게 보내는 편지에 언급했던 서양 빵. 갈색빛이 돌며 폭신폭신하고 단맛이 남.

⑧ '바람에 날려 우박이 흩어진다'라는 뜻으로 산산이 부서져 사방으로 날아가거나 흩어짐을 비유적으로 이르는 사자성어.

⑨ 점동이 살았던 당시의 조선에서 백성들이 병에 걸리거나 문제가 생기면 주로 찾아갔던 무속인.

⑩ '남이 알지 못하는 자기만의 독특하고 효과적인 방법'을 뜻하는 영어식 표현.

⑪ 학문 연구에 대한 열의.

⑫ 머리 위의 숨구멍이 있는 자리. 사물의 가장 꼭대기를 비유적으로 표현하기도 함.

⑬ 미래에 대한 희망을 갖고 자라나는 세대를 비유적으로 이르는 말.

⑭ 가족의 역사.

⑮ 쇠붙이를 녹이는 그릇. 강한 감격과 흥분으로 여러 사람이 열광적으로 환호하는 상태를 비유한 말.

⑯ 학당에서 점동과 같이 공부하며 약사의 꿈을 키운 일본인 여자아이.

⑰ 학당의 아이들과 나눠 먹으라고 일본인 여자아이의 어머니가 만들어 온 일본 떡.

 **해석적 발문 : 다양하게 생각해 보아요**

1. 점동이 친구들과 장터 구경을 하고 학당으로 돌아오니 곱게 차려입은 오와카의 엄마가 서 있었습니다. 점동은 비단옷을 차려입고 머리를 곱게 빗은 그 모습을 본 순간 화가 났습니다. 오와카의 어머니가 잘못한 것이 없는데도 점동이 화가 났던 이유는 무엇이라고 생각하나요? (53쪽)

2. 조선인 소년에게 발길질했던 일본 순사를 보고 오와카는 조선인 친구들에게 너무 미안했습니다. 자신도 일본인이지만 조선에 온 이후로 일본 사람을 좋아한 적이 없다고 합니다. 조선에서 악행을 일삼는 일본인을 지켜봐야만 했던 오와카의 심정은 어땠을까요? (54~55쪽)

3. 점동은 학당에서 요리를 해주는 피터에게 '달란트'에 대해 듣습니다. 피터의 달란트는 음식을 만드는 것이고, 언니나 엄마는 바느질과 살림을 잘하는 것이 달란트라는 생각이 들었습니다. 그런데 정작 자신은 어떤 달란트를 가지고 있는지 모르겠습니다. 여러분은 점동에게 어떤 달란트가 있다고 생각하나요? (58쪽)

4. 점동의 아버지는 할머니의 완고한 반대를 무릅쓰고 가정에 새 변화를 끌어들인 인물입니다. 점동을 이화학당에 보내고, 가족을 교회로 이끌기도 했습니다. 그런 아버지가 점동의 결혼을 위해서는 공부를 중단하라고 합니다. 점동의 아버지는 왜 결혼에 대해서만 다른 입장을 보일까요? (103~104쪽)

5. 폐결핵으로 목숨을 잃게 된 유산은 죽음 앞에서도 두려워하지 않고 오히려 점동을 위로합니다. 유산이 점동을 좋아하게 된 이유는 조선 여성 중 가장 용감하기 때문이라고 합니다. 여러분은 유산이 생각하는 점동의 용기는 어떤 것이라고 생각하나요? (139쪽)

6. 결핵에 걸린 점동은 고종 황제에게 받은 메달과 조선의 귀한 보배가 되라는 당부를 봉례에게 남기고 세상을 떠났습니다. 점동이 당부한 말은 어떤 의미일까요? (169쪽)

선택적 발문 : 입장을 정해 보아요

1. 집안 어른들의 성화에 점동은 홀 박사의 조수인 박유산과 혼인하겠다고 발표합니다. 자신이 공부를 계속하도록 도와줄 수 있는 유일한 신랑감이라고 판단했기 때문입니다. 점동이 박유산과 혼인을 결심한 이유에 대해 여러분은 어떻게 생각하나요? (109쪽)

☐ 지혜로운 생각이다   ☐ 이기적인 생각이다

이유 :

2. 유산은 진료소 일을 돌보느라 바쁜 점동을 위해 집안일을 도맡아 합니다. 그러면서도 점동이 환자들을 진료하는 모습이 자랑스럽고, 그런 점동을 위해 자신이 할 수 있는 일이 있어 기쁩니다. 여러분은 점동을 위해 희생하는 유산의 삶에 대해 어떻게 생각하나요? (117쪽)

☐ 공감한다   ☐ 공감하지 않는다

이유 :

3. 점동은 해외 유학 여성 환영회에서 고종 황제로부터 상을 받게 되었습니다. 기자가 수많은 환자들을 진료할 힘이 어디서 나오냐고 묻자 점동은 자신의 이름에 대해 이야기합니다. 아버지가 지어주신 '김점동'과 이화학당에서 세례명으로 받은 '김에스더' 그리고 결혼하면서 새로 갖게 된 '박에스더'라는 이름입니다. 여러분은 세 개의 이름 중 점동에게 가장 의미 있는 이름은 무엇이라고 생각하나요? (166쪽)

☐ 김점동   ☐ 김에스더   ☐ 박에스더

이유 :

사색적 발문 : 생각을 넓혀 보아요

1. 이화학당에 들어간 점동은 스크랜턴 선생님이 머리를 쓰다듬으며 성경이야기를 들려줄 때 사랑받는 느낌이 든다고 합니다. 여러분은 언제 자신이 사랑받는 존재라고 생각되나요? (42쪽)

2. 자신이 무엇을 잘하는지, 무엇이 되고 싶은지 잘 모르겠다는 점동은 간난에게 꿈을 물어봅니다. 간난은 벵겔 선생님처럼 친절하고 오르간도 잘 치는 교사가 되고 싶다고 이야기합니다. 여러분도 간난처럼 자신의 꿈을 구체적으로 표현해 보세요. (68쪽)

> 간난: 벵겔 선생님처럼, 친절하게 잘 가르치고 오르간도 잘 치는 교사가 되고 싶어.

나 :

3. 점동은 셔우드 선생님을 따라 대감집 딸을 치료하러 갔습니다. 점동이 살던 구한말에는 여인의 몸을 의사에게도 함부로 보여주지 않았고 이러한 관습 때문에 대감집 딸의 몸에 난 종기는 커질 대로 커져 있었습니다. 시대가 달라졌지만 오늘날 우리가 병을 키우게 되는 이유에는 무엇이 있을까요? (100~101쪽)

4. 점동이 폐결핵에 걸려 죽은 뒤, 셔우드 홀 여사의 아들인 셔우드 홀이 한국으로 건너와 1928년 우리나라 최초의 결핵 요양원인 '해주구세요양원'을 세웠습니다. 그는 해주구세요양원 이름으로 크리스마스 씰을 발행해 결핵 환자를 위한 모금 활동을 했습니다. 씰 발행은 계속 이어져 오고 있지만 최근에는 판매가 주춤한 상황입니다. 우편으로 편지를 보내기보다 문자 메시지나 영상을 주고받는 것이 익숙한 현대에 크리스마스 씰을 대체할 만한 기부의 형태로 어떤 것이 좋을까요? 결핵 퇴치를 위해 시대에 맞는 새로운 기부 문화와 그 형태에 대해 생각해 보세요.

책 속 진로 찾기 : 꿈을 키워 보아요

1. 어릴 때 많이 아팠던 셔우드 선생님은 자신처럼 아픈 사람들에게 아프지 않고 눈 뜨는 아침을 선물하고 싶어서 의사가 되었다고 합니다. 의사의 사전적 의미는 '면허를 따고 의술과 약으로 병을 치료하는 사람'을 말합니다. 여러분이 생각하는 의사에 대해 이야기해 보세요.

내가 생각하는 의사는

2. 점동은 셔우드 선생님을 도와 환자를 치료할 때 가장 재미있고 행복하다고 합니다. 반면 오와카는 약 이름 외우는 것이 재미있고, 약 냄새가 너무 좋다고 합니다. 점동과 오와카가 가지는 직업의 흥미 외에 의사와 약사로서 갖추어야 할 직업 가치관에 대해서 생각해 보세요. (78쪽)

의사로서의 가치관	약사로서의 가치관
1.	1.
2.	2.
3.	3.

3. 셔우드 선생님은 조선에 아픈 사람이 많은데 의사가 많이 부족하다는 이야기를 듣고 조선에 왔다고 합니다. 지금은 우리나라 의사들도 의료시설이 열악한 곳으로 봉사를 갑니다. 의료봉사자가 지녀야 할 마음가짐은 무엇이라고 생각하나요? (87쪽)

의료 봉사자가 지녀야 할 마음가짐

4. 점동, 간난, 오와카는 함께 이화학당에 다니며 자신의 꿈을 키워 나갑니다. 그들이 꿈꾸는 직업과 달란트 그리고 롤 모델을 정리해 보세요.

등장인물	꿈	달란트	롤 모델
점동	의사		
간난		바느질, 예쁘게 꾸미는 것	
오와카			셔우드 선생님

 **진로 탐색 : 꿈을 응원합니다**

※ 의사에 대해 조사해 보고 빈칸은 여러분이 채워 보세요.

1. 의사란?

> 의사는 아픈 몸의 원인을 찾아 진단하고 치료합니다. 의사는 보건소, 개인병원, 대학병원, 종합병원 등에서 일합니다. 분야별로 크게는 외과와 내과가 있으며 더 세분화된 분야로는 치의학, 한의학, 수의학 등이 있습니다.

2. 의사는 어떤 일을 할까요?

> - 사람의 몸과 마음을 진단하고 치료합니다.
> - 질병 부위의 수술을 집도하고 회복하도록 돕습니다.
> - 간호사, 약사 등의 의료인들과 긴밀한 관계를 유지합니다.
>
> 그 외에 또 어떤 일을 할까요?

3. 의사가 되려면 어떤 점이 필요할까요?

성격	공부	능력
- 생명을 존중하고 사랑하는 마음 -	- 인체와 질병 치료에 대한 공부 -	- 위급한 상황에 대처할 수 있는 판단력 -

4. 의사가 되면 좋은 점과 힘든 점은 무엇일까요?

좋은 점	힘든 점

5. 의사와 관련된 직업에는 무엇이 있을까요?

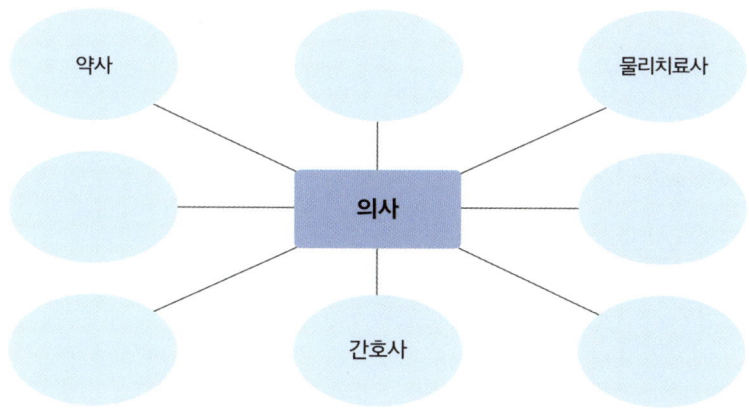

6. 의사와 다른 직업을 융합하여 새로운 직업을 만들어 봅시다.

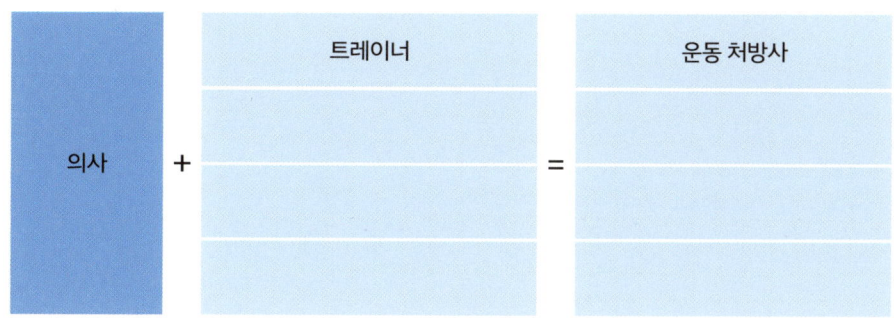

2장 진로 가치,

무엇을 위해
살 것인가

#5

아이가 살아갈 미래를 걱정한 핵융합 과학자

| 과학자 |

About the Book

달 위를 걷는 느낌

김윤영 지음, 창비, 2014

루나의 아빠는 달 탐사를 갔다가 그곳에서 자신의 미래를 보게 됩니다. 닥쳐올 어두운 미래에 대해 알고 있지만 피하지 않고 받아들이며, 그 사실을 루나에게 편지로 남깁니다. 지구 멸망의 섬뜩한 경고장과도 같은 이야기가 시종일관 유머를 놓치지 않는 것은 아스퍼거 증후군을 앓으면서도 누구보다 사랑스러운 루나와 아빠의 사랑으로 인해서입니다. 오랜 시간 의식을 잃고 있던 아빠가 깨어나면서 뱉은 첫마디 '젤리빈'이라는 말을 통해 사랑으로 지구를 지켜낼 수 있다는 희망의 메시지를 얻습니다. 인간의 이기심으로 지구를 무너뜨리는 어리석음을 행하지 않도록 루나의 아빠는 "우리의 미래는 과거를 닮지 않아야 한다"라고 이야기합니다.

함께 보면 좋아요

『니나 대장 실종 사건』 스튜어트 깁스 지음, 이도영 옮김, 미래인, 2018
『우주복 있음, 출장 가능』 로버트 A. 하인라인 지음, 최세진 옮김, 아작, 2016
『지구를 지켜라』 이철재 지음, 꿈결, 2016
『핵폭발 뒤 최후의 아이들』 구드룬 파우제방 지음, 함미라 옮김, 보물창고, 2015

낱말 퍼즐 : 내용을 떠올려 보아요

정답

가로 | 1.달 위를 걷는 느낌 2.전천후 3.바이오칩 4.아레시보 5.뷔앙스 6.우주섬광 7.선발 8.초거대 9.백분율 10.드레이크 방정식 11.플라네타리움 12.한국항공우주

세로 | ①달의 바다 ②느타리 ③후쿠시마 ④아스퍼거 ⑤주기율표 ⑥광선 ⑦발라드 ⑧초끈이론 ⑨방사능 ⑩가라 ⑪젤리빈 ⑫소우주 ⑬직항

가로

1. 달 탐사를 다녀온 루나의 아빠를 통해 지구의 미래를 생각하게 하는 김윤영 작가의 소설 제목.
2. 어떤 상황이나 날씨에서도 제 기능을 다할 수 있음.
3. 루나와 아이들의 벨트에 달려 있는 것. 수시로 건강 상태와 방사능 농도를 검사해줌.
4. 루나의 아빠가 일했던 천문대. 푸에르토리코에 있으며, 세계 최대의 단일 전파망원경이 있는 곳.
5. 말의 소리, 어조, 감정에서 기본적인 의미 외에 문맥에 따라 달리 느껴지는 섬세한 의미 차이(=nuance).
6. 우주 소립자들이 우주선 내에 날아들어 시신경에 연결된 뇌세포와 망막세포들을 자극해 나타나는 현상.
7. 물리학자인 루나의 아빠가 우주전파 해독 프로젝트와 우주비행 캠프에 참가한 경력으로 달 탐사단에 뽑힘. 여럿 가운데에서 어떤 대상을 가려서 뽑음.
8. 천문대 수위 장 씨 아저씨의 고향에 나타난 지렁이의 크기. 비교할 만한 같은 종류의 사물 가운데 엄청나게 큼.
9. 전체 수량을 백으로 하여 그것에 대해 갖는 비율을 퍼센트로 표현하는 것.
10. 우리가 외계의 지적 문명과 만날 가능성을 계산한 수식.
11. 루나가 천체 투영실을 달리 부르는 말. 밤하늘의 별자리를 언제라도 볼 수 있도록 만든 기계.
12. 미국에 NASA가 있다면 우리나라는 KARI가 있음. KARI는 우리나라의 우주 개발을 전담하고 있는 ○○○○○○연구원의 약칭이다.

세로

① 루나의 아빠가 달에 착륙한 곳. 과거 이탈리아 수도사들이 달에 물이 있을 거라 생각하고 지은 이름.
② 마른나무에서 자라는 조개껍데기와 비슷한 모양의 버섯. 갈색 또는 백색을 띠며 먹을 수 있음.
③ 2011년 대지진과 쓰나미로 원전이 폭발하여 방사능 유출 사고가 났던 일본의 도시 이름.
④ 루나의 아빠는 루나가 방사능의 후유증인 ○○○○ 증후군일 것으로 판단함. 만성 신경정신질환으로 한 종류의 사물이나 지식에 집착적인 관심을 갖지만 언어 발달과 사회 적응이 지연되는 것이 특징.
⑤ 루나가 불안하거나 마음이 울렁거릴 때 안정을 찾도록 외워 보라고 아빠가 권한 것. 원자 번호에 따라 나열한 표.
⑥ 빛에너지가 흐르는 경로를 나타내는 선.
⑦ 감성적인 곡조에 사랑을 주제로 한 서정적인 노래의 장르.
⑧ 자연계의 모든 입자와 기본 상호작용을 미세한 크기의 초대칭적 끈의 진동으로 설명하는 이론.
⑨ 라듐이나 우라늄 등의 원자핵이 붕괴하면서 방사선을 내뿜는 성질.
⑩ 보이저 2호에서 보낸 메시지에 대한 응답으로 13개 언어로 녹음된 명령 문장. "달에 ○○."
⑪ 자가 의료 포드에 있었던 루나의 아빠가 의식이 돌아오자마자 가져다 달라고 한 것. 시무룩한 루나를 웃게 만드는 아빠의 특기에 사용했던 것.
⑫ 은하계 및 은하계와 동일한 규모와 구조인 성운(星雲)을 통틀어 이르는 말.
⑬ 비행기가 도중에 다른 도시의 공항을 들르지 않고 목적지로 바로 가는 것.

 **해석적 발문 : 다양하게 생각해 보아요**

1. 루나 아빠의 말에 따르면 달에 갔다 온 우주 비행사들은 인생이 크게 바뀐 경우가 많다고 합니다. 공통된 후유증은 없지만 새로운 과학 이론을 공식적으로 보고하거나 남다른 인생 진로를 정하기도 합니다. 달에 갔다 온 사람들의 인생이 바뀌는 이유는 무엇이라고 생각하나요? (85쪽)

2. 루나의 아빠 필립은 제이슨과 달 탐사를 나갔다가 크리스털처럼 반짝이는 돔을 보았습니다. 그 돔의 둘레를 돌 때 제이슨이 갑자기 사라지고 눈앞에는 미래의 모습이 슬라이드 화면처럼 펼쳐졌습니다. 잠시 후 돔은 사라졌지만 무서운 영화 같은 슬라이드 화면은 기억에서 지워지지 않았습니다. 왜 필립은 다른 대원들에게 자신이 경험한 것을 말하지 않았을까요? (98~99쪽)

3. 천문대 수위 장 씨의 고향에는 고준위 방사능 폐기물 처리장이 비밀리에 지어지고 있습니다. 고향의 숲에서는 냄새도 소리도 없어지고, 신체 장기가 없는 아기가 태어나기도 했습니다. 방사능 폐기물 처리장 건설이 진행될수록 나타나는 '없다'의 의미는 무엇이라고 생각하나요? (126쪽)

4. 루나가 볼 때 엄마는 자동으로 눈물이 나오는 인형 같고, 아빠는 아파서 누워 있는 '바람인형' 같습니다. 왜 루나는 부모님을 인형에 비유했을까요? (113쪽, 141쪽)

5. 달에서 돌아온 후에 많은 고민을 하게 된 루나의 아빠는 세상에 두 부류의 사람이 있다고 생각합니다. 하나는 세상의 흐름에 몸을 맡기는 사람이고, 또 하나는 더 나은 삶을 위해 세상에 계속 부딪쳐 가는 사람입니다. 등장인물들을 루나의 아빠가 말한 두 부류로 나누고, 그 이유에 대해 이야기해 보세요. (178쪽)

등장인물	루나, 유니, 노마, 필립, 희영, 민준, 베드로, 수위 장 씨, 제이슨, 그 외	
	세상에 흐름에 몸을 맡기는 사람	세상에 계속 부딪쳐 가는 사람
인물		
이유		

6. 자가 의료 포드로 들어간 아빠를 보며 루나는 아빠가 했던 말을 떠올립니다. 우주를 탐구하는 건 평화로운 공존을 위해서고, 우리는 승리할 거라는 아빠의 말이 이해가 되지 않습니다. 여러분은 루나 아빠가 말한 '승리'의 의미가 무엇이라고 생각하나요? (229쪽)

선택적 발문 : 입장을 정해 보아요

1. 루나의 아빠는 드레이크 방정식을 설명하면서 우주에는 확인되지 않았지만 잠재적인 외계 문명이 존재할 것이라고 합니다. 여러분은 외계 문명의 존재 유무에 대해 어떻게 생각하나요? (54~55쪽)

☐ 있다고 생각한다   ☐ 없다고 생각한다

이유 :

2. 아빠와 함께 달 탐사를 간 대원 중에는 골프 회사의 광고 협찬을 받아 대원이 됐다고 스스로 밝힌 사람이 있습니다. 그는 달에서 찍은 장면을 광고 회사에 팔아 유명해지려고 합니다. 여러분은 자신의 능력과 특별한 경험으로 돈과 명예를 얻고자 하는 대원의 행동에 대해 어떻게 생각하나요? (56쪽)

☐ 공감한다   ☐ 공감하지 않는다

이유 :

3. 루나는 특수학교로 옮기자마자 각종 테스트를 거쳐 정부로부터 수술을 권유받았습니다. 수술을 받으면 일반인처럼 평범하게 살 수 있다는 말에 엄마는 찬성하지만, 아빠는 더 나빠질 합병증의 위험 때문에 반대합니다. 루나의 삶을 위해 여러분은 누구의 의견에 더 공감하나요? (110쪽)

☐ 엄마   ☐ 아빠

이유 :

4. 『달 위를 걷는 느낌』에서는 원자력 발전으로 인한 방사능 유출과 환경오염에 대해 경고합니다. 특히 필립은 우리나라가 아직 '성장'을 포기하지 못하고, 성장의 대가 또한 지불하지 않기 때문에 문제가 더욱 심각하다고 말합니다. 현재 우리나라에도 노후된 원전이 사회적 문제가 되고 있습니다. 여러분은 경제 발전을 위한 원전 개발과 환경을 위한 원전 폐쇄 중 어느 쪽을 더 지지하나요? (225쪽)

☐ 경제 발전을 위한 원전 개발   ☐ 환경을 위한 원전 폐쇄

이유 :

사색적 발문 : 생각을 넓혀 보아요

1. 루나는 세상이 원소의 세계와 비슷한 데가 있다고 생각합니다. 양성자와 중성자로 이루어진 원자핵은 움직이지 않지만, 전자는 쉴 새 없이 움직입니다. 루나 자신은 늘 움직이는 전자와 같은 운명이라 생각하고, 진동하는 공학적 움직임을 좋아합니다. 여러분은 자신이 원자핵과 전자 중 어느 쪽에 가깝다고 생각하나요? (18쪽)

2. 루나의 아빠가 입원해 있는 병원의 수간호사는 루나와 엄마를 안쓰럽게 여깁니다. 루나의 아빠가 3년 넘게 누워만 있는 것이 안타까워 세상이 정말 나아지고 있는지 의문이 들기도 합니다. 그러면서 루나의 아빠가 다녀왔다는 달을 보며 달 위를 걷는 느낌이 어떨지 생각해 봅니다. 만약 여러분이 달 위를 걷는다면 어떤 느낌일지 상상해 보세요. (51쪽)

3. 달 탐사를 간 아빠는 지구에서 당연하게 여기는 것들이 너무나 절실하다고 했습니다. 또한, 우리는 지구를 난장판으로 만든 여러 가지 환경 문제들에 대해 후손들에게 사죄해야 하며, '미래를 위해 현재를 갖다 바친 어리석음'을 뉘우쳐야 한다고 말합니다. 아빠의 표현대로 현재를 위해 미래를 갖다 바친 어리석은 일에는 어떤 것이 있을까요? (54쪽)

4. 우주 비행사들은 '리모트 뷰잉(Remote Viewing, 초감각적 원격 투시)', '클레어보이언스(Clairvoyance, 멀리 있는 곳을 내다보거나 가려져 있는 곳을 꿰뚫어 보는 능력)' 등 저마다 특이한 경험을 했지만, 필립처럼 미래의 일을 미리 보는 경험을 한 사람은 없어 그것을 정확하게 표현할 명칭도 없습니다. 여러분이 필립의 경험을 나타내는 용어를 지어 보세요. (180~181쪽)

용어	뜻

5. 『달 위를 걷는 느낌』은 우리나라 소설임에도 등장인물들의 이름이 이국적이며, 미래 사회를 배경으로 하고 있어 마치 다른 나라 소설을 읽는 듯한 느낌이 들기도 합니다. 이에 대한 작가의 의도는 어떤 것이었을까요?

책 속 진로 찾기 : 꿈을 키워 보아요

1. 루나의 아빠는 달 탐사를 다녀온 뒤 과학자로서 많은 고민을 합니다. 루나에게 안전하고 건강한 세상을 전해주고 싶고, 과학 안에서도 아름다운 시가 존재할 수 있도록 하고 싶습니다. 루나의 아빠를 통해 알게 된 과학자가 지녀야 할 가치관과 과학자의 역할에 대해 생각해 봅시다. (178쪽)

과학자가 지녀야 할 가치관			과학자의 역할		

2. 필립은 원래 전형적인 물리학자를 꿈꿨습니다. 하지만 물리학 외에 천체물리학을 공부하다 천문대에서 일하기도 하고, 달 탐험을 떠나기도 했다가 마지막에는 환경 운동가가 되었습니다. 필립이 다양한 분야를 경험하면서 전문가로서 전환점을 맞은 시기가 어느 시점이고, 그 이유는 무엇이라고 생각하나요? (212쪽)

물리학자 → 천체 물리학 전공 → 플라스마 핵융합 전공 → 아레시보 천문대 → 달 탐사선 → 환경운동가

전환점을 맞은 시기	
이유	

3. 우주 비행선에는 우주와 관련한 과학자 외에도 다양한 분야의 전문가들이 탑승하기도 합니다. 핵융합 전문가인 루나의 아빠도 우주에서 보내온 전파를 해독하는 프로젝트에 참여했고, 우주 비행 캠프를 수료한 전력이 있어 달 탐사에 합류하게 되었습니다. 이처럼 우주 개발과 관련한 직업 중 하나를 골라 조사하고, 미래 전망에 대해 생각해 봅시다. (160쪽, 163쪽)

☐ 신소재 연구원	☐ 기상천문 연구원	☐ 우주전파 예보관	☐ 인공위성 개발원
하는 일			
필요한 능력			
미래 전망			

4. 미국항공우주국 NASA는 비군사적 목적의 우주 개발 계획을 추진하는 미국의 정부 기관입니다. 산하에 수많은 연구소를 두고 있으며, 약 20만 명의 인력이 NASA와 관련된 직업에 종사하고 있습니다. 미국에 NASA가 있다면 우리나라에는 KARI가 있습니다. 우리나라의 우주 개발을 전담하고 있는 KARI(한국항공우주연구원)에 대해 조사해 봅시다.

KARI(한국항공우주연구원 : Korea Aerospace Research Institute)	
설립	
위치	
연구 범위	
성과	
연구원 자격	

2장 진로 가치 **89**

진로 탐색 : 꿈을 응원합니다

※ 과학자에 대해 조사해 보고 빈칸은 여러분이 채워 보세요.

1. 과학자란?

> 우리 주변의 모든 것을 관찰하고 연구하는 사람입니다. 연구를 통해 새로운 이론을 만들어 내거나 발명하는 일을 담당합니다.

2. 과학자는 어떤 일을 할까요?

> - 물리학자 : 자연 현상에서 가장 기본이 되는 원리를 연구합니다.
> - 생물학자 : 유기체의 연구를 통하여 얻은 결과물로 생물학의 발전에 기여합니다.
> - 우주과학자 : 우주 공간에서 발생하는 물리적 현상을 주로 다루고 연구합니다.
> - 화학연구원 : 물질의 성분 특성과 상호작용을 연구하고 개발합니다.
>
> 그 외에 또 어떤 분야에서 활동하는 과학자가 있을까요?

3. 과학 관련 일을 잘하려면 어떤 점이 필요할까요?

성격	공부	능력
- 문제를 해결하려는 탐구적인 자세 -	- 대학이나 대학원에서 과학 관련 전공 -	- 자연 현상에 대한 호기심과 관찰력 -

4. 과학 관련 일을 하면서 좋은 점과 힘든 점은 무엇일까요?

좋은 점	힘든 점

5. 과학자와 관련된 직업에는 무엇이 있을까요?

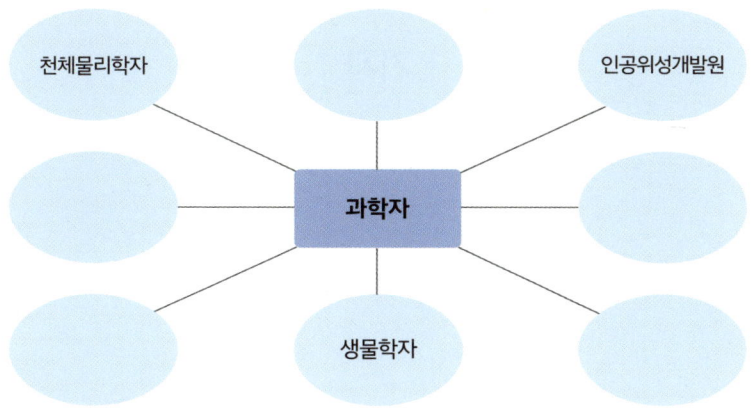

6. 과학자와 다른 직업을 융합하여 새로운 직업을 만들어 봅시다.

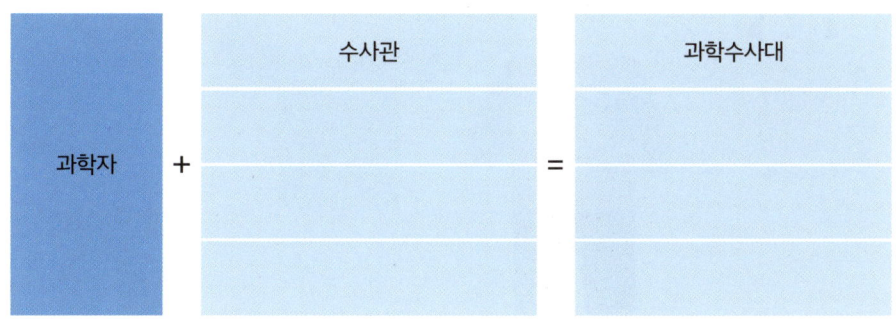

#6

부조리한 세상에 정의를 바로 세워라

| 기자 |

About the Book

남산골 두 기자
정명섭 지음, 서유재, 2017

김 생원이 10년째 과거 시험에 낙방하고도 먹고살 길을 고민하지 않자 부인은 하나뿐인 노비 관수를 내보내겠다고 합니다. 마지못해 소일거리라도 찾아야겠다는 마음에 길을 나선 김 생원은 과거에 함께 공부했던 박춘을 만나고, 그로부터 신문 기사를 써줄 것을 부탁받습니다. 세상일에 무심했던 김 생원은 관수와 함께 취재를 다니며 새롭게 세상을 보게 됩니다. 만연해 있는 부정부패에 분노하고, 이를 바로잡기 위해 기사를 쓰는 동안 김 생원은 점점 제대로 된 기자의 모습을 갖추어 갑니다. 또한, 신분을 뛰어넘어 인간적인 정을 나누는 김생원과 관수를 통해 관수의 눈으로 세상을 볼 수 있게 되고, 세상에 대해 가져야 할 바르고 공정한 시선을 깨닫습니다.

함께 보면 좋아요
『조선 특파원 잭 런던』 설흔 지음, 서해문집, 2018
『기자로 말할 것』 이샘물 지음, 이담북스, 2015
『기자 수업』 최철 지음, 컬처그라퍼, 2011
『껍질을 벗겨라』 조앤 바우어 지음, 이주희 옮김, 시공사, 2009

낱말 퍼즐 : 내용을 떠올려 보아요

정답

가로 | 1.환경오염 2.사라고 3.멸종위 4.곰기 5.생수통 6.사냥 7.포수 8.홍차 9.호기심
10.고용인 11.양순대령 12.겁쟁이 13.친절하던 14.사진 15.상이 16.원정탐험 17.무당벌레 수 가지

세로 | ①영어단수 ②사다리 ③편협 ④기가 ⑤순수과 ⑥장진홀 ⑦포도 ⑧프리미
⑨물린이 ⑩인시기지 ⑪김진경찰 ⑫용이 ⑬이질걱정단 ⑭사니라 ⑮이야기

가로

1. 김 생원이 기사를 쓰는 신문의 이름
2. 돈 있는 양반들이 개인적으로 얼음을 팔기 위해 만들어 놓은 얼음 창고.
3. 조선 시대에 불을 끄는 임무를 맡은 군대.
4. 장빙업계의 큰손인 윤 생원이 자신의 이익을 위해 애매모호한 문구로 작성한 것(文記).
5. 관수가 신분제를 옹호하는 말을 한 김 생원에게 실망하자 그에게 살주계에 들어올 것을 권한 사람.
6. 회사에서 직원들을 위해 정기적으로 펴내는 정기간행물.
7. 조정 소식과 왕의 말씀을 상세히 알려주는 소식지.
8. 활판 인쇄에 사용하는 글자. 보통 네모기둥 모양의 금속 한 끝에 글자를 새김.
9. 김 생원이 기사로 쓸 만한 것에 관수가 관심을 가지는 마음. 새롭고 신기한 것을 좋아하는 마음.
10. 박춘은 김 생원에게 대가를 주고 기자로 고용함. 대가를 주고 일을 맡기는 사람.
11. 둘 가운데 하나를 고르는 것을 뜻하는 사자성어. 비슷한 말은 '이자택일'.
12. 김 생원이 인터뷰한 안종복은 고아원을 맡아 관리하는 ○○○.
13. 나쁜 일이 변하여 복이 됨을 뜻하는 사자성어.
14. 사회적으로 문제가 되거나 주목받을 만한 일. 주로 뉴스나 신문에 기삿거리로 사용함.
15. 광흥창 화재 현장에 투입되었다가 죽었지만 천민 출신이라 장례식도 치르지 못했던 관수 또래의 급수비자(물 긷는 일을 맡은 여종) 아이의 이름.
16. 천 번을 생각하고 한 일이라도 한 번 실수할 수 있다는 뜻의 사자성어.
17. 김 생원과 관수가 기자로서 취재하는 이야기를 다룬 정명섭 작가의 소설 제목.

세로

① 한 마리의 물고기가 물을 흐린다는 뜻의 사자성어.
② 고아원 아이들에 대한 기사가 실린 후 높은 분들의 심기가 불편해지자 박춘은 김 생원에게 이 글을 적으라고 권함. 공식적으로 사과하는 내용을 적은 글.
③ 기자 일을 하면서 김 생원은 세상을 보는 눈이 달라짐. 사물의 형상이나 성질이 달라짐.
④ 신문에 어떠한 사실을 알리기 위해 기자가 쓴 글.
⑤ 일이나 사상에서 다른 사람보다 앞선 사람.
⑥ 정기간행물에서 첫 번째로 발간하는 것. 첫 호.
⑦ 김 생원의 일을 도와주며 보충하는 일을 맡은 관수의 역할.
⑧ 보고하는 글이나 문서.
⑨ 조선 시대 의료 업무를 맡아보던 관아. 이곳에 고아원이 딸려 있음.
⑩ 신문, 방송 등과 같이 언론을 담당하는 공적 기관.
⑪ 어떤 동기로 이제까지 품었던 일과 행동을 완전히 바꿈을 뜻하는 사자성어.
⑫ 김 생원이 기사로 고발했던 고아원 아이들이 노비로 전락하기 전의 신분. 조선 시대에는 양천제라는 신분 제도를 바탕으로 ○○과 천민으로 구분.
⑬ 아무런 보호 장비 없이 화재 현장에 투입되는 급수비자 아이들의 위험하기 짝이 없는 상태를 나타내는 사자성어.
⑭ 신문사가 번창해지자 김 생원이 사무를 볼 수 있도록 이 층에 따로 마련된 공간.
⑮ 조정에서 받은 소식지를 그대로 베낀 다른 신문들과는 달리 색다른 ○○○가 담긴 박춘의 신문은 날개 돋친 듯 팔림(=story).

해석적 발문 : 다양하게 생각해 보아요

1. 함께 공부했던 김 생원과 박춘은 우연히 운종가에서 다시 만났습니다. 복시에 합격하고도 가난하게 사는 김 생원과 달리 박춘은 아버지에게 물려받은 지물전을 운영하다가 최근에 다른 일을 시작했다고 합니다. 그들이 만나기 전까지 살아온 삶을 생각해 보고, 김 생원과 박춘의 성격에 대해 이야기해 봅시다. (16~17쪽)

김 생원	박춘

2. 김 생원과 박춘은 조보에 이야기를 넣고 활자로 찍어 신문으로 팔 생각을 하면서 '한성조보'라는 이름을 짓습니다. 그때 관수가 끼어들어 매일 받아본다는 뜻으로 '한성일보'라는 이름을 추천합니다. 신분제도가 엄격했던 시대에 노비인 관수가 신문 이름을 짓도록 한 작가의 의도는 무엇일까요? (28~29쪽)

3. 본래 얼음 저장하는 일을 했던 빙계 사람들은 장빙업계의 큰손인 윤 생원의 횡포로 피해를 받았습니다. 빙계의 장준만은 취재하러 온 김 생원에게 애매모호한 문구로 작성된 문기를 보여줍니다. 윤 생원의 횡포를 알리고 잘못된 일을 바로잡기 위해서 문기의 애매모호한 표현을 분명하게 바꾸어 보세요. (101쪽)

- 얼음 값이 시세의 세 배가 되면 맡긴 얼음을 찾아갈 때 따로 보관료를 내야 한다.
  ⇒

- 시세의 세 배가 오르면 보관료를 내야 한다. 또한 시세의 삼분지 일이 되면 얼음을 주지 않아도 된다.
  ⇒

4. 멸화군에 대한 기사 때문에 난처한 상황에 놓인 김 생원은 신문에 사과문을 실을지 말지 고민합니다. 고민 끝에 김 생원은 잘못된 일인 줄 알지만 지켜야 할 것이 있다며 사과문을 쓰려고 합니다. 여러분은 김 생원이 말하는 지켜야 할 것이 무엇이라고 생각하나요? (152쪽)

5. 김 생원은 멸화군을 제대로 지원하지 않은 관리들의 잘못에 대해 기사를 썼습니다. 박춘은 이 기사 때문에 피해를 볼까 두려워하지만 김 생원은 선비의 마음을 잃게 될 것을 더 염려합니다. 결국 박춘은 김 생원의 말을 받아들여 기사를 싣습니다. 여러분은 박춘이 왜 김 생원의 말을 수락했다고 생각하나요? (162쪽)

6. 김 생원은 문득 관수에게 글공부는 어디까지 했냐고 묻고는, 공부를 다시 하자고 합니다. 하지만 관수가 무엇을 위해 공부하냐고 반문하자 김 생원은 공부는 무얼 얻기 위해 하는 것이 아니라고 말합니다. 김 생원은 관수에게 왜 글공부를 다시 시작하자고 했을까요? (174~175쪽)

선택적 발문 : 입장을 정해 보아요

1. 양자로 입양되는 고아원 아이들이 실제로는 노비가 된다는 소문을 들은 김 생원은 고아원 관리인 안종복과 인터뷰합니다. 안종복은 취재 인터뷰인 것도 모른 채 그 소문이 사실이라고 밝히며, 김 생원에게도 변칙적인 방법을 제안합니다. 여러분은 취재를 위한 인터뷰라고 미리 밝히지 않은 김 생원의 태도에 대해 어떻게 생각하나요? (75쪽)

☐ 인터뷰임을 밝혀야 한다   ☐ 인터뷰임을 밝히지 않아도 된다

이유 :

2. 김 생원이 쓴 고아원 아이들에 대한 기사 때문에 오히려 아이들을 파양하는 일이 발생합니다. 좋은 의도로 기사를 쓴 김 생원은 자신이 한 일이 옳은 일인지 자신의 고집에 불과한지 혼란스럽습니다. 여러분은 김 생원이 쓴 고아원 아이들 기사에 대해 어떻게 생각하나요? (83쪽)

☐ 김 생원의 옳은 신념이다   ☐ 김 생원의 고집에 불과하다

이유 :

3. 김 생원이 쓴 멸화군에 대한 기사 때문에 한성일보가 문을 닫을 위기에 처합니다. 위협을 느낀 박춘은 멸화군에 대한 기사가 잘못됐다는 사과문을 신문에 실어 달라고 합니다. 여러분이 김 생원이라면 어떤 선택을 할 건가요? (148쪽)

☐ 사과문을 쓴다   ☐ 사과문을 쓰지 않는다

이유 :

사색적 발문 : 생각을 넓혀 보아요

1. 한증소를 운영해 병든 백성들을 진료하는 보현 스님은 불자로서 수행을 하는 것도 중요하지만, 가난한 사람들을 살리는 일도 자신이 해야 할 일이라고 생각합니다. 여러분도 학생으로서 공부 외에 자신이 꼭 해야 할 일이라고 생각하는 것이 있다면 무엇인가요? (57쪽)

2. 김 생원의 기사는 승정원의 조보를 그대로 베낀 것과는 확연히 달라 사람들의 반응이 좋았습니다. 그러자 박춘은 다른 신문들이 예상하지 못한 이야기를 실어야 한다고 말합니다. 여러분이 생각하는 한성일보만의 색깔이 드러나는 기사에는 어떤 것이 있나요? (62쪽)

3. 집을 떠나려는 관수의 마음을 짐작하고 있었던 김 생원은 관수를 통해 많은 걸 배우고 느꼈다고 합니다. 그러나 관수는 아무것도 깨우치지 못했고, 단지 분노만 했을 뿐이라고 합니다. 세상엔 분노조차 못 하는 사람들도 많다는 김 생원의 말을 통해 겉으로 드러나는 것 이면의 일들을 생각해 볼 수 있습니다. 여러분도 언론을 통해 접한 일 중에서 화가 나거나 잘못되었다고 느낀 일이 있었다면 이야기해 보세요. (205쪽)

4. 과거 시험에만 매달려 있던 김 생원은 한성일보의 기자 일을 하면서 자신이 알지 못했던 세상에 관심을 갖기 시작했습니다. 한성일보 기사를 통해 사회의 모순과 부조리에 대해 알리고자 하지만, 사회적 약자인 관수의 입장에서 보면 김 생원의 기사가 못마땅했을 수도 있습니다. 김 생원의 기사 중에서 하나를 골라 관수의 입장에서 기사를 써 보세요.

한성일보

책 속 진로 찾기 : 꿈을 키워 보아요

1. 한성일보를 만들 때 등장인물들이 맡은 역할이 따로 있었습니다. 각 인물이 하는 일에 따라서 어떤 특기가 필요할지 생각해 보며 빈칸을 채워 보세요.

등장인물	역할	하는 일	특기
박춘			
김 생원	기자		
관수			
황 노인			글을 빠르게 쓴다
꼬맹이			달리기가 빠르다
성윤	균자장		
한림	택자장		

2. 얼음의 채취까지 독점해서 장사하고 싶은 윤 생원은 자신에게 유리한 기사를 써 달라고 김 생원에게 부탁합니다. 만약 윤 생원의 부탁대로 김 생원이 기사를 썼다면 기자로서의 김 생원이 얻는 것과 잃는 것이 무엇일지 생각해 보세요. (117쪽)

기자로서 김 생원이 얻는 것	기자로서 김 생원이 잃는 것

3. '보수'는 전통적인 것을 옹호하며 현재 상태를 유지하고, '진보'는 사회의 변화나 발전을 추구하는 것입니다. 노비를 함부로 처벌한 양반 최천식에 대해 쓴 김 생원의 기사를 보고, 보수와 진보의 입장을 선택하여 기사를 재작성한 뒤 친구들과 이야기를 나누어 보세요. (200쪽)

〈한성일보 정축년 8월 열닷새〉

 지난달에 돈의문 밖 반송정에서 자신을 능멸했다는 이유로 노비를 활로 쏴 죽인 최천식에 대한 처형이 오늘 군기시에서 이뤄질 예정이오. 그자는 임금께서 굽어보시는 도성에서 함부로 피를 보이게 한 죄가 너무나 엄중해 조정 대신들도 입을 모아 엄하게 처벌해야 한다고 했소이다. 최천식은 지난달에 일이 힘들고 고되어서 고향으로 내려간 어린 계집종의 손바닥을 달군 쇠로 뚫고, 가죽끈을 꿰는 참혹한 짓을 저질렀고, 이에 격분한 계집종의 어미가 항의하자 반송정의 나무에 묶어 놓고 활로 쏴 죽이고 말았소. 이 사실이 알려지면서 의금부 도사에 의해 포박되었는데 그때까지도 자신의 잘못을 뉘우치지 않고 있다가 지금에 와서야 비로소 임금께 불충했다는 사실을 뉘우치고 있다고 들었소이다. 노비들이 비록 사적 재산이라고는 하나, 엄연히 사람이라는 점을 반드시 잊지 말아야 하오. 특히 사사로운 처벌은 위로는 임금께 불충한 짓이고, 덕을 쌓아야 하는 선비로서의 자세에도 벗어난다는 점을 잊지 말아야 할 것이외다.

☐ 보수   ☐ 진보

4. 알베르 카뮈는 "신문기자란 그날그날의 역사가다"라고 말했습니다. 기자가 쓴 글의 힘이 세상에 크게 영향을 미친다는 뜻이 포함된 말입니다. 김 생원이 쓴 기사도 사람들에게 다양한 영향을 끼쳤습니다. 김 생원의 기사가 어떤 영향을 주었는지 생각해 보고, 각 기사에 기자로서 가져야 할 덕목을 적어 봅시다.

기자의 덕목		
전문적인 지식	글쓰기 능력	가난을 받아들이는 마음가짐
듣는 능력	취재원 보호	성실성
취재 능력	올바른 세계관	정직성
정의감	정보 전달 능력	소통 능력
편집 능력	공정성	체력
관찰력	책임감	그 외

김 생원의 취재 파일	사람들에게 미친 영향	필요한 덕목
가난한 백성들의 병을 치료하는 한증소에서 사람이 죽어 나간다고?		
버려진 아이들을 돌보는 활인서 잠입 취재!		
얼음을 캐는 자와 보관하는 자들의 힘겨루기, 그 속내는?		
조선 시대 소방관, '멸화군'의 처우를 고발한다!		
노비도 사람이다. 함부로 노비를 처벌하는 양반에게 고함!		

진로 탐색 : 꿈을 응원합니다

※ 기자에 대해 조사해 보고 빈칸은 여러분이 채워 보세요.

1. 기자란?

> 세상에서 일어나는 다양한 사건 사고를 기사화하여 널리 알리는 일을 합니다. 사실에 근거를 두고 편견 없이 정확한 정보를 제공하며 정치·경제·사회 등 다양한 분야에 전문성을 가집니다.

2. 기자는 어떤 일을 할까요?

> - 사건 사고를 기사화합니다.
> - 특종을 위해 새로운 도전과 모험을 합니다.
> - 기삿거리를 위해 다양한 매체를 분석하고 확정합니다.
> - 도덕과 윤리성으로 역사의 변화를 끌어내기도 합니다.
>
> 그 외에 또 어떤 일을 할까요?

3. 기자 일을 잘하려면 어떤 점이 필요할까요?

성격	공부	능력
- 새로운 것에 대한 호기심과 정의감 -	- 기사를 잘 쓰기 위한 논술 및 작문 -	- 뉴스를 정확하고 신속하게 전달할 수 있는 능력 -

4. 기자와 관련된 일을 하면 좋은 점과 힘든 점은 무엇일까요?

좋은 점	힘든 점

5. 기자와 관련된 직업에는 무엇이 있을까요?

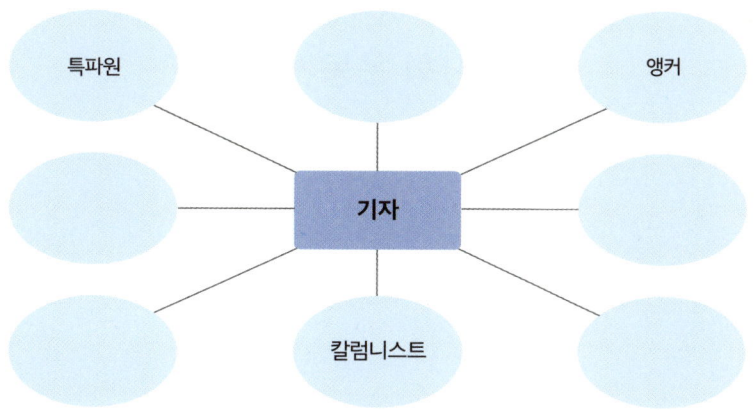

6. 기자와 다른 직업을 융합하여 새로운 직업을 만들어 봅시다.

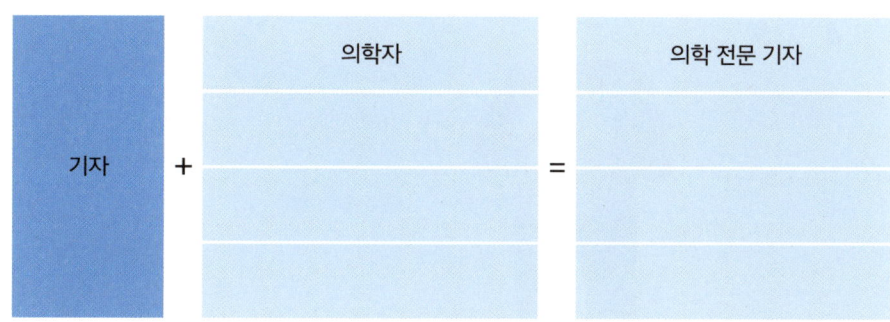

#7

세계의 문제를
끌어안은 한 소년

| 사회 운동가 |

About the Book

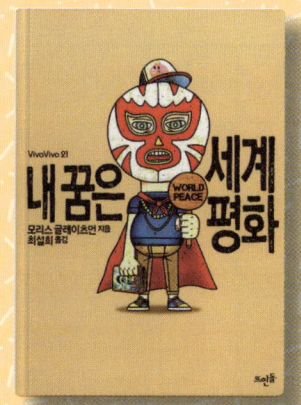

내 꿈은 세계 평화

모리스 글레이츠먼 지음, 최설희 옮김, 뜨인돌, 2013

자신의 가족이 잘 먹고 잘 살고 있는 동안에도 끊임없이 전쟁이 일어나고 굶주리는 사람이 있다는, 세계의 문제를 깨닫게 된 벤은 혼란에 빠집니다. 이러한 혼돈이 왜 자기에게 일어났는지, 모두 알고 있는데 자기만 몰랐던 건지 온통 의문투성이입니다. 가족들에게 의문을 제기해 보지만 벤의 심각한 고민을 귀담아듣는 사람은 아무도 없습니다. 결국 벤은 직접 세계의 문제를 알리기로 결심하고 수중 작전, 은근슬쩍 작전, 정육점 대소동 등으로 가족과 이웃들에게 충격을 줍니다. 웃기고 어설프고 황당한 작전들이지만 곳곳에 녹아 있는 벤의 진심이 느껴집니다. 이 소설은 작은 행동 하나가 더 나은 세상을 만들기 위한 시작이 될 수도 있음을 전합니다.

함께 보면 좋아요

『소비와 환경에 대하여』 류대성 외 엮음, 학교도서관저널, 2018
『세계가 만일 100명의 마을이라면 5: 환경』 이케다 가요코 지음, 한성례 옮김, 국일미디어, 2018
『일단, 질러!』 에릭 월터스 지음, 정회성 외 옮김, 탐, 2015
『행동하는 양심』 박현주 지음, 검둥소, 2009

낱말 퍼즐 : 내용을 떠올려 보아요

정답

가로 | 1.내 꿈은 세계 평화 2.냉장고 3.경고 4.모피 상점 5.정육점 6.덩칫값 7.입가리개 8.사회운동가 9.지리 10.경각심 11.방송가 12.안경테 13.스테이크 14.시각디자인

세로 | ①내시경 ②화룡점정 ③배고픈헨리 ④고깃덩어리 ⑤점입가경 ⑥사업가 ⑦지구온난화 ⑧심장 ⑨방글라데시 ⑩안락의자 ⑪테니스 ⑫가무이주

가로

1. 세계 문제에 대한 열네 살 소년 벤의 고민과 못 말리는 분투기를 담은 이야기. 모리스 글레이츠먼이 쓴 성장소설.
2. 에스메가 닭고기 상점에 붙인 포스터 문구. '당신 ○○에 있는 닭은 살아 있을 때보다 지금 훨씬 더 큰 방에서 지내고 있다.'
3. 조심하도록 미리 주의를 줌.
4. 에스메가 동물 대량 학살에 대한 반대 시위를 벌이겠다고 한 가게. 동물들의 털이나 가죽으로 된 제품을 파는 곳.
5. 벤의 아빠가 일하는 곳. 소고기, 돼지고기 같은 육류를 판매하는 가게.
6. 덩치에 어울리는 말이나 행동. 예 : 사람이 ○○○도 못 하다니.
7. 동물들의 입을 가리는 덮개.
8. 에스메처럼 구체적인 사회 문제를 해결하거나 변화시키기 위해 힘쓰는 사람.
9. 일솝 선생님의 수업 때문에 벤이 세계 문제에 관심 갖는 것이라고 오해한 아빠가 학교에 찾아가서 따짐. 일솝 선생님의 담당 과목.
10. 벤은 가족들에게 세계 평화와 기아 문제에 대해 알리려고 애씀. 사태의 심각성을 깨달아 경계하고 조심하는 마음.
11. 방송 업무와 관련된 사회.
12. 안경알을 끼우는 테두리
13. 벤의 엄마가 아침 식사로 차린 거대한 크기의 음식. 석쇠나 오븐에 구운 덩어리 고기.
14. 시각적인 기호나 형태로 내용을 전달하려고 만든 디자인.

세로

① 우리 몸 내부를 의학적으로 검사하기 위해 몸속에 집어넣어 관찰하는 기구를 통틀어 이르는 말.
② '용을 그리고 눈동자를 찍다'라는 뜻으로 무슨 일을 하는 데 가장 중요한 부분을 완성하는 것을 비유하는 사자성어.
③ 벤이 주방 싱크대에 달려 있는 음식물 쓰레기 처리기를 칭한 말. 에스메는 이 기계를 몰라 어리둥절해 함.
④ 쓰러졌던 아빠가 여전히 건강에 대해 무신경한 태도를 보이자 벤이 아빠의 묘비에 적기 위해 준비한 문구. '그는 남편이자 아빠, 그리고 ○○○○○였다.'
⑤ '갈수록 아름다운 경치로 들어가다'라는 뜻으로 일이 점점 더 재미있는 상황으로 변해 가는 것을 비유하는 사자성어.
⑥ 벤의 아빠, 론의 직업. 사업을 계획하고 관리하여 운영하는 사람.
⑦ 지구 표면의 평균 기온이 상승하는 현상. 이로 인해 여러 형태의 기후 문제가 발생함.
⑧ 벤의 아빠는 무리하게 사업에 몰두하여 신체 중 이곳의 이상으로 쓰러져 입원함.
⑨ 아빠가 퇴원하자 벤의 가족이 함께 떠난 여행지. 아시아 서남부 인도양 연안에 있는 나라로 세계에서 인구 밀도가 높은 국가 중 하나. 수도는 다카.
⑩ 아빠가 퇴원하자 휴식을 취해 가면서 일하기를 바라는 마음으로 엄마가 테라스에 마련해 놓은 선물.
⑪ 벤의 엄마가 즐겨하는 운동. 아빠가 벤의 마음을 돌리기 위해 엄마가 심각한 병에 걸렸다고 거짓말을 하자 충격을 받은 벤이 엄마를 찾아갔을 때도 이 운동을 하고 있었음.
⑫ 한 집안에 주인이 둘일 수 없다는 뜻의 사자성어. 한자로는 家無二主.

 **해석적 발문 : 다양하게 생각해 보아요**

1. 자신의 가족이 잘 먹고 있는 동안에도 굶어 죽는 사람이 있다는 것을 깨닫게 되면서 벤은 알 수 없는 느낌이 들었습니다. 이러한 혼돈이 왜 자기에게 일어났는지, 모두 알고 있는데 자기만 몰랐던 건지 혼란스럽기만 합니다. 그 느낌의 근원을 알기 위해 여러 잡지를 보기도 하였지만 해답을 얻을 수 없었습니다. 여러분은 왜 갑자기 벤에게 세상 문제에 대한 관심이 생겼다고 생각하나요? (9쪽)

2. 깡마른 에스메는 검은색 코트 차림으로 론의 정육점에서 동물 보호 전단지를 나누어 주었습니다. 에스메가 등장하자 사람들은 멀리 피하지만, 벤은 에스메의 전단지에 관심을 보입니다. 여러분은 왜 평소에 에스메의 주장에 귀를 기울이거나 호응하는 사람이 없었다고 생각하나요? (88쪽)

3. 부모님의 거짓말에 배신감을 느낀 벤은 집을 나왔습니다. 에스메의 일을 도우며 함께 살겠다고 찾아간 그녀의 집은 자신이 살던 곳과는 많이 달랐습니다. 벤이 에스메의 집을 보고 놀란 이유는 무엇일까요? (138쪽)

4. 벤의 방에 들어온 엄마는 베개 옆에 사진을 한 장 두고 나갑니다. 빛바랜 흑백 사진에는 아빠가 다른 사람들과 함께 핵무기를 반대하는 의미하는 구호를 내걸고 시위하는 모습이 담겨 있었습니다. '시곗바늘이 4개인 시계는 동시에 5시, 6시, 7시를 가리키네.'라고 내건 그들의 구호는 어떤 의미라고 생각하나요? (145쪽)

5. 퇴원 후 아빠가 잠시 일을 쉬게 되자 벤의 가족은 평범한 가족처럼 여행을 준비합니다. 그러나 여행의 목적지를 알게 된 가족들은 어안이 벙벙하지만 벤은 아랑곳하지 않고 바다를 향해 배를 출발시킵니다. 벤은 가족의 여행지를 왜 방글라데시로 정했을까요? (176쪽)

선택적 발문 : 입장을 정해 보아요

1. 공평하지 않은 세상에 대한 자신의 고민에 부모님이 반응을 보이지 않자 벤은 하비 목사님께 질문을 던집니다. 목사님은 불행한 사람들과 비교하면 우리가 더 감사하고 행복하게 느낄 수 있다고 대답합니다. 타인의 불행과 비교하면 자신의 행복을 더 느낄 수 있다는 목사님의 말에 대해 어떻게 생각하나요? (47쪽)

☐ 공감한다　　☐ 공감하지 않는다

이유 :

2. 세계의 문제를 부모님께 알리려다 실패하자 벤은 충격 요법을 생각해냈습니다. 아빠가 친구들과 바비큐 파티를 하고 있을 때 머리를 삭발한 채 알몸으로 나타났습니다. 그런데도 모두 놀라기만 할 뿐 벤의 말에 귀를 기울이지 않자 수중 작전, 은근슬쩍 작전, 정육점 대소동 등으로 더 큰 충격을 줍니다. 세계의 문제를 알리겠다고 다양한 작전을 펼친 벤의 행동에 대해 여러분은 어떻게 생각하나요? (56쪽)

☐ 공감한다　　☐ 공감하지 않는다

이유 :

3. 벤은 세계 문제에 무관심한 부모님에 대한 반감으로 가출해서 에스메와 함께 살겠다고 합니다. 에스메는 세계 평화를 위해 사느라 돈이 부족해 음식 캔을 슬쩍 해왔다고 합니다. 물건을 훔쳤다는 에스메의 말은 벤을 집으로 보내기 위해 꾸민 거짓일까요, 에스메가 사는 방식을 그대로 보여준 진실일까요? (141~142쪽)

☐ 진실   ☐ 거짓

이유 :

사색적 발문 : 생각을 넓혀 보아요

1. 벤은 세상의 많은 불우한 사람들에 대해 관심을 갖게 되면서 고민에 빠졌습니다. 그렇지만 부모님은 벤의 고민을 이해하지 못하고 이상하게만 여깁니다. 여러분이 벤에게서 같은 질문을 받는다면 어떻게 대답할 건가요? (27쪽)

벤의 질문 : 세상에 이렇게 끔찍한 일들이 벌어지고 있는데, 우린 어떻게 아무 걱정 없이 행복하게 살고 있는 거죠?

나의 답변 :

2. 동물 대량 학살을 반대하는 에스메는 모피 상점과 치킨집 앞에 준비해 온 포스터를 붙입니다. 포스터에는 사람들에게 전달할 문구가 적혀 있습니다. 여러분이라면 사람들의 관심을 끌기 위해 어떤 메시지를 적을 건가요? (104~106쪽)

"당신이 입고 있는 건 바로 죽은 동물의 가죽이다."

"당신 냉장고에 있는 닭은 살아 있을 때보다 지금 훨씬 더 큰 방에서 지내고 있다."

3. 가출한 벤이 자신을 찾아오자 에스메는 집에 돌아가서도 세계 평화를 위해 할 수 있는 일이 많다고 설득합니다. 집으로 돌아간 벤이 세계 평화를 위해 할 수 있는 일들에는 어떤 것이 있을지 생각해 보세요. (142쪽)

4. 아빠의 개업식 날, 벤은 줄 맞춰 걸려 있는 냉장실의 소고기 덩어리들 사이에서 모습을 나타냅니다. 이날을 위해 신중하게 질문을 골라 둔 벤이 입을 떼려는 순간 아빠가 쓰러집니다. 만약 아빠가 쓰러지지 않았다면 벤은 어떤 질문을 했을까요? (152쪽)

책 속 진로 찾기 : 꿈을 키워 보아요

1. 벤은 세계 평화와 기아 문제의 심각성에 대해 알리려고 합니다. 이 외에도 전쟁, 빈곤, 환경오염, 난민, 핵무기의 위협, 자연재해 등 일부 지역과 국가의 노력만으로 해결하기 어려운 일들이 세계 곳곳에서 벌어지고 있습니다. 여러분이 관심을 갖고 있는 사회 문제는 무엇이며, 그 해결책에 대해 생각해 보세요.

내가 관심 있는 사회 문제		
관심을 갖게 된 이유		
내가 생각하는 해결책	개인적	
	사회적·국제적	

2. 벤은 '평화를 지지하는 정육업자들'이라는 현수막을 들고 있는 아빠의 과거 사진을 보았습니다. 오로지 사업에만 관심이 있는 현재의 아빠와는 사뭇 다른 모습이라 의아합니다. 가치관이나 신념에 따라 사회 운동을 직업으로 하는 사람도 있고, 자신의 직업과 병행하여 활동하는 사람들도 있습니다. 벤의 아빠가 지금까지 계속 사회 운동을 하고 있었다면 정육업과 병행하여 할 수 있는 활동에는 무엇이 있을까요?

현재 직업: 정육업자	
활동 가능한 사회 운동	
이유	

3. 다양한 방법을 시도했음에도 부모님의 관심을 끌어내지 못하자 벤은 아예 자신이 심각한 문젯거리가 되기로 결심합니다. 사람들이 바뀌지 않더라도 벤이 꾸준히 설득해야 하는 이유는 무엇이라고 생각하나요?

4. 우리 주변에는 사회 문제를 해결하거나 현 사회체제를 바꾸기 위해 노력하는 사회 운동가들이 많이 있습니다. 사회 운동가들이 활동하는 다양한 영역을 정리해 보고, 그중 한 분야를 선택하여 활동가와 활동 내용에 대해 알아봅시다.

사회 운동가들의 활동 영역	
환경 운동가, 양성평등 운동가, 노동 운동가, 민주화 운동가, 독립운동가, 반전 운동가, 반핵 운동가	
내가 선택한 영역	
인물	
인물의 활동 내용	

진로 탐색 : 꿈을 응원합니다

※ 사회 운동가에 대해 조사해 보고 빈칸은 여러분이 채워 보세요.

1. 사회 운동가란?

> 구체적으로 사회 문제를 해결하거나 현재 사회 체제의 문제를 근본적으로 해결하려고 활동을 하는 사람입니다.

2. 사회 운동가는 어떤 일을 할까요?

> - 환경 운동가 : 생태계의 보전을 위한 활동이나 생태주의 정책을 실현합니다.
> - 민주화 운동가 : 정치 체제 안에 민주주의가 확대되고 정착하도록 이끕니다.
> - 반전 운동가 : 평화주의의 관점에서 전쟁에 반대하는 활동을 합니다.
> - 양성평등 운동가 : 남녀가 평등하게 대우받고 서로 존중하자는 캠페인에 앞장섭니다.
>
> 그 외에 또 어떤 일을 할까요?

3. 사회 운동가가 되기 위해서는 어떤 점이 필요할까요?

성격	공부	능력
- 옳지 못한 것을 바꾸려고 하는 정의감 -	- 법적 문제를 해결할 수 있는 법률 공부 -	- 자신의 주장을 다른 사람들에게 전달할 수 있는 설득력 -

4. 사회 운동가가 되면 좋은 점과 힘든 점은 무엇일까요?

좋은 점	힘든 점

5. 사회 운동가와 관련된 직업에는 무엇이 있을까요?

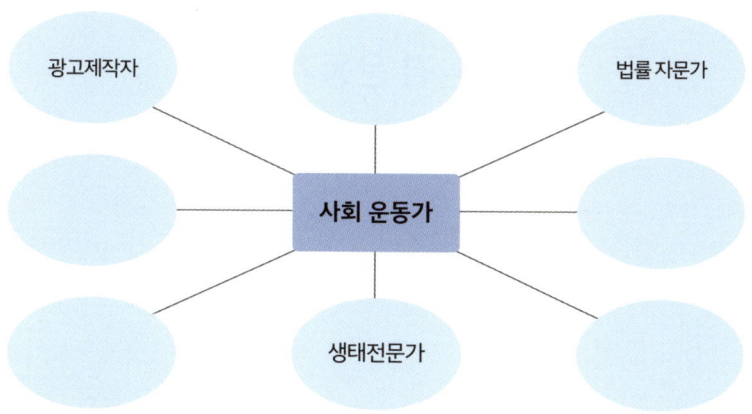

6. 특정 직업과 사회 운동을 융합하여 새로운 사회 운동 영역을 만들어 봅시다.

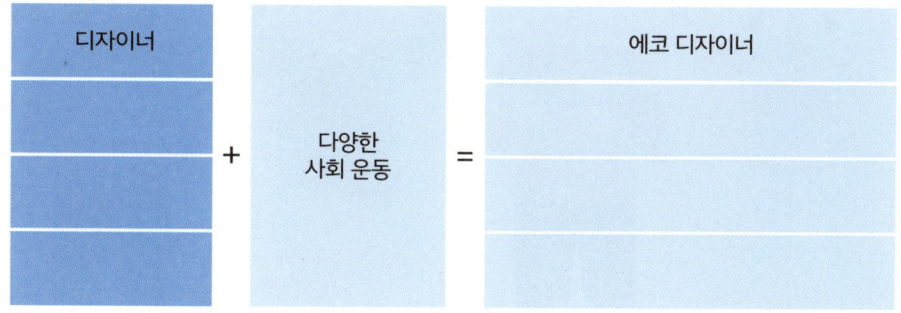

#8

불법 포획을 막기 위한 분투기

| 환경 운동가 |

About the Book

고래들이 노래하도록
장 마리 드로세 지음, 이정주 옮김, 씨드북, 2016

니콜라는 호주환경보호단체에서 일하게 된 엄마를 따라나섰다가 고래들을 구하기 위해 출발하는 배를 탑니다. 처참한 고래 사냥을 목격한 니콜라의 마음은 고래를 구하겠다는 신념으로 가득 차고, 상한 버터 작전으로 고래를 지키는 데 앞장섭니다. 그러면서 고래로부터 뜻밖의 선물을 받았다는 걸 깨닫습니다. 여럿이 모은 힘이 더하기가 아니라 곱하기가 되었다는 니콜라의 말을 통해 어떤 어려움도 함께하면 이겨낼 수 있다는 믿음과 희망을 갖게 됩니다. 이 소설은 남극해에서 벌어지는 불법 고래 사냥에 대해 알려주면서 우리가 지구 생태를 위해 할 수 있는 일과 해야 할 일을 생각해 보게 합니다.

함께 보면 좋아요
『지구를 살리는 영화관』 권혜선 외 지음, 서해문집, 2018
『지구를 지켜라』 이철재 외 지음, 꿈결, 2016
『위기의 지구 돔을 구하라』 이한음 지음, 사계절, 2015
『여보세요 생태계씨, 안녕하신가요?』 윤소영 지음, 낮은산, 2014

낱말 퍼즐 : 내용을 떠올려 보아요

정답

가로 | 1.망망대해 2.밀렵꾼 3.요지경 4.환경 5.마루호 6.혹평 7.대사관 8.비상등 9.고래들이 노래하도록 10.쓰나미 11.선착장 12.백기 13.나침반 14.남극해 15.시셰퍼드 16.익사이팅

세로 | ①망원경 ②해골 ③밀가루 ④포경선 ⑤요리사 ⑥마구잡이 ⑦혹등고래 ⑧대운하 ⑨비폭력 ⑩들여쓰기 ⑪도화선 ⑫미나리 ⑬백해무익 ⑭반시간 ⑮남획 ⑯드론

가로

1. 한없이 크고 넓은 바다. 한자로는 茫茫大海.
2. 허가를 받지 않고 몰래 사냥하는 사람들.
3. 확대경 속에 넣은 여러 가지 재미있는 그림을 돌리면서 구경하는 장난감. 알쏭달쏭하고 복잡하여 이해할 수 없음을 비유하는 말.
4. 니콜라의 엄마가 호주까지 가서 참여한 곳은 ○○ 보호단체.
5. 불법 고래 사냥을 목적으로 일본 선원이 타고 온 배의 이름.
6. 가혹하게 비평함.
7. 지구과학 선생님의 도움을 받아 카미유가 불법 고래 사냥 반대 서명을 보내기로 한 곳. 일본○○○.
8. 긴급하거나 위급한 상황을 알리기 위해 켜는 등.
9. 불법 고래 사냥을 통해 해양 보호를 이야기하는 장 마리 드로세 작가의 청소년 소설.
10. 바다에서 일어나는 지진으로 인해 생기는 해일.
11. 배가 도착하여 닿는 곳.
12. 어윈호에게 항복의 의미로 일본 포경선이 흔들어 보인 것. 흰 바탕의 깃발.
13. 바다에서 힘든 시간을 보내던 니콜라는 폭풍 한가운데서도 마음의 ○○○ 소리를 듣고 방향을 유지해 자신의 꿈을 이루라는 할아버지의 말을 떠올리며 힘을 냄. 방향을 알려주는 도구.
14. 남극 대륙을 둘러싸고 있는 바다.
15. 니콜라의 엄마가 참여하게 된 단체 이름. 'Sea Shepherd'의 한글식 표기.
16. 흥분시키거나 들뜨게 함을 나타내는 영어 단어 'exciting'의 한글식 표기.

세로

① 멀리 있는 물체를 크고 가까워 보이게 하는 장치.
② 더 강렬하게 보이기 위해 어윈호가 새로 만든 깃발에 그려 넣은 문양.
③ 밀을 빻아 만든 가루.
④ 고래를 잡기 위해 포경포를 장전한 배.
⑤ 니콜라의 엄마가 어윈호에서 맡은 역할. 전문적으로 음식을 조리하는 사람.
⑥ 앞뒤를 따지지 않고 마구 하는 짓.
⑦ 일본 포경선이 작살을 이용해서 잔인하게 포획한 고래의 종. 니콜라는 이 고래가 고통스러워하는 모습을 보고 눈물을 흘림.
⑧ 배의 운항을 위하여 인공으로 육지에 파 놓은 큰 물길. 수에즈 ○○○가 대표적.
⑨ 어윈호의 팀원들은 ○○○으로 싸우기 위해 마루호에 썩은 버터 병을 투척함. 물리적인 강제력이나 폭력이 아닌 방법.
⑩ 글을 쓸 때 문단 첫 줄의 왼쪽 첫 칸을 비워두고 다른 줄보다 안쪽에서부터 쓰기 시작하는 것.
⑪ 화약이 터지도록 불을 붙이는 심지. 사건 발생의 직접적인 원인을 비유하는 말.
⑫ 미나리과의 여러해살이풀. 연못가나 습지 등에서 높이 30센티미터가량 자라며 잎과 줄기를 먹는 식물.
⑬ 해롭기만 하고 이로운 것은 전혀 없음을 뜻하는 사자성어.
⑭ 1시간의 절반. 30분을 시간 단위로 환산한 것.
⑮ 학술 연구 목적을 가장하여 일본 포경선이 고래를 잡는 모습. 가리지 않고 마구 잡음.
⑯ 어윈호에서 포경선을 찾을 수 있도록 하늘에 떠서 100킬로미터 이상까지 볼 수 있는 기구.

해석적 발문 : 다양하게 생각해 보아요

1. 어윈호는 고래를 불법 포획하려는 마루호와 접전을 거듭하면서 평화적으로 고래를 지키려고 했던 방식을 바꿉니다. 평화적으로 대응하던 그들이 과격하고 폭력적인 저지 행위를 한 것입니다. 어윈호의 팀원들은 왜 이러한 변화를 선택했을까요? (125쪽)

2. 어윈호 팀원들은 마루호에 썩은 버터 병을 투척하기로 하고 만반의 준비를 했습니다. 이때 선장님이 우리가 상대할 적은 포경선의 선원들이 아니라 오로지 작살포라는 것을 잊지 말라고 당부합니다. 선장님은 왜 그들이 상대하는 적에 대해 상기시켰을까요? (130~131쪽)

3. 마루호의 무분별한 고래 사냥을 막기 위해 애쓰는 동안 니콜라는 종종 할아버지가 했던 이야기를 떠올렸습니다. 할아버지가 말씀하신 '마음의 나침반'은 어떤 의미라고 생각하나요? (148쪽)

> '선원은 폭풍 한가운데에서도 자기 마음의 나침반 소리를 들어 방향을 유지하고, 고개를 당당하게 들고 바람과 파도에 맞서서 자신의 꿈을 이뤄야 한다.'

4. 니콜라는 포경선에 버터 폭탄을 던져 고래를 지킨 일을 아빠에게 메일로 알립니다. 아빠는 법의 한계 안에서 균형을 잃지 말고 안전망을 유지하도록 당부했습니다. 그리고 머릿속에서 나오는 확신은 위험하다며 확신만 주는 사람을 경계하라고 합니다. 아빠의 당부는 어떤 의미일까요? (149쪽)

5. 니콜라는 남극 여행이 자신과 주변 사람들에게 기분 좋으면서도 놀라운 영향을 끼쳤고, 그것은 모두 고래들이 준 효과라고 생각합니다. 여러분은 니콜라가 경험한 기분 좋은 영향이 무엇이라고 생각하나요? (150쪽)

6. 어윈호의 계속된 저지에도 마루호는 불법 고래 사냥을 그만둘 기미가 보이지 않습니다. 초조해하는 니콜라에게 신디는 우리가 고래를 지키는 것이 아니라 고래가 우리를 지키는 거라고 말합니다. 신디가 말한, 고래가 우리를 지킨다는 것은 무슨 의미일까요? (155쪽)

 **선택적 발문 : 입장을 정해 보아요**

1. 엄마는 남극해가 가까워지자 니콜라에게 사실은 고래를 보호하러 가는 길이라고 털어놓습니다. 미리 이야기했다면 아빠가 심하게 반대하고 니콜라도 받아들이지 않았을 거라고 말합니다. 이런 중요한 사실을 미리 말하지 않은 엄마에 대해 여러분은 어떻게 생각하나요? (33쪽)

☐ 공감한다 ☐ 공감하지 않는다

이유 :

2. 어윈호에서 요리사로 일하게 된 엄마는 니콜라에게 앞으로의 행로에 대해 선택하라고 합니다. 영어 공부를 하기 위해 학교에 다니고 싶다면 엄마의 동료 집에 머물러도 되고, 함께 고래를 지키러 가겠다면 인터넷 강의로 영어 공부를 할 수 있다고 합니다. 여러분이라면 어떤 길을 선택할 건가요? (34쪽)

☐ 호주에 남아 학교를 다닌다 ☐ 어윈호를 타고 고래를 지키러 간다

이유 :

3. 불법 고래 사냥 저지에 대한 어윈호 팀의 회의 중에 폴 아저씨는 마루호의 작살포를 박살 내자고 합니다. 그러나 패트릭 아저씨는 남의 장비를 파괴하는 것은 불법이며, 에코 테러리즘의 방식이라고 반대합니다. 여러분은 누구의 의견에 더 공감하나요? (119~121쪽)

☐ 폴 아저씨 ☐ 패트릭 아저씨

이유 :

사색적 발문 : 생각을 넓혀 보아요

1. 니콜라는 어윈호에서 접시닦이라는 작은 역할을 하고 있지만 자신도 고래 구출 작전에 한몫을 담당한다고 생각합니다. 망망대해에서 고래 구출 작전을 펼치다 보면 쉽게 지칠 수 있어 어떤 도움이라도 환영받을 것입니다. 어윈호에서 여러분이 할 수 있는 일은 무엇일까요? (94쪽)

2. 어윈호 팀원들은 일본의 불법 고래 사냥을 어떻게 막을지 고민합니다. 이곳에서 찍은 충격적인 영상을 퍼트려 일본산 제품의 불매운동을 펼치거나 유엔 법정에 일본을 제소하자는 의견도 있었습니다. 여러분도 일본의 불법 고래 사냥을 막을 수 있는 구체적인 방법을 생각해 보세요. (116~117쪽)

3. 폴 아저씨가 마루호의 작살포를 박살 내자고 하자 패트릭 아저씨는 에코 테러리즘이라며 반대합니다. 에코 테러리즘이란 환경보호를 내세워 급진적인 환경단체나 동물보호단체들이 특정 기업과 개발지역에 저지르는 방화·파괴·협박 등의 과격한 행위를 말합니다. 여러분이 알고 있는 에코 테러리즘의 사례가 있다면 이야기해 보세요. (120~121쪽)

4. 니콜라는 어윈호의 대원들이 한마음으로 불법 고래 사냥을 저지하는 과정에서 어윈호의 힘이 하나로 뭉쳐지게 되었다고 생각합니다. 여러분도 혼자가 아닌 여럿이 모여서 어떤 일을 해내 보람을 느낀 적이 있나요? (130쪽)

5. 니콜라는 마루호의 불법 고래 포획 사진을 인터넷에 올려 세계적인 관심을 끌어냈습니다. 그러나 일본은 오히려 국제 해양 당국에 진로 방해로 어윈호를 고소하였고, 이전에 일본 정부의 불법에 대해 항의했던 나라들도 어윈호를 돕지 않았습니다. 여러분이 남극해의 고래 보호에 참여한 사람의 입장이 되어 항의문 또는 호소문을 작성해 보세요.

대상	- 국제 해양에서 고래를 사냥할 권리가 있다고 주장하는 일본 정부
	- 남극해 고래 어업은 불법이라고 주장하는 프랑스·호주·뉴질랜드 및 10개국
	- 어윈호에 탑승하여 활동 중인 열다섯 명의 대원들
	- 그 외의 대상

_____ 에게 드리는 항의문 / 호소문

책 속 진로 찾기 : 꿈을 키워 보아요

1. 어윈호에 탑승한 대원들은 각자의 직업이 따로 있으면서 환경 운동도 같이 하고 있습니다. 어윈호 대원들의 역할을 정리해 보고, 그 역할을 수행하기 위해 갖추어야 할 능력을 생각해 봅시다. (47쪽)

대원 이름	역할	필요한 능력
버마트	배의 기술자	
켈리	언론사 연락 담당	
폴		
라미야	시 셰퍼드 프랑스 지부 책임자(생물학자)	
제임스	팀장	
리즈	채식 전문 요리사	
그 외의 대원		

2. 어윈호의 대원들은 처음에는 현장을 지키고만 있어도 마루호의 불법 고래 사냥을 저지할 수 있을 것이라 생각했습니다. 그러나 포경선이 고래를 향해 마구잡이로 작살포를 쏘고, 어윈호에 물대포를 쏘며 대항하자 비폭력으로 대항하려던 생각이 바뀌었습니다. 이처럼 환경 운동가들은 비폭력으로 활동하기도 하고, 때에 따라 폭력적인 대항을 하기도 합니다. 여러분이 참여하고 싶은 환경 운동 단체에 대해 조사하고 정리해 보세요.

환경운동단체	국제	그린피스, 시 셰퍼드, 동물해방군 등	
	국내	환경 운동 연합, 녹색 연합, 그린 패밀리 운동 연합 등	
내가 참여하고 싶은 환경운동단체			
단체 이름			
하는 일			
참가 자격			
맡고 싶은 업무	업무		
	이유		

3. 시 셰퍼드(Sea Shepherd Conservation Society)는 무차별적인 해양 동물 포획을 반대하는 공익광고 캠페인을 펼칩니다. 많은 사람들에게 불법 포획에 대한 경각심을 불러일으킬 수 있는 캠페인 계획을 세워 봅시다.

해양동물 불법 포획에 반대하는 캠페인 계획	
대상	
콘셉트	
한 줄 광고	
장소	
기간	
주요 활동	
활동 규칙	
홍보 이미지	

 **진로 탐색 : 꿈을 응원합니다**

※ 환경 운동가에 대해 조사해 보고 빈칸은 여러분이 채워 보세요.

1. 환경 운동가란?

> 환경 보호를 위해 캠페인을 벌이거나 실제 활동을 하는 운동가를 말합니다. 날씨, 동물, 식물, 에너지, 미세먼지, 도시환경 등 우리가 살고 있는 모든 영역에서 환경이 파괴되는 것을 예리하게 알아차리고, 그것을 원래대로 되돌리려 애씁니다. 국제적인 단체에 소속하거나 개인별로 활동하기도 합니다.

2. 환경 운동가는 어떤 일을 할까요?

> - 그린피스 활동 : 전 세계 어디든 환경을 지키기 위해 달려가 보호 활동을 합니다.
> - 멸종 위기 동식물 보호 : 멸종 위기의 동식물들이 살아갈 환경을 조성하고 보호합니다.
> - 기후 변화 관찰 : 이상 기후 변화를 감지하고 원인 분석과 대책을 알립니다.
> - 생물의 다양성 보존 : 다양한 생물 보존을 위해 변종이 생기거나 멸종되지 않도록 노력합니다.
>
> 그 외에 또 어떤 일을 할까요?

3. 환경 운동가가 되려면 어떤 점이 필요할까요?

성격	공부	능력
- 환경 변화를 감지하는 예민함 -	- 지구온난화를 막기 위한 기후 연구 -	- 자신의 뜻을 전달하는 논리적인 설득력 -

4. 환경 운동가가 되면 좋은 점과 힘든 점은 무엇일까요?

좋은 점	힘든 점

5. 환경 운동가와 관련된 직업에는 무엇이 있을까요?

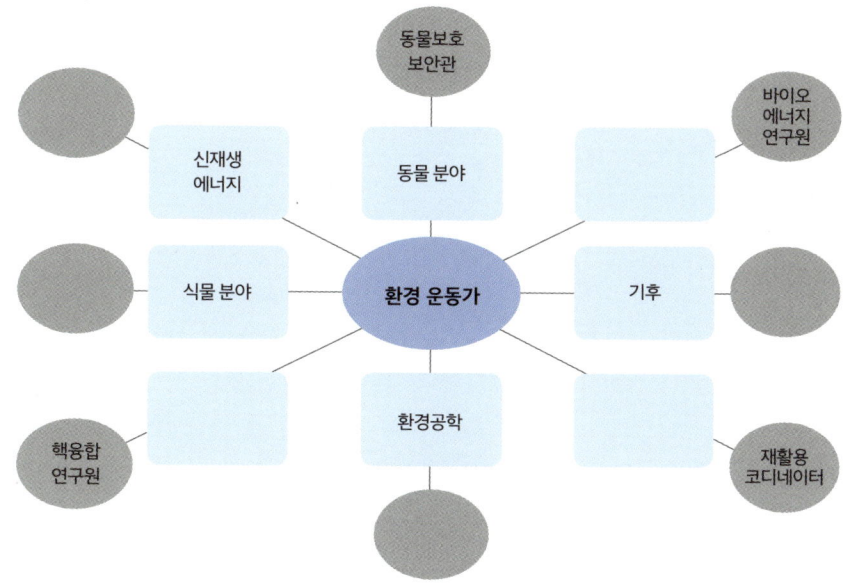

6. 환경 운동과 다른 직업을 융합하여 새로운 직업을 만들어 봅시다.

환경 운동	+	발명가	=	리사이클 발명가

3장 진로 갈등

꿈을 가로막는 시련 앞에서

#9

어른들이 반대해도 음악하고 싶어

| 대중음악가 |

About the Book

너희는 안녕하니?
한정영 지음, 다른, 2017

노래를 만들고 싶은 시우와 피아노를 치고 싶은 민서는 크리크리 밴드를 만들어 활동하다가 부모님의 반대에 부딪힙니다. 그러나 음악을 하고 싶은 마음은 커져만 갑니다. 어느 날 시우는 같은 반 래호의 연습장에서 랩 가사를 보고 고치다가 선생님에게 걸려 실제로 랩을 하게 되고, 그 영상으로 인해 더욱 문제아 취급을 받게 됩니다. 우여곡절 끝에 학교 축제에서 공연을 허락받지만 그마저도 부모님은 반대하고, 의기소침해진 시우가 공연을 포기하려는 순간 민서와 래호의 도움으로 다시 무대에 오르게 됩니다. 시인이 되고 싶었던 시우의 아빠와 가수가 되고 싶었던 래호의 엄마처럼 꿈을 이루지 못할 수도 있지만 꿈을 꾼다는 것은 여전히 행복한 일임을 알려줍니다.

함께 보면 좋아요
『싸이퍼』 탁경은 지음, 사계절, 2016
『너와 나의 삼선 슬리퍼』 방현희 지음, 주니어김영사, 2013
『주머니 속의 대중음악』 윤호준 지음, 바람의아이들, 2011

낱말 퍼즐 : 내용을 떠올려 보아요

정답

가로 | 1.마이크 2.너희는 안녕하니 3.에피소드 4.피아노 5.사물놀이 6.손장난 7.밤무대 가수 8.건반악기 9.노동요 10.자작곡 11.제리쇼 12.버스킹

세로 | ①파트너 ②심미안 ③마로니에 ④발라드 ⑤낭만고양이 ⑥희비 ⑦소속사 ⑧노란손수건 ⑨급선무 ⑩물음표 ⑪대학가요제 ⑫반박자 ⑬비트박스

가로

1. 소리를 본래보다 더 크게 변환하는 기구.
2. 오디션에 참가한 크리크리 밴드가 시우의 손가락 이상과 민서의 깜짝 등장으로 바꾼 노래 제목. 이 책의 제목.
3. '남에게 알려지지 않은 재미있는 이야기'라는 뜻의 episode를 한글로 표기한 것.
4. 민서가 잘 다루는 악기. 3개의 페달과 88개의 건반으로 이루어졌으며, 원래 이름은 피아노포르테.
5. 꽹과리, 징, 장구, 북 등 네 가지 농악기로 연주하도록 편성한 음악.
6. 심심풀이로 쓸데없이 손을 놀리어 하는 여러 가지 장난.
7. 래호 엄마의 직업. 밤에 운영하는 유흥업소의 무대에서 노래 부르는 직업.
8. 건반을 눌러서 음을 내는 악기. 오르간, 신시사이저, 피아노 등이 이에 속함.
9. 노동하면서 부르는 민요.
10. 자기가 직접 지은 곡.
11. 재즈 피아니스트가 되고 싶은 민서가 부모님의 반대에 부딪힐 때마다 연주하는 곡의 제목. 우에하라 히로미의 <더 톰 앤드 ○○○>.
12. 뮤지카. S가 크리크리 밴드에게 권한 공연의 형태. 사람들이 많이 다니는 길거리에서 여는 공연.

세 로

① '짝이 되어 함께 일하는 상대'를 뜻하는 partner의 한글식 표기.
② 아름다움을 살필 수 있는 안목. 예술하는 사람이 갖추어야 할 능력 중 하나.
③ 크리크리 밴드 아이들이 길거리 공연을 했던 공원. 서울 혜화동 대학로와 이화동 사이에 위치한 공원으로 시민들을 위한 문화예술의 터전이 되는 곳.
④ 대중음악에서 감상적인 곡조에 사랑을 주제로 한 서정적인 노래.
⑤ 시우를 노래방에 데려간 래호가 선곡한 체리필터의 노래. '내 두 눈 밤이면 별이 되지'로 시작하는 경쾌하고 발랄한 가사가 특징.
⑥ 기쁨과 슬픔을 아울러 이르는 말.
⑦ 가수나 배우가 속해 있는 조직체. 에이전시 또는 메니지먼트를 뜻하는 우리말.
⑧ 시우의 담임 선생님이 공연을 앞둔 시우를 응원하는 마음으로 건넨 선물. 자신이 대학 시절에 무대에서 노래할 때 사용했던 물건.
⑨ 무엇보다도 먼저 서둘러 해야 할 일.
⑩ 문장부호 '?'의 이름.
⑪ 시우의 담임인 이요한 선생님이 대학 시절에 참가했던 노래 대회. 1977년 9월 문화방송에서 시작한 대학생의 가요경연대회.
⑫ 일정한 규칙에 따라 반복되는 움직임에서 벗어나 조금 빨리 진행하는 것. 사분음표를 한 박자로 했을 때 반이 되는 박자.
⑬ 래호의 특기. 사람의 입으로 디제잉의 소리를 흉내 내거나 목의 울림을 이용하여 소리 내는 것.

 **해석적 발문 : 다양하게 생각해 보아요**

1. '네가 항상 부조리에 분노한다면 너는 곧 내 동료다.' 시우가 랩을 하는 동영상의 댓글과 사물함에 붙은 이 글귀는 같습니다. 체 게바라의 말을 인용한 이 글귀는 누가, 왜 적었다고 생각하나요? (83쪽)

2. 시우의 방 안에 다른 물건이 있으면 공부에 방해가 된다며 벽에 붙은 포스터를 정성스럽게 떼어 내는 아빠의 모습이 시우는 어이가 없습니다. 아빠는 왜 시우가 음악하는 것을 반대하면서 음악 관련 포스터는 정성스럽게 떼어 냈을까요? (92쪽)

3. 시우의 아빠는 시우가 힙합의 자유와 저항 정신에 매료되었다고 생각하지만, 시우에게 음악은 자신의 심장 뛰는 소리를 들을 수 있는 스피커 같은 것으로, 음악 자체만으로도 만족한다고 합니다. 음악이 시우에게 주는 의미는 무엇이라고 생각하나요? (133~134쪽)

4. 시험이 얼마 남지 않았다는 말에도 계속 피아노만 치는 민서가 못마땅한 아빠는 피아노 덮개를 덮어 버립니다. 그러나 민서는 손 위에 피아노 덮개가 덮인 채로 계속 피아노를 칩니다. 민서는 왜 피아노 치는 것을 멈추지 않았을까요? (155쪽)

5. 평소에 예체능 학교로의 진학을 희망하는 학생들의 활동을 못마땅해하는 교감 선생님이 시우에게 학교 축제 공연을 허락해 주었습니다. 하지만 아빠는 시우에게 공연을 하지 않았으면 좋겠다고 합니다. 교감 선생님이 허락해준 의도와 아빠가 반대하는 이유는 무엇이라고 생각하나요? (202쪽, 206쪽)

교감 선생님의 마음	아빠의 마음

6. 학교 축제 무대에서 공연을 본 래호 엄마는 시우를 칭찬합니다. 평소에 래호가 음악 관련 일을 하면 꿈도 꾸지 못하도록 했는데, 시우에게는 호의적인 반응을 보입니다. 왜 래호 엄마는 래호와 시우에게 보여준 행동이 다를까요? (246쪽)

 **선택적 발문** : 입장을 정해 보아요

1. 음악을 하겠다는 시우에게 아빠는 그 길은 가보지 않아도 너무나 뻔하다고 말합니다. 그러면서 시인과 아티스트 그리고 뮤지션은 비정규직의 다른 이름이라고 합니다. 여러분은 아빠의 말을 어떻게 생각하나요? (95쪽)

☐ 공감한다   ☐ 공감하지 않는다

이유 :

2. 교사인 민서 엄마는 제자들에게 각자 적성과 특기에 따라 진로 상담해 주면서 정작 딸은 오로지 공부만 열심히 해서 일류 대학에 들어가길 바랍니다. 여러분은 민서 엄마의 태도에 대해 어떻게 생각하나요? (163~164쪽)

☐ 공감한다   ☐ 공감하지 않는다

이유 :

3. 시우는 대학로에서 성추행당하는 민서를 구하다가 폭행 사건에 휘말립니다. 이 문제로 민서 아빠는 예체능 학교로 진학하길 희망하는 아이들을 문제아 취급하며 따로 분류하라고 학교에 요구합니다. 반면 담임 선생님은 예체능 하는 아이들은 꿈이 더 또렷하며, 오히려 공부만 하는 아이들이 무얼 해야 할지 모르는 비정상이라고 합니다. 여러분은 누구의 의견에 더 공감하나요? (185쪽)

☐ 민서 아빠   ☐ 담임 선생님

이유 :

4. 크리크리 밴드로 청소년 음악제에 참가하기로 한 시우는 여러 가지 일로 공연 연습을 소홀히 하고 있습니다. 여러분은 시우의 가장 큰 갈등 요소는 무엇이라고 생각하나요? (214쪽)

☐ 밴드부 아이들   ☐ 아빠   ☐ 교감 선생님   ☐ 자신   ☐ 그 외

이유 :

사색적 발문 : 생각을 넓혀 보아요

1. 래호는 어렸을 때부터 엄마가 들려주는 노래를 듣고 자라며 음악을 좋아하게 되었습니다. 음악 활동을 하고 싶다고 말할 때마다 엄마가 반대했지만 그래도 음악을 듣고 있을 때가 가장 행복하다고 합니다. 래호처럼 부모님이 반대하는 일이지만, 여러분을 행복하게 하는 일이 있다면 이야기해 주세요. (77쪽)

나를 행복하게 하는 일 :

2. 아빠는 시우에게 음악에 대한 천재적인 재능이 없다는 이유로 음악하는 것을 반대합니다. 여러분은 음악을 하기 위해서 노력과 재능 중 어느 것이 더 필요하다고 생각하는지 비율로 표시하고, 그 이유를 이야기해 보세요. (96쪽)

노력   50   재능

3. 버스킹 공연을 하면서 낯선 사람들과 자유롭게 어울렸던 세 아이는 행복을 느꼈습니다. 여러분도 친구와 함께해서 행복했던 순간이 있었다면 이야기해 주세요. (171쪽)

4. 한정영 작가는 『너희는 안녕하니?』의 각 장 소제목에 내용과 어울리는 노래를 소개합니다. 그 음악을 들으며 책을 읽으면 소리로 듣는 이야기가 되어 몸을 들썩이게 됩니다. 그중에서 여러분이 가장 공감되었던 이야기와 노래는 어느 것인가요?

책 속 진로 찾기 : 꿈을 키워 보아요

1. 『너희는 안녕하니?』에 나오는 음악 관련 용어를 연결해 보세요.

① 매시업 •   • ⓐ 서로 다른 두 곡의 노래를 합쳐서 새로운 곡을 만드는 작곡 프로그램.

② 런치패드 •   • ⓑ 목의 울림을 이용해 표현하는 음악으로, 사람의 입으로 디제잉 소리를 흉내 내는 것.

③ 비트박스 •   • ⓒ 여러 다른 곡의 멜로디를 조합해 하나의 노래로 만드는 작업.

④ 큐베이스 •   • ⓓ 여러 개의 버튼 각각에 사용자가 지정한 음을 저장한 뒤 그것으로 곡을 만들거나 연주하는 악기.

⑤ 랩 •   • ⓔ 우리나라 외의 나라에서 한국의 대중가요를 일컫는 말. Korean Popular Music.

⑥ K-POP •   • ⓕ 비트와 가사로 구성되며 멜로디보다 리듬에 기반을 둔 보컬 기술.

정답 | ①-ⓒ, ②-ⓓ, ③-ⓑ, ④-ⓐ, ⑤-ⓕ, ⑥-ⓔ

정답

2. 시우는 랩을 하고 래호는 비트박스를 하며 민서는 재즈 피아니스트를 꿈꾸면서 보컬도 합니다. 이 외에도 대중음악에는 K-POP, POP, 재즈, 힙합 등 다양한 장르가 있습니다. 여러분이 좋아하는 대중음악가를 소개하고 좋아하는 이유와 배울 점에 대해 이야기해 보세요.

대중음악가	좋아하는 이유	배울 점

3. 일반적인 대중가요 제작 과정은 작업 방식과 순서에 조금씩 차이가 있지만 대부분 '작곡 → 작사 → 편곡 → 녹음 → 믹싱 → 마스터링' 과정을 거쳐 완성됩니다. 『너희는 안녕하니?』에 등장한 각 인물의 성격과 재능을 고려하여 역할을 지정하고, 그 이유를 이야기해 보세요.

> 시우, 민서, 래호, 시우 아빠, 예슬, 래호 엄마, 담임, 교감, 뮤지카.S, 민서 아빠, 그 외

일반적인 대중가요 제작		
과정	어울리는 사람	그 이유
1. 콘셉트 기획 곡의 분위기와 패션 등으로 콘셉트를 결정하여 어울리는 작곡가와 작사가를 찾아 의뢰		
2. MR과 멜로디 작곡 곡 분위기를 결정하는 MR을 먼저 만든 다음 그에 맞는 멜로디를 작곡		
3. 작사 작곡과 멜로디가 만들어지면 작사를 하거나 가사를 작사가에게 의뢰		
4. 편곡 다른 악기를 편성하여 반주 편곡을 추가해서 곡의 완성도를 높이도록 함		
5. 보컬 녹음 편곡까지 완성된 곡에 맞춰 보컬이 노래를 녹음. 프로듀서 및 작곡가가 참여하여 곡이나 가사를 수정하기도 함		
6. 최종 프로덕션 악기 소리와 최종 녹음한 노래를 적절히 조합하여 조화롭게 다듬는 작업		
7. 공연 마스터링 작업을 통해 곡이 완성되면 공연을 함		

진로 탐색 : 꿈을 응원합니다

※ 대중음악가에 대해 조사해 보고 빈칸은 여러분이 채워 보세요.

1. 대중음악가란?

> 많은 사람들이 좋아하는 음악을 만들고 부르거나 연주하는 음악인입니다. 힙합, 발라드, 록, 트로트, 재즈, 뉴에이지 등 다양한 대중음악 분야에서 종사합니다.

2. 대중음악가는 어떤 일을 할까요?

> - 가수 : 악보를 보고 악기나 녹음된 반주에 맞추어 리듬을 확인하고 노래를 부릅니다.
> - 작곡가 : 화음, 리듬, 음악 이론 등으로 표현하고자 하는 곡을 멜로디로 만듭니다.
> - 음악감독 : 뮤지컬, 라이브 등 공연예술과 영화 영상 작품 등에서 음악을 총괄합니다.
> - 피아니스트 : 뉴에이지 곡이나 재즈 피아노곡을 만들거나 연주합니다.
>
> 그 외에 또 어떤 일을 할까요?

3. 대중음악가의 일을 잘하려면 어떤 점이 필요할까요?

성격	공부	능력
- 사람들 앞에서 떨지 않고 연주할 수 있는 끼 -	- 곡에 어울리는 악기를 연주하는 방법 -	- 곡의 특징을 살려 악보를 외우는 능력 -

4. 대중음악 관련 일을 하면서 좋은 점과 힘든 점은 무엇일까요?

좋은 점	힘든 점

5. 대중음악과 관련된 직업에는 무엇이 있을까요?

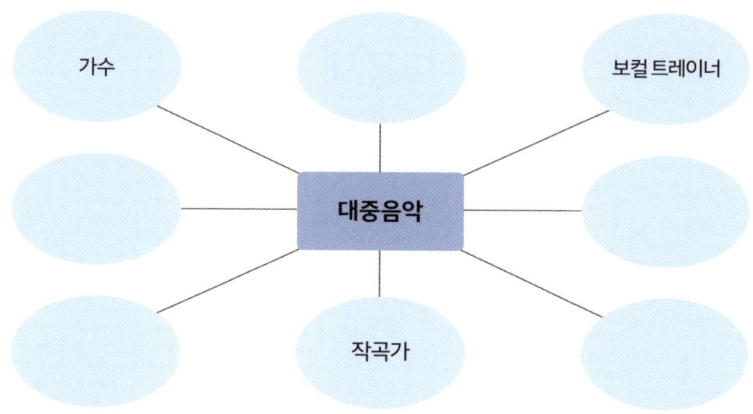

6. 대중음악과 다른 직업을 융합하여 새로운 직업을 만들어 봅시다.

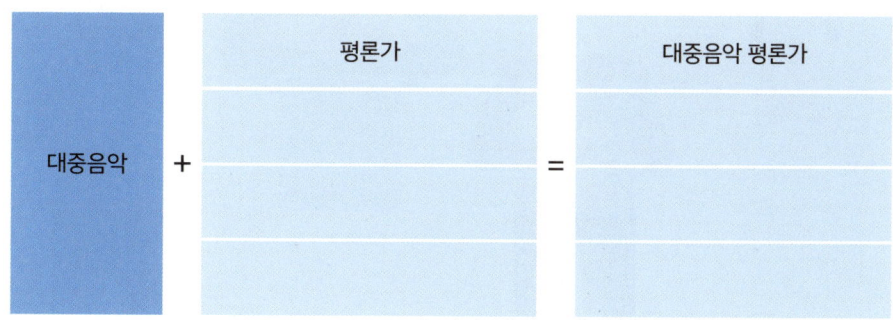

3장 진로 갈등 **151**

#10

헤어 디자이너를 꿈꾸는 소년의 장밋빛 인생 찾기

| 미용사 |

About the Book

꼴값

정연철 지음, 푸른숲주니어, 2018

머리 스타일링이 아침밥보다 중요한 창대에게 헤어숍은 장밋빛 꿈과 인생이 넘실대는 곳입니다. 학교에서는 머리 스타일에 대한 지적을 받고 집에서는 아빠의 반대에 부딪히지만, 창대는 헤어 디자이너가 되고 싶은 꿈을 꺾지 않습니다. 그래서 친구 장미의 엄마가 운영하는 로즈헤어숍에서 미용 일을 배우려 하는데, 원장님은 양로원 미용 봉사를 조건으로 제시합니다. 미용 봉사에서 창대는 주름과 검버섯으로 가득한 할머니의 미소 띤 얼굴을 보고 사람들을 행복하게 만들어주고 싶다는 생각을 새롭게 합니다. 원장님이 말한 진정한 성공과 아름다움의 의미를 알 것도 같습니다. 진짜 좋아하는 일, 행복한 일에 대해 진지하게 고민하고 진로를 결정한 창대는 자신의 꿈을 향해 굳건하게 나아갑니다.

함께 보면 좋아요

『아주 약간의 변화: 머리 묶는 법 열두 가지』 김래현 지음, 유어마인드, 2017
『열네 살의 인턴십』 마리 오드 뮈라이 지음, 바람의아이들, 2007

낱말 퍼즐 : 내용을 떠올려 보아요

정답

가로: 1.크림이트 2.헤어드라이너 3.가정교육 4.아날로그 5.달팽이 6.장어 7.용광로 8.풍경
9.용암석 10.가정용품 11.헤어스타일 12.도서관리도 13.상원로
세로: ① 프레제네션 ② 이불사 ③ 에네미아 ④ 전도유망 ⑤ 기승점움 ⑥ 가을 ⑦ 가정용품교
⑧ 자성전장 ⑨ 가야금 ⑩ 장고 ⑪ 에스타크 ⑫ 미강령

가로

1. 오스트리아의 신경학자이며 정신분석학의 창시자.

2. 창대가 꿈꾸는 직업. 사람의 머리를 매만져 아름답게 가꾸는 일을 직업으로 하는 사람을 뜻하는 영어식 표현.

3. 자녀를 군인처럼 양육하는 창대의 아버지가 창대에게 바라는 진로를 이루기 위한 과정. 장교로 임관하기 위해 사관학교에서 정해진 교육을 받는 학생.

4. 머리카락에 모양을 내거나 영양을 공급하기 위해 바르는 기름.

5. 긴 널빤지를 받침대로 대고 번갈아 차 오르는 민속놀이. 감정이 들쑥날쑥할 때의 모양을 비유적으로 이르기도 함.

6. 창대가 아르바이트하는 로즈헤어숍은 원장님이 딸 이름을 붙여서 가게 이름을 만듦. 창대의 절친.

7. 학교 공부보다는 자신이 하고 싶은 것을 하려는 창대의 열망을 비유한 말. 물이나 힘, 기세가 세차게 솟아오르거나 복받쳐 오르는 모양.

8. 정연철 작가가 지은 성장소설의 제목. '얼굴값'을 속되게 이르는 말.

9. 사람이나 사물의 상태, 성질을 나타내는 품사. '아름다운', '좋은', '착한' 등이 해당함.

10. 창대의 아버지가 가업을 물려받아 어쩔 수 없이 운영했던 사업체.

11. 창대가 관심을 가지는 분야. 머리 모양을 뜻하는 영어식 표현.

12. 2016년에 상영한 미국의 뮤지컬 로맨스 영화 제목. 꿈꾸는 사람들을 위한 별들의 도시. ○○○○.

13. 로즈헤어숍 원장님이 창대에게 주말마다 함께 미용 봉사를 가자고 제안한 곳.

세로

① 어떤 일을 전문적으로 하거나 직업적으로 하는 사람. 아마추어의 반대말.

② 창대 아버지가 젊은 시절 꿈꾸었던 직업인. 남성의 머리를 깎고 다듬으며 수염을 면도하는 기술자.

③ 창대는 로즈헤어숍에서 원장님의 가르침을 받기도 하고 원장님이 일하는 모습을 보고 배우기도 함. 남이 하는 것을 옆에서 보고 들으며 배우는 것을 비유한 말.

④ 로즈헤어숍 원장님의 딸이자 창대의 절친이 학교에서 맡은 직책.

⑤ 네 변의 길이가 같고 두 대각선의 길이가 서로 다른 사각형 모양으로 된 형태.

⑥ 해당 직무 분야에 관해 숙련된 기능을 가지고 그와 관련한 기능 업무를 수행할 수 있는 법적 자격을 가진 사람.

⑦ 창대가 진학하고 싶어 하는 상급학교. 헤어와 피부 관리, 네일 아트 등 미용과 관련한 기능을 배우는 곳.

⑧ 굳게 먹은 마음이 사흘을 못 가 흐지부지해지는 상태를 뜻하는 사자성어.

⑨ 팀 버튼 감독이 1990년에 제작한 미국 영화 제목. 손가락 대신 가윗날을 달고 태어났지만 그의 손을 거치면 모든 것이 판타스틱하게 변한다는 내용.

⑩ 로즈헤어숍 원장님의 딸이자 자신의 친구인 여자아이에게 창대가 붙여준 별명.

⑪ 창대의 누나 고미가 개성파 배우를 꿈꾸며 현재 하고 있는 활동. 영화, 연극, 방송 등에서 군중이나 행인과 같은 단역으로 출연하는 연기자.

⑫ 얼굴이나 머리, 피부 등을 매만지는 사업소. 요즘은 영어식으로 '헤어숍'이라고 주로 표현함.

해석적 발문 : 다양하게 생각해 보아요

1. 원장님은 창대에게는 좋아하는 일을 하라고 말하지만, 여군이 되겠다는 장미의 꿈은 반대합니다. 원장님이 창대의 꿈은 지지하면서 장미의 꿈은 반대하는 이유가 무엇이라고 생각하나요? (126쪽)

2. 미용을 배우고 싶다는 창대에게 원장님은 양로원에 미용 봉사를 함께 가자는 조건을 제시합니다. 그 이유는 무엇일까요? (127~128쪽)

3. 미용박람회에 다녀오던 창대는 서울역에서 노숙자 분장을 한 고미를 보았습니다. 감독에게 모욕을 당하면서도 굽신거리는 고미의 모습이 창대에게는 오히려 멋져 보였습니다. 왜 그렇게 생각했을까요? (187쪽)

4. 고미는 아빠에게 자신의 꿈을 털어놓습니다. 세상 모두가 주연이 될 수 있는 건 아니므로 자신은 개성파 조연 배우로 살고 싶고, 그게 자신의 인생을 주연으로 사는 길이라고 말합니다. 고미의 말은 어떤 의미일까요? (196~197쪽)

5. 할아버지 산소에 다녀오던 아빠는 서울역에서 노숙자 분장을 한 고미를 보고 쓰러졌습니다. 고미는 왜 가족 누구에게도 자신의 꿈이 영화배우라고 말하지 않았을까요? (197쪽)

6. 창대는 미용사, 장미는 군인, 고미는 개성파 조연 배우가 되는 것이 꿈입니다. 왜 작가는 꿈에 대한 이야기의 제목을 『꼴값』이라고 지었을까요?

3장 진로 갈등

 **선택적 발문** : 입장을 정해 보아요

1. 장미는 아빠로부터 엄마를 지키기 위해 군인이 되고 싶었습니다. 그러나 아빠가 접근 금지 명령 위반으로 교도소에 가 있는 지금은 자신이 진짜 군대 체질인지, 정말 군인이 되고 싶은 건지 모르겠다고 합니다. 여러분은 자신을 위한 꿈이 아닌 엄마를 보호하기 위한 장미의 꿈에 공감하나요? (184쪽)

☐ 공감한다   ☐ 공감하지 않는다

이유 :

2. 학생 주임 개복 씨는 두발 자율화와 두발 자유화가 다르다고 합니다. 자율화는 어떤 일에 대해서 스스로가 책임을 지고 규제한다는 의미이고, 자유화는 상대방에게 피해를 주지 않는 선에서 그 행동을 할 수 있다는 것을 의미합니다. 여러분은 두발 자율화와 자유화 중 어떤 것이 필요하다고 생각하나요? (107~108쪽)

☐ 두발 자율화   ☐ 두발 자유화

이유 :

3. 미용박람회에 가기 위해 서울역 대합실에서 장미와 관중을 기다리던 창대는 여기저기서 부스스 깨어나는 노숙자를 보고 갈 길을 잃은 사람 같다고 생각합니다. 그러면서 로즈헤어숍에서 들었던 라디오 디제이 말이 생각났습니다. 여러분은 라디오 디제이의 표현 중에서 창대가 지금 어떤 시간을 보내고 있다고 생각하나요? (166~167쪽)

☐ 처음 날아오르는 시간   ☐ 비행의 방향을 바꾸는 시간
☐ 바람의 도움을 받아 활공하는 시간   ☐ 배의 돛에 앉아 쉬면서 때를 기다리는 시간

이유 :

4. 미용업은 사람의 머리털과 피부 등의 건강과 아름다움을 다루기 때문에 숙련된 기술이 필요합니다. 그러나 원장님은 미용기술을 배우는 것보다 진정한 아름다움이 무엇인지 아는 것이 더 중요하다고 합니다. 여러분은 창대가 헤어 디자이너로 성공하기 위해 어느 것을 더 중요하게 여겨야 한다고 생각하나요? (125쪽)

☐ 숙련된 기술   ☐ 진정한 아름다움을 아는 것

이유 :

 사색적 발문 : 생각을 넓혀 보아요

1. 미용과 헤어스타일에 관심이 많은 창대는 주말 아침부터 헤어숍에 갑니다. 그곳은 자신에게 장밋빛 꿈과 인생이 넘실대는 곳이라고 표현합니다. 창대처럼 여러분이 장밋빛 꿈을 키워가는 공간은 어디인지 이야기해 보세요. (12쪽)

2. 창대에게 머리 스타일을 매만지는 것은 아침밥을 먹는 것보다 중요합니다. 머리카락 한 올 한 올 그 자체가 자존심이기 때문입니다. 창대에게 머리카락이 자존심인 것처럼 여러분에게 자존심으로 표현할 만한 것에는 무엇이 있나요? (43쪽)

> 창대에게 자존심은 머리카락이다. 왜냐하면 자신을 드러내는 통로이기 때문이다.
>
> 나에게 자존심은 _____ 이다. 왜냐하면 _____

3. 창대에게는 헤어스타일이 별로 마음에 들지 않는 날에 안 좋은 일이 생기는 징크스가 있습니다. 헤어스타일이 살지 않아 찜찜한 마음으로 등교했는데, 역시나 담임과 생활지도부장에게 머리 지적을 받고 벌을 섰습니다. 여러분에게도 징크스가 있다면 무엇인지 이야기해 보세요. (56~57쪽)

4. 박람회장에서 헤어 트렌드 쇼를 구경하던 창대와 아이들은 소란스러운 광경을 보게 됩니다. 쇼에 참가한 모녀가 자신이 원했던 스타일이 아니라고 짜증 부리는 모습을 보며, 창대는 미래에 자신에게 닥칠 일을 보는 것 같아 아찔합니다. 만약 창대라면 모녀 같은 진상 손님을 어떻게 처리했을 거라고 상상하나요? (175쪽)

5. 개성파 조연이 되고 싶은 고미에게 역할을 준다면 어떤 배역이 좋을까요?

책 속 진로 찾기 : 꿈을 키워 보아요

1. 『꼴값』에는 자신의 꿈을 이루기 위해 노력하고 방황하는 아이들이 등장합니다. 장미, 창대, 관중이 자신들의 꿈을 이루기 위해 첫 번째로 넘어야 할 관문에 대해 이야기해 보세요. (27쪽)

인물	꿈	꿈을 이루기 위한 첫 관문
장미		
창대		
관중		

2. 창대가 진학하고 싶은 미용고등학교의 교육 목표는 재학생들에게 헤어, 피부 관리, 메이크업, 네일아트에 관한 전문지식을 가르치고, 체계적인 실습을 통해 유능하고 숙련된 미용 전문인을 양성하는 것입니다. 여러분이 면접관이라면 지원자 중에 어떤 학생을 뽑고 싶은지 교육 목표를 고려하여 합격 조건을 작성해 보세요. (70쪽)

미용고등학교 지원 학생의 합격 조건(입학 관계자용)	
1	
2	
3	
4	
5	

3. 원장님은 경력이란 손이 말해 주는 거라며, 자신의 거칠고 못생긴 손을 보여줍니다. 자신의 분야에서 최고라 말할 수 있는 발레리나 강수진과 축구 선수 박지성의 못생긴 발도 그들의 노력을 짐작게 합니다. 꿈을 이루기 위해 노력한, 여러분의 롤 모델을 찾고, 선정 이유를 이야기해 보세요. (125쪽)

롤 모델	선정 이유

4. 미용 봉사를 마친 후 주름과 검버섯이 가득한 할머니가 창대에게 봉지에 달라붙을 만큼 아껴두었던 사탕을 건넵니다. 할머니의 미소 띤 얼굴을 본 창대는 사람들을 행복하게 만들어주고 싶다는 생각이 들었습니다. 언젠가 원장님이 말한 진정한 성공과 아름다움의 의미도 알 것 같았습니다. 봉사 활동을 다녀온 후 헤어디자이너가 꿈인 창대가 깨닫게 된 진정한 아름다움과 성공이 무엇이라고 생각하나요? (171쪽)

진정한 아름다움	진정한 성공

진로 탐색 : 꿈을 응원합니다

※ 미용사에 대해 조사해 보고 빈칸은 여러분이 채워 보세요.

1. 미용사란?

> 고객의 얼굴이나 머리 형태에 적합한 헤어스타일을 연출하고 머리 손질에 관련된 서비스를 제공하는 사람입니다. 미용사의 종류에는 헤어미용사, 피부미용사, 메이크업 아티스트, 네일 아티스트 등이 있습니다.

2. 미용사는 어떤 일을 할까요?

> - 고객의 신체적인 특성을 관찰하여 고객에게 어울리는 헤어스타일을 권합니다.
> - 모발의 상태를 점검해 주거나 건강하게 가꾸는 법을 알려줍니다.
> - 특별한 날에 어울리는 헤어스타일을 연출해 주기도 합니다.
> - 유행하는 스타일을 조사하고 스크랩하여 고객의 머리 모양 선택에 도움을 줍니다.
>
> 그 외에 또 어떤 일을 할까요?

3. 미용사의 일을 잘하려면 어떤 점이 필요할까요?

성격	공부	능력
- 작은 부분도 세심하게 살펴보는 섬세함 -	- 파마약, 염색약 등 화학약품에 대한 지식 습득 -	- 자신만의 독창적인 헤어스타일을 연구하는 창의성 -

4. 미용과 관련된 일을 하면 좋은 점과 힘든 점은 무엇일까요?

좋은 점	힘든 점

5. 미용사와 관련된 직업에는 무엇이 있을까요?

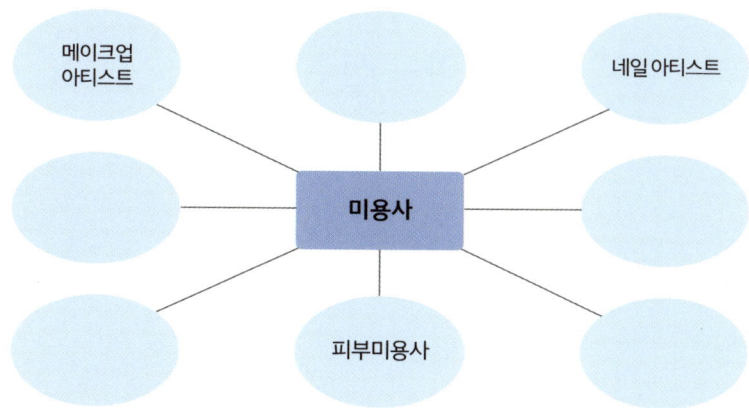

6. 미용사와 다른 직업을 융합하여 새로운 직업을 만들어 봅시다.

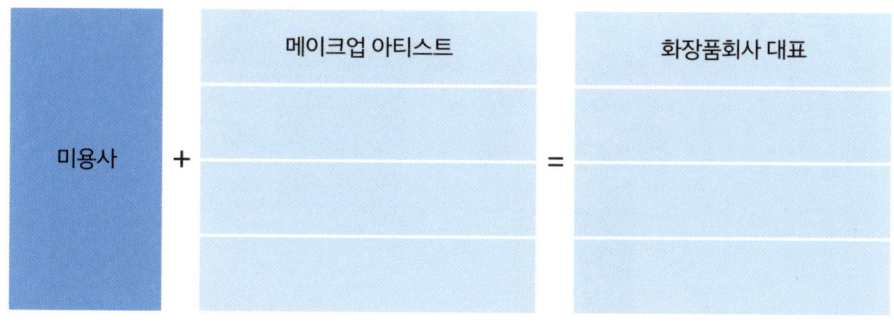

#11

여자는 왜
야구하면 안 돼?

| 야구 선수 |

About the Book

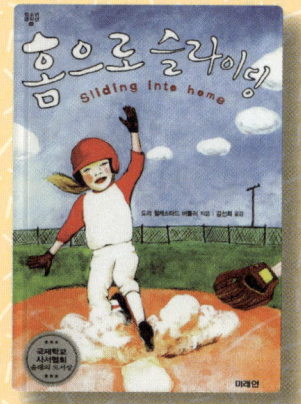

홈으로 슬라이딩
도리 H. 버틀러 지음, 김선희 옮김, 미래인, 2010

야구를 좋아하는 조엘은 전학 오기 전 미니애폴리스의 야구팀에서 1루수로 활약했습니다. 그러나 전학을 온 그린데일의 후버중학교에서는 여자는 소프트볼을, 남자는 야구를 한다는 규정이 있습니다. 여자라는 이유로 야구를 할 수 없다는 것에 불복한 조엘은 야구를 할 수 있는 방법을 찾습니다. 직접 교육감을 찾아가 의견을 제시하고, 지역 신문에 투고하기도 합니다. 그러다가 친구들과 의기투합하여 여자야구리그를 창단하게 되고, 그 과정은 조엘의 삶에서 야구 이상의 의미로 자리 잡습니다. 자신이 바라고 꿈꾸는 것을 위해 좌절하지 않고 노력하는 조엘의 도전이 멋지게 펼쳐집니다.

함께 보면 좋아요
『야구의 역사를 바꾼 영웅 윌리엄 호이』 낸시 처닌 지음, 장우봉 옮김, 두레아이들, 2018
『야구직업설명서』 김효경 지음, 글리, 2016
『나는 감독이다』 에비사와 야스히사 지음, 오경화 옮김, 국일미디어, 2012
『만약 고교 야구 여자 매니저가 피터 드러커를 읽는다면』 이와사키 나쓰미 지음, 권일영 옮김, 동아일보사, 2011

낱말 퍼즐 : 내용을 떠올려 보아요

정답

가로: 1.통으로 콩나물국 2.양송자 3.인공지능 4.시점 5.아나느리기 6.친환경자동차 7.스타트폼 8.숲속 9.수도사설 10.공동육아 11.튤립 12.풍물

세로: ①통굴 ②장어 ③지능이 ④사나물 ⑤건문 ⑥이야기 ⑦그림자 ⑧공주집 ⑨수목장 ⑩동아리는 ⑪시계탑 ⑫사장 ⑬어이나는 ⑭튤립 나무 날기

168

가로

1. 야구를 하고 싶은 여학생 조엘의 이야기가 담긴 도리 H. 버틀러 작가의 성장소설 제목.
2. 조엘의 야구팀에 합류한 니키의 이전 포지션. 야구에서 2루와 3루 사이를 지키는 내야수.
3. 조엘은 전학 온 학교에서도 야구를 하고 싶지만 여학생에게는 가입조차 허락되지 않음. 이 상황을 표현할 수 있는 사자성어. 감히 바랄 수도 없음을 뜻함.
4. 모의재판에서 변호사를 맡은 조엘이 발표를 더 잘했음에도 결과적으로 검사 역할의 브루크에게 패함. '소송 사건에 대하여 판단하고 결정하는 재판'을 뜻하는 단어.
5. 여자라는 이유로 학교 야구팀에 들어갈 수 없자 조엘이 마을 단위로 만들려고 하는 야구 조직.
6. 학교 야구팀에 들어갈 수 없게 되자 조엘은 더 큰 야구 조직을 만들게 됨. 좋지 않은 일이 계기가 되어 오히려 좋은 일이 생김을 뜻하는 사자성어.
7. 그린데일에서 여학생들에게 지원하는 운동 종목. 미국에서 시작된 야구와 비슷한 스포츠.
8. 조엘이 마을 단위의 야구 조직을 만들게 되자 물질적으로 돕겠다는 사람들이 생겨남. 행사나 운동 경기 등에 기부금을 내어 후원하는 사람.
9. 야구에서 투수가 던진 공이 스트라이크 존을 통과하거나 타자가 공을 헛친 경우.
10. 운동을 할 수 있도록 실외에 마련된 공간.
11. 밴드부에서 엘리자베스가 맡아 연주하는 목관 악기.
12. 야구에서 날씨가 좋지 않아 심판이 경기 중지를 선언하고, 그때까지의 점수로 승패를 결정하는 시합. ○○ 게임.

세로

① 타자가 친 공이 경기장의 외야 펜스 밖으로 넘어가고, 한 번에 모든 루를 통과하여 홈으로 돌아와 득점하는 것.
② 후버중학교 야구팀 코치의 아들. 모의재판 때 변호사를 맡은 조엘을 위해 증인이 되어 줌.
③ 커널스 팀과의 첫 경기 전날에 페너 선생님의 어머니가 조엘 팀을 위해 보내준 것. 같은 팀의 선수들이 규정에 따라 똑같이 입는 옷.
④ 야구에서 수비를 기본적인 임무로 수행하는 선수(↔ 공격수).
⑤ 경기에서 반칙을 판단하거나 승패를 가리는 역할을 맡은 사람.
⑥ 야구에서 외야를 지키는 선수(↔ 내야수).
⑦ 운동 경기에서 최종 승부를 겨루는 경기.
⑧ 조엘과 아이들이 만든 그린데일 여자야구팀의 이름.
⑨ 자신이 어떤 집단에 소속되었다는 느낌.
⑩ 야구에서 투수가 한 타자에게 던진 공의 스트라이크와 볼의 수.
⑪ 영화나 소설에서 줄거리 전개가 독자에게 주는 긴박감이나 불안감을 뜻하는 영어 단어의 한글 표기.
⑫ 마름모꼴의 야구장 내야를 뜻하는 영어 단어의 한글 표기.
⑬ 야구에서 2루타 이상 안타를 치는 확률.
⑭ 야구에서 팀에 새로 입단한 신인 선수.

 **해석적 발문 : 다양하게 생각해 보아요**

1. 조엘은 예쁜 외모와 차림새를 한 브루크가 말총머리를 했던 소프트볼팀 주장이라는 것이 믿기지 않습니다. 평소 외모에 치장을 많이 하는 브루크가 위선적이고 속물처럼 보여 어쩐지 친해지고 싶지 않은 마음입니다. 조엘은 브루크에 대해 왜 그런 편견을 가지게 되었을까요? (46쪽)

2. 야구를 좋아하는 조엘은 전학 온 후버중학교에서도 야구를 계속하고 싶습니다. 그러나 여학생은 소프트볼을 하도록 규정한 학교 방침 때문에 야구부에 들어가지 못하고, 학교 관계자들로부터 유별난 아이로 취급받습니다. 조엘에게 야구와 소프트볼은 어떤 의미일까요? (79쪽)

3. 여자야구리그를 만들기 위해 조엘은 오빠에게 조언을 구하려 하지만, 연락이 닿지 않아 안타깝습니다. 바쁜 오빠가 보내준 메일에는 오빠의 조언 없이도 조엘 스스로 잘할 것이라는 격려의 말이 쓰여 있습니다. 조엘에게 오빠는 어떤 의미를 가진 사람일까요? (160쪽)

4. 조엘은 여자야구리그를 만드는 과정에서 새로운 우정을 쌓게 되었습니다. 그래서 그린삭스는 자신을 위해 야구하는 것 이상의 의미가 되었습니다. 여러분은 조엘에게 그린삭스가 어떤 의미라고 생각하나요? (270~271쪽)

5. 조엘의 오빠는 자신이 고등학교에서 우수상을 탈 수 있었던 건 쉬운 과목만 들었기 때문이라고 고백합니다. 고급수학, 화학, 물리학 같은 힘들고 어려운 과목은 포기하고 쉬운 강의만 선택했던 오빠는 대학에서 힘든 시간을 보내고 있습니다. 오빠가 조엘에게 가장 해 주고 싶은 말은 무엇일까요? (290~291쪽)

6. 라이언은 학교 방침까지 바꿔 조엘에게 야구할 수 있는 기회를 주었음에도 호크스의 첫 연습에 불참한 조엘을 이해할 수 없었습니다. 그러나 조엘의 첫 경기를 보고, 호크스 팀이 아닌 그린삭스에서 뛰려고 했던 이유를 알 것 같다고 합니다. 라이언이 조엘을 이해하게 된 이유가 무엇이라고 생각하나요? (305쪽)

선택적 발문 : 입장을 정해 보아요

1. 조엘은 여자의 스포츠로 정해진 소프트볼보다 자신이 좋아하는 야구를 하고 싶습니다. 야구를 계속할 방법을 찾다가 여자야구리그까지 만들게 되었습니다. 자신의 길을 스스로 개척하는 조엘과 비교하여 여러분은 새로운 상황에 놓였을 때 어떻게 대처하는 편인가요? (187쪽)

☐ 앞장서는 편이다 ☐ 남이 앞서면 따라가는 편이다 ☐ 포기하는 편이다

이유 :

2. 모의재판에서 조엘은 자신이 변론을 훨씬 잘했다고 생각했지만 결과적으로 브루크에게 졌습니다. 호킹스 선생님에게 항의하자 선생님은 때로는 이기기도 하고 때로는 지기도 하며, 그것이 공정하지 않은 것처럼 보일 수 있다고 합니다. 여러분은 모의재판 결과에 대해 조엘이 어떻게 행동해야 한다고 생각하나요? (224쪽)

☐ 받아들인다 ☐ 항의한다

이유 :

3. 실력이 뛰어나지 않은 엘리자베스도 그린삭스에서 선수로 뛴다는 말을 들은 케이틀린은 놀라워합니다. 그런 케이틀린에게 엘리자베스는 꼭 뛰어나게 잘할 필요는 없고, 그저 야구를 좋아하면 된다고 대답합니다. 여러분은 앞으로 그린삭스 팀에서 선수를 추가로 선발한다면 어떤 선수가 필요하다고 생각하나요? (278~279쪽)

☐ 실력이 뛰어난 선수   ☐ 야구를 즐기는 선수

이유 :

사색적 발문 : 생각을 넓혀 보아요

1. 후버중학교는 다양한 예체능 교육을 함께 실시하고 있습니다. 소프트볼 주장 브루크는 밴드부에서 바순을, 야구팀 주장 라이언은 드럼을, 소프트볼 선수 엘리자베스는 플루트를, 야구 선수 조엘은 클라리넷을 연주합니다. 체육 활동과 음악 활동을 함께 했을 때 아이들이 얻을 수 있는 장점은 무엇이 있을까요? (47쪽)

2. 야구부 입단을 거절당한 것에 대해 조엘은 지역신문에 투고합니다. 그 후 신문사로 조엘의 글에 지지하거나 반대하는 답장이 일곱 통이나 배달되었습니다. 만약 여러분이 조엘의 글을 읽은 독자라면 어떤 내용으로 답장을 쓸 건가요? (68~69쪽)

(전략) 대체 운동이 있는 한, 제게 입단 테스트조차 허락할 수 없다고 해요. 어떻게 소프트볼이 야구의 대체 운동 경기가 될 수 있나요? 소프트볼과 야구는 전혀 같은 운동이 아니에요. 소프트볼은 공도 더 크고 배트도 더 큽니다. 소프트볼 투수는 공을 아래에서 던집니다. 경기장도 달라요. 소프트볼이 야구와 정말 같다면, 그럼 여학생들이 후버중학교 야구부에서 경기하도록 허락받지 못할 이유가 없습니다. 만약 같지 않다면, 그럼 소프트볼은 야구의 대체 운동이 아닙니다. 이곳 그린데일에 이사 왔을 때 저는 시간이 멈춘 곳에 왔다는 생각이 들었습니다. 1950년대로 돌아간 것 같습니다. 1950년대를 제외하고 여자들은 진짜 야구를 했으니까요. '전미 여자 프로야구리그' 이야기를 들어보신 적 없나요?	받는 사람: 편집장님께 보내는 사람:

3. 라이언은 조엘과 함께 야구를 하면서도 조엘의 야구 실력에 대해서는 못 미더워했습니다. 그러나 경기가 진행될수록 조엘의 실력을 인정하고, 다음 경기에도 함께하자고 합니다. 조엘은 자기가 할 수 있는 것을 사람들에게 알리라는 오빠의 조언을 생각하고 기꺼이 함께하겠다고 합니다. 여러분이 다른 사람에게 자신을 적극적으로 알릴 만한 것은 무엇이라고 생각하나요? (83쪽)

4. 그린데일에서는 여자는 소프트볼을, 남자는 야구를 하도록 정해져 있습니다. 최근에는 여자와 남자의 성 역할 구분이 거의 없어졌습니다. 그러나 아직도 여자와 남자가 해야 하는 것으로 나누어진 일에는 어떤 것이 있는지 생각해 보세요. (193쪽)

여자와 남자가 해야 할 것으로 나누어진 일 :

책 속 진로 찾기 : 꿈을 키워 보아요

1. 페너 선생님은 후버중학교에서 여학생은 야구를 할 수 없다며 조엘에게 소프트볼 팀에 들어오라고 합니다. 야구를 포기할 수 없는 조엘은 선생님에게 야구와 소프트볼의 차이점에 대해 설명합니다. 소프트볼은 공과 배트가 야구보다 더 크고 공을 아래로 던져야 하며 슬라이딩도 할 수 없습니다. 이 외에도 두 경기의 차이점에 대해 조사해 봅시다. (15쪽)

차이점	야구	소프트볼
경기 인원		
헬멧		
투구		

2. 조엘은 전 학교의 야구팀에서 좋은 성적을 기록했고, 페리 코치는 조엘에게 최고의 1루수라고 칭찬했습니다. 조엘은 타고난 운동감각이 있고 왼손잡이기 때문에 보통의 1루수가 놓치는 공도 잡을 수 있습니다. 이 외에도 야구를 잘할 수 있는 조엘의 장점은 무엇인가요? (16쪽)

3. 조엘은 어릴 때 배트와 글러브를 사다 주신 아빠 덕분에 야구에 관심을 갖게 되었고, 그 후로 매일 같이 야구를 하면서 더욱 좋아하게 되었습니다. 여러분이 꿈꾸는 진로에 대해 처음 관심을 갖게 된 계기는 무엇인가요? (112~113쪽)

4. 그린삭스의 첫 경기 일정이 잡히자 브루크는 개막전을 널리 알리기 위해 홍보 방법을 제시합니다. 포스터도 붙이고 라디오 방송국과 지역방송국에 보도자료를 보내는 등 다양한 수단을 활용합니다. 여러분이 조엘이라면 자신의 첫 경기를 어떤 방법으로 홍보하고 싶은가요? (245쪽)

진로 탐색 : 꿈을 응원합니다

※ 야구 선수에 대해 조사해 보고 빈칸은 여러분이 채워 보세요.

1. 야구 선수란?

> 야구 선수는 야구를 전문적으로 하는 사람을 말하고, 주로 실업팀이나 프로팀 등으로 진출합니다. 경기 성적이나 개인 기록 등을 바탕으로 프로팀이나 실업팀 등에서 스카우트 제안이 들어오는 경우가 많고 감독이나 코치, 학교 등의 추천이나 본인의 지원으로 테스트를 거쳐 입단합니다. 또한 구단 연습생을 통해 프로선수가 되기도 하고 실업팀에서 활동하다 프로팀으로 스카우트되기도 합니다.

2. 야구 선수는 어떤 일을 할까요?

> - 팀의 승리를 위해 트레이너와 코치의 지시에 따라 연습합니다.
> - 경기 규칙이나 심판의 지시에 따라 시합을 합니다.
> - 상대팀의 전력을 분석하여 시합에 대비합니다.
> - 동계훈련과 개인훈련 등을 통해 기량을 갈고닦습니다.
>
> 그 외에 또 어떤 일을 할까요?

3. 야구 선수가 되려면 어떤 점이 필요할까요?

성격	공부	능력
- 힘든 훈련을 견뎌내는 끈기 -	- 신체를 이해하는 인체 생리학 -	- 신호에 빠르게 반응하는 운동신경 -

4. 야구 선수가 되면 좋은 점과 힘든 점은 무엇일까요?

좋은 점	힘든 점

5. 야구 선수와 관련된 직업에는 무엇이 있을까요?

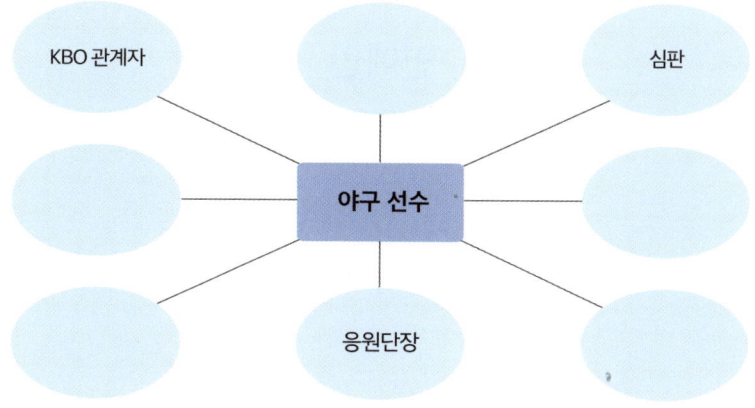

6. 야구 선수와 다른 직업을 융합하여 새로운 직업을 만들어 봅시다.

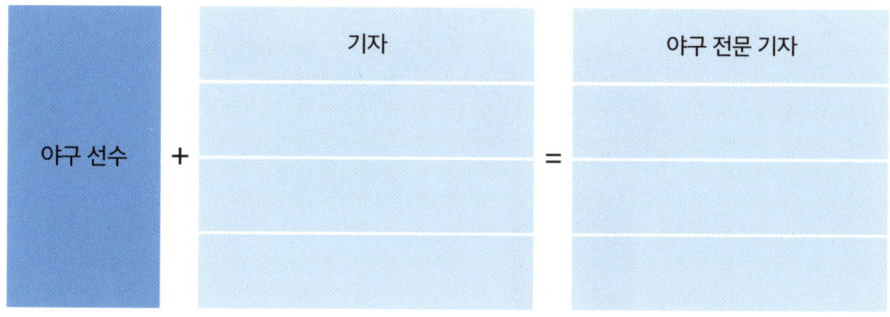

#12
무대에 서고 싶은 연습생들의 도전

| 연예인 |

About the Book

밤을 들려줘
김혜진 지음, 바람의아이들, 2015

의찬, 동욱, 소원, 가예 네 명의 이야기를 통해 연예인 지망생과 팬의 이야기를 담고 있습니다. 첫 번째 이야기는 아이돌 가수를 준비 중인 의찬이 아이돌 세타나인의 콘서트 무대에 서게 되면서 그를 시기하는 다른 연습생들과의 갈등과 방황을 보여줍니다. 두 번째 이야기에서는 동욱의 시선에서 데뷔를 포기하고 집으로 돌아온 시리 형의 결정을 생각해 보게 합니다. 소원과 가예의 이야기에서는 연예인의 일거수일투족에 따라 울고 웃는 극성팬과 우리 사회 팬덤 현상에 대해 돌아보고, 누군가를 좋아한다는 것에 대해서도 이야기를 나눠 볼 수 있습니다. 연예인을 좋아하는 사람이나 연예인을 꿈꾸고 있는 청소년이 읽으면 좋은 책입니다.

함께 보면 좋아요
『오늘부터 슈퍼스타』 토미 그린월드 지음, 정성민 옮김, 책읽는곰, 2018
『내 친구는 슈퍼스타』 신지영 지음, 북멘토, 2016
『연예인이 되기 위한 34계명』 이동규 지음, 행복한책읽기, 2014
『연예인 되기 프로젝트』 이현숙 지음, 지식채널, 2013

낱말 퍼즐 : 내용을 떠올려 보아요

정답

가로 | 1.밤을 들려줘 2.김혜진 3.백댄서 4.기획사 5.안무 6.팬픽 7.립싱크 8.연습생 9.퍼포먼스 10.세타나인 11.위시트리 12.빙수 13.설상가상

세로 | ①밤의 창문 ②진드기 ③백해무익 ④사생팬 ⑤유칼립투스 ⑥디스크 ⑦노른자위 ⑧연예인 ⑨생활필수품 ⑩퍼센트 ⑪나이키 ⑫시리 ⑬리허설 ⑭유행가

가로

1. 의찬, 동욱, 소원, 가예 네 명의 이야기를 통해 아이돌 지망생으로서의 갈등과 팬 문화에 대해 살펴볼 수 있는 성장소설.
2. 『프루스트 클럽』, 『오늘의 할 일 작업실』 등을 지은 작가 이름.
3. 의찬은 아이돌 그룹의 무대에서 이 역할을 하게 됨. 가수들 뒤에서 춤을 추는 사람.
4. 광고·영화·음반 등을 제작하거나 특정 행사를 맡아서 연출하는 일을 전문적으로 하는 회사.
5. 의찬은 노래 가사를 바꾸는 일에는 재능이 있지만 이 일에는 재능이 없어 더 많은 연습이 필요함. 음악에 맞는 춤을 만드는 일. 또는 그것을 가르치는 일.
6. 윤지는 좋아하는 아이돌 그룹을 주인공으로 하여 소설 쓰는 일을 즐겨 함. 실제 연예인을 주인공으로 하여 팬이 직접 쓴 소설.
7. 텔레비전 화면에 나오는 가수의 입술 움직임과 녹음된 음성을 일치시키는 일.
8. 의찬, 네비, 환재, 채선 등과 같이 가수가 되기 위해 준비하는 과정에 있는 사람들.
9. 의찬이 특정 가수를 좋아하는 이유는 노래도 좋지만 무대에서 보여주는 '이것'을 좋아하기 때문. 영어로는 performance.
10. 의찬이 소속된 회사에서 제일 유명한 아이돌 그룹. 윤지와 희나도 이 가수들의 팬.
11. 좋아하는 가수에 대한 글만 올리는 블로그에서 소원이 사용하는 닉네임.
12. 윤지를 향한 가예의 관심과 질투가 갈등으로 폭발하게 된 여름 음식.
13. '눈 위에 또 서리가 내렸다'라는 의미로 난처한 일이나 어려운 일이 겹쳐서 발생할 때 사용하는 사자성어.

세로

① 소원의 다이어리에 이 곡의 가사가 적힌 것을 보고 희나는 좋아하는 가수가 서로 같다는 것을 눈치챔.
② 윤지 언니와 가깝게 지내는 희나가 얄미워서 가예가 희나에게 붙인 별명.
③ 해롭기만 하고 이로운 것은 하나도 없음을 뜻하는 사자성어.
④ 연예인들의 신체를 함부로 만지거나 사생활에 지나치게 집착하는 팬을 뜻하는 신조어.
⑤ 자신이 좋아하는 가수를 주인공으로 삼아 윤지가 쓰고 있는 소설의 제목.
⑥ 노래가 담긴 둥근 원반 모양의 녹음 장치.
⑦ 어떤 사물에서 가장 중요한 것을 상징적으로 이르는 말. 알의 흰자위에 둘러싸인 둥글고 노란 부분.
⑧ 연예계에 종사하는 배우나 가수 등을 총체적으로 이르는 말.
⑨ 일상생활에 꼭 필요한 물품.
⑩ 가수가 되기 위해 준비하는 사람들 중에서 실제로 데뷔하는 사람을 나타낼 때처럼 경우의 수를 비율로 표현할 때 주로 사용함. 백분율(%)을 나타내는 단위.
⑪ 그리스 신화에서 '승리의 신'이라는 뜻을 가진 Nike(니케)의 영어 이름을 한글로 표기한 말.
⑫ 신욱이 가수 데뷔를 준비하며 사용하는 예명.
⑬ 연극, 공연 등에서 총체적으로 실제처럼 하는 연습을 뜻하는 영어 단어 'rehearsal'의 한글식 표기.
⑭ 특정 시기에 대중들의 인기를 얻어서 많은 사람들이 듣고 부르는 노래.

해석적 발문 : 다양하게 생각해 보아요

1. 데뷔를 준비하고 있는 의찬과 다른 연습생들은 세타나인의 콘서트에서 백댄서로 참여하게 되었습니다. 다른 연습생들은 큰 무대에 서게 되었다고 좋아했지만, 의찬은 미칠 지경입니다. 의찬이 무대에 서게 된 것을 마냥 좋아하지 않은 이유는 무엇일까요? (9쪽)

2. 뮤지컬에서 시리 형의 대타로 서게 된 의찬은 마음이 불편했습니다. 그런데 은기로부터 사장님이 원래 의찬을 넣으라고 했지만 네비 형이 우겨서 시리 형에게 자리를 줬다는 얘기를 듣습니다. 사실을 다 알면서도 네비 형은 의찬에게 거품이라고 합니다. 네비 형이 의찬을 거품이라고 표현하는 이유는 무엇일까요? (59쪽)

3. 한주하와 지유가 자신 앞에서 오디션 출전 곡을 연주하는 모습을 보고, 동욱은 문득 형이 생각납니다. 형이 하고 싶어 하는 일에는 관심도 없었는데, 형과 같은 꿈을 꾸는 아이들의 연주를 들으면서 많은 생각이 듭니다. 한주하와 지유의 연주를 들으며 형에 대한 동욱의 마음이 어떻게 달라졌다고 생각하나요? (97쪽)

4. 열심히 하면 데뷔할 수 있을 거라고 생각했던 신욱은 결국 연습생 생활을 포기했습니다. 한 번도 쉬지 않고 노력했지만, 자신의 길이 아니라고 깨닫게 되었는데도 신욱은 편안해 보입니다. 가수가 되지 못한 신욱이 동욱의 눈에 오히려 믿음직스럽게 보인 이유는 무엇일까요? (133쪽)

5. 세타나인의 팬인 소원은 세타나인과 관련된 글만 올리는 블로그를 운영합니다. 블로그에서만 진짜 자신을 느낄 수 있다고 생각하지만, 현실에서는 그것에 대해서 완벽하게 숨기고 싶습니다. 소원은 세타나인의 열렬한 팬이면서 왜 현실에서는 티를 내지 않을까요? (140쪽)

6. 가예와 희나는 윤지 언니를 좋아하고, 윤지는 세타나인을 좋아합니다. 세 명의 등장인물들에게 '좋아한다'는 것은 어떤 의미이며, 그것을 어떻게 표현했는지 생각해 보세요. (234쪽, 247쪽, 259쪽)

인물	윤지	가예	희나
'좋아한다'의 의미			
표현 방법			

3장 진로 갈등

선택적 발문 : 입장을 정해 보아요

1. 연예인을 좋아하는 마음에 적정선이라는 가이드라인은 없지만 일부 팬들은 스타에 대해 지나친 열성을 보이기도 합니다. 여러분은 연예인을 열성적으로 좋아하거나 몰입하여 그 속에 빠져드는 팬덤 현상에 대해 어떻게 생각하나요? (160쪽)

☐ 공감한다   ☐ 공감하지 않는다

이유 :

2. 세타나인의 해체설이 돌자 소원은 너무 놀라 극심한 불안을 느낍니다. 소원은 아닌 척했지만 세타나인을 좋아하는 것은 그의 삶에서 매우 큰 비중을 차지했습니다. 여러분은 세타나인의 해체설에 소원이 느끼는 두려움을 어떻게 생각하나요? (184쪽)

☐ 공감한다   ☐ 공감하지 않는다

이유 :

3. 세타나인의 열혈 팬인 희나는 영상을 함께 보던 윤지가 자리를 비우자 차갑고 무표정한 얼굴로 세타나인을 바라봅니다. 그러다 윤지가 오자 싹 달라진 얼굴을 합니다. 여러분은 희나가 정말로 좋아하는 것이 무엇이라고 생각하나요? (228쪽)

☐ 윤지 ☐ 세타나인 ☐ 팬질 하는 자체 ☐ 그 외

이유 :

4. 윤지는 세타나인에게 가진 환상 때문에 그들을 힘들게 하는 것 같아서 미안하다고 합니다. 그러나 가예는 돈도 벌고 인기도 얻기 때문에 연예인이라면 그 정도의 고통은 감수해야 한다고 합니다. 여러분은 누구의 생각에 더 공감하나요? (256쪽)

☐ 윤지 ☐ 가예

이유 :

사색적 발문 : 생각을 넓혀 보아요

1. 의찬은 깜깜한 밤하늘을 보고 있으면 오늘 하루를 살았다는 것이, 그리고 이제 밝아 올 또 다른 하루를 살아갈 것이라는 게 몸에 스며들 듯이 느껴집니다. 1시 29분, 밤의 한중간. 의찬이 가장 좋아하는 그 시간에 대해 자신만의 노래를 만들고 싶다고도 생각합니다. 여러분이 하루 중 가장 좋아하는 시간을 시계 모양에 표시하고, 그 시간을 좋아하는 이유를 이야기해 보세요. (19쪽)

좋아하는 이유:

2. 내일 일어날 일을 알지 못하기 때문에 우리는 앞날은 모르는 거라는 말을 자주 합니다. 이 말처럼 의찬은 시리 형 대신 콘서트에서 뮤지컬을 하게 되었고 연습을 거듭합니다. 여러분도 의찬처럼 우연히 찾아온 기회를 잡은 적이 있다면 소개해 주세요. (51쪽)

3. 함께 사진을 찍은 일도 까마득할 만큼 서먹했던 동욱의 집안에 규호가 방문하면서 변화가 일어납니다. 서로 불편해할 것 같아 하지 않았던 것들이 오히려 가족 사이를 더 멀게 만들었다는 것을 알게 되었습니다. 여러분도 가족과 같이 하고 싶었지만 어쩐지 부끄러워 하지 않았던 일이 있었다면 이야기해 주세요. (127쪽)

4. 세타나인의 콘서트를 보면서 소원은 그동안 자신이 생각하고 있던 편견과 어지러운 생각들이 정리되는 것을 느낍니다. 여러분도 어떤 경험을 통해 감동을 받고 마음이 정화된 적이 있었다면 이야기해 주세요. (196쪽)

책 속 진로 찾기 : 꿈을 키워 보아요

1. 의찬은 자신의 꿈을 정의하면 '노래해서 먹고 산다'로 표현할 수 있다고 생각합니다. 여러분도 의찬처럼 자신의 꿈을 한 문장으로 표현해 보세요. (12쪽)

> 의찬의 꿈 : 노래해서 먹고 산다
>
> 나의 꿈 :

2. 다른 기획사 연습생의 데뷔 계획이 잡혔다는 말을 듣고, 원용 형은 데뷔가 아니라 계획이라도 나왔으면 좋겠다고 한숨을 쉽니다. 데뷔가 가까운 1팀 형이 앞날을 막막해하자 의찬은 4년이나 데뷔를 기다리며 준비하고 있는 마음을 상상하는 것조차도 힘들다고 여깁니다. 만약 여러분이 데뷔를 기다리는 4년 차 연습생이라면 어떻게 하루를 지내고 있을지 오늘의 일기를 써 보세요. (27쪽)

○월 ○일   날씨:

3. 데뷔 전에 이미 팬이 생겨날 정도로 시리는 실력 있는 연습생이었습니다. 그러나 시리는 데뷔의 문턱에서 포기하고, 집으로 돌아가기로 결정합니다. 연예인이라는 꿈을 접은 시리에게 새로운 꿈을 추천한다면 어떤 것이 좋을까요? (59쪽)

추천 꿈 :

추천 이유 :

4. 윤지는 가예의 자기소개서 작성을 도와주면서 약점과 단점에 대한 개념을 정리해 줍니다. 만약 여러분이 기획사에 보낼 자기소개서를 쓴다면 자신의 약점과 단점을 어떻게 표현할 것인지 작성해 보세요. (233~234쪽)

약점 (선천적이어서 고치기 힘든 것)	단점 (후천적인 것으로 노력하면 고칠 수 있는 것)

진로 탐색 : 꿈을 응원합니다

※ 연예인에 대해 조사해 보고 빈칸은 여러분이 채워 보세요.

1. 연예인이란?

> 자신이 가지고 있는 끼와 재능을 무대에서 보여주는 일을 합니다. 연예계에 종사하며 대중문화 미디어에 출연하는 사람을 통틀어 말합니다.

2. 연예인은 어떤 일을 할까요?

> - 가수 : 멋진 목소리로 노래하거나 노래와 어울리는 춤을 춥니다.
> - 배우 : 대본에 따라 다른 사람의 역할을 연기합니다.
> - 개그맨 : 개그를 통해 웃음을 주거나 각종 예능 무대에서 활약합니다.
>
> 그 외에 또 어떤 일을 할까요?

3. 연예인이 되기 위해서는 어떤 노력이 필요할까요?

성격	공부	능력
- 사람들 앞에서 떨지 않는 당당함 -	- 목소리를 분명하게 전달하는 발성법 -	- 스케줄을 관리할 수 있는 책임감 -

4. 연예인이 되면 좋은 점과 힘든 점은 무엇일까요?

좋은 점	힘든 점

5. 연예인과 관련된 일을 하는 직업에는 어떤 것이 있을까요?

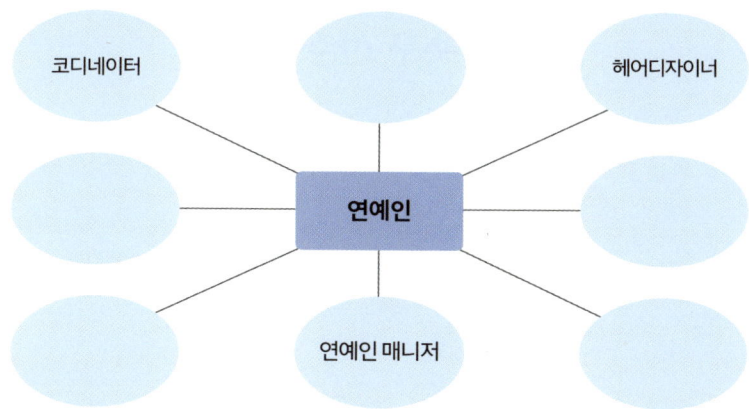

6. 연예인과 다른 직업을 융합하여 새로운 직업을 만들어 봅시다.

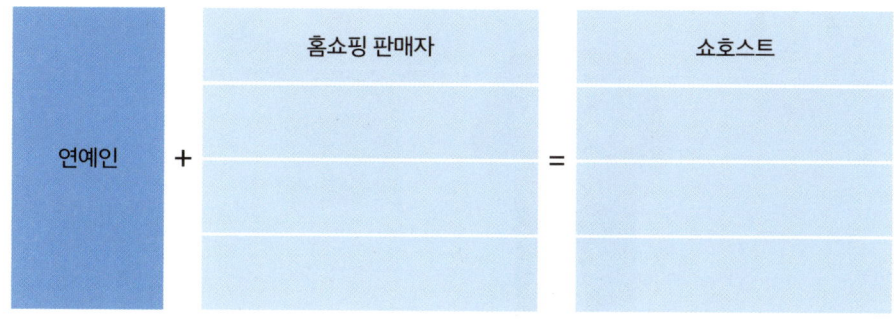

#13

그라운드 안에서 펼쳐지는 희로애락

| 축구 선수 |

About the Book

하프라인
김경해 지음, 자음과모음, 2011

전국 축구시합에서 최우수선수상을 받은 '나'는 중학교 축구 감독에게 스카우트되어 스트라이커로서의 축구 인생을 시작합니다. 하지만 정식으로 축구를 시작하자 축구가 쉽지 않고 할 것도 많은 데다가 자신이 아무것도 아니라는 것을 깨닫게 됩니다. 열등감과 경쟁의식은 골에 대한 강박관념과 욕심을 낳고, 무리하게 공격을 시도하다 결국 경기 도중 부상을 입습니다. '나'는 축구를 할 수 없게 될지 모른다는 절망 속에서도 부모님의 도움과 지지로 재활 훈련을 하고 축구 연습을 시작합니다. 그런데 다시 뛰게 된 경기에서 스트라이커가 아닌 미드필더로 포지션을 바꾸라는 감독의 지시를 받습니다. 실패와 좌절의 시간을 통해 진정으로 축구를 즐기는 축구 선수로 성장하는 소년의 이야기에 귀 기울여 보세요.

함께 보면 좋아요
『플레이 플레이, 은하고』 김재성 지음, 문학동네, 2013
『푸른 축구공』 리네케 데익쉘 지음, 이유림 옮김, 스콜라, 2010
『나는 브라질로 간다』 한정기 지음, 비룡소, 2008
『밤하늘의 달처럼 빛나는 축구공』 지크리트 라우베 지음, 김세나 옮김, 검둥소, 2007

낱말 퍼즐 : 내용을 떠올려 보아요

[낱말 퍼즐 표]

정답

가로 | ①피라미드 2등요 3.배 4.트로이카 5.사하로 6.뮤지컬 7.호피무늬 8.장신구 9.비탈길 10.신에 11.광장시장 12.프로스타 13.기와지붕 14.호랑이

세로 | ①양진테 ②왜 ③피라미 ④아사녀 ⑤용고초 ⑥에이스 ⑦피카 ⑧스텝 앞에 ⑨숯 ⑩인쇄소 ⑪시지적 ⑫출사료 에돌이다 ⑬금속 ⑭인경 ⑮신진대사 ⑯황하성 ⑰태평양 ⑱꽃가지

가로

1. '나'가 장래에 축구 선수로 활약하고 싶은 곳. 총 20개의 팀으로 구성되어 있는 잉글랜드의 최고 인기 리그.
2. 브라질 축구 선수 호나우딩요를 줄여서 부르는 이름.
3. 축구 경기에서 같은 편끼리 공을 주고 받는 것.
4. '나'가 축구 경기에서 주로 맡았던 역할. 골을 넣는 선수. 영어로는 striker.
5. 전국시합에서 최우수선수상을 받은 '나'에게 중학교 감독이 중학교 축구부에서 제대로 배우자며 데려감. 우수한 운동선수를 물색해 내는 일.
6. 축구에서 각 선수가 맡은 위치.
7. 축구를 좋아하는 소년이 축구를 통해 성장하고 부상을 이겨내는 과정을 그린 김경해 작가의 성장소설. 축구장의 중앙에 그어 놓은 선.
8. 돼지 코치가 화이트보드에 써서 아이들에게 알려준 축구 잘하는 조건. '50(○○○)-30(실력)-20(운)'
9. 부상을 당한 '나'의 재활을 함께 응원하는 부모님을 비유하는 말. 물건이 쓰러지지 않게 버티어 세우는 나무.
10. 축구를 시작한 지 얼마 되지 않은 '나'는 최우수선수상을 거머쥠. 어떤 분야에 새로 나타나서 뛰어난 실력을 보이는 사람.
11. 월드컵 대표 평가전의 경기를 관전하고 나서 돼지 코치가 아이들에게 작성하라고 한 것.
12. 축구 골포스트를 가로지른 대.
13. '나'는 축구를 할수록 실력이 부족하게 느껴지고 부상이 거듭되자 괴로워함. 마음으로 앓는 병.
14. 축구 경기의 구성. 전반전-○○○.

세로

① 경기에서 이기고 있다가 형세가 바뀌어짐(↔ 역전승).
② 기본기가 부족한 '나'가 가장 자신 없는 축구 기술. 공중에서 날아오는 공을 머리로 받는 것.
③ 축구를 잘하기 위한 기본 기술로 양발로 번갈아 반복적으로 차면서 공을 공중에 띄우는 것.
④ 축구 경기에서 득점할 수 있는 선수에게 공을 패스하는 일.
⑤ 우유를 발효하고 응고시킨 유산균이 들어있어 장의 활동을 돕는 음식.
⑥ 축구에서 등번호 10번을 달 수 있는 최고의 선수.
⑦ 처녀자리에서 가장 밝은 별.
⑧ 선수를 교대할 수 있는 축구와 같은 경기에서 처음에 출장하는 선수를 뜻하는 영어 단어의 한글식 표기.
⑨ 축구 외에 하고 싶은 공부가 있냐는 양키 감독의 질문에 '나'가 관심 있다고 대답한 분야.
⑩ 학교, 도로, 통신 등 생활의 기반이 되는 중요한 시설을 뜻하는 영어 단어의 한글식 표기.
⑪ 오래 견디어 내는 힘.
⑫ 다른 선수에 비해 체격이 작지만 자신만의 기술을 개발하여 상대를 제압하는 호날두가 한 말. "Soccer is art."
⑬ 아버지의 적극적인 지지와 후원을 받으며 승승장구했던 축구 선수 티에리 앙리의 국적.
⑭ 옳다고 확실하게 여김.
⑮ 상대팀의 신경을 피로하게 하여 사기를 떨어뜨리게 하는 전술.
⑯ 팀이 협동하여 행하는 행동이나 상호연대.
⑰ 선수나 팀의 기량을 평가하기 위해 치르는 경기.

해석적 발문 : 다양하게 생각해 보아요

1. 현수는 칭찬에 인색한 파리 감독이 감탄할 만큼 헤딩 실력이 뛰어납니다. 게다가 키도 크고 스피드도 빨라 친구들 사이에서도 실력을 인정받습니다. 그런 현수가 축구를 그만두려는 가장 큰 이유가 무엇이라고 생각하나요? (92쪽)

2. 돼지 코치는 축구할 때 정신력이 50, 실력이 30, 운이 20이라고 이야기합니다. 최강의 팀을 만들기 위해 고심하던 돼지 코치가 이 말을 통해 아이들에게 진짜 전하고 싶은 메시지가 무엇이라고 생각하나요? (116~117쪽)

3. 양키 감독은 준결승전에서 지고 있던 '나'의 팀을 버스로 데려갑니다. 버스로 불려갔다 온 후 '나'의 팀은 후반전에 두 골을 넣어 결승에 진출하게 됩니다. 여러분은 팀을 결승전으로 이끈 양키 감독의 힘이 무엇이라고 생각하나요? (118쪽)

4. 양키 감독은 '나'에게 끝까지 배우는 자세가 되어야 자신을 가다듬을 수 있다며 공부할 것을 강조합니다. 부상 때문에 의기소침해진 '나'는 감독의 말이 예전으로 돌아가기 힘들다는 의미 같아 불안합니다. 감독이 '나'에게 바라는 것은 무엇일까요? (155쪽)

5. 부상 전에 센터포워드였던 '나'는 부상 이후 수비형 미드필더로 포지션이 바뀌었습니다. 나는 처음으로 화려한 공격수가 아닌 어시스트 하는 역할을 맡고 축구를 그만두어야 할지 고민합니다. 포지션이 바뀌면서 '나'의 마음가짐은 어떻게 변화되었나요? (164쪽, 188쪽)

6. 주요 사건으로 '나'의 인생 그래프를 그리고, '나'에게 트로피를 주고 싶은 순간이 언제라고 생각하는지 이야기해 보세요.

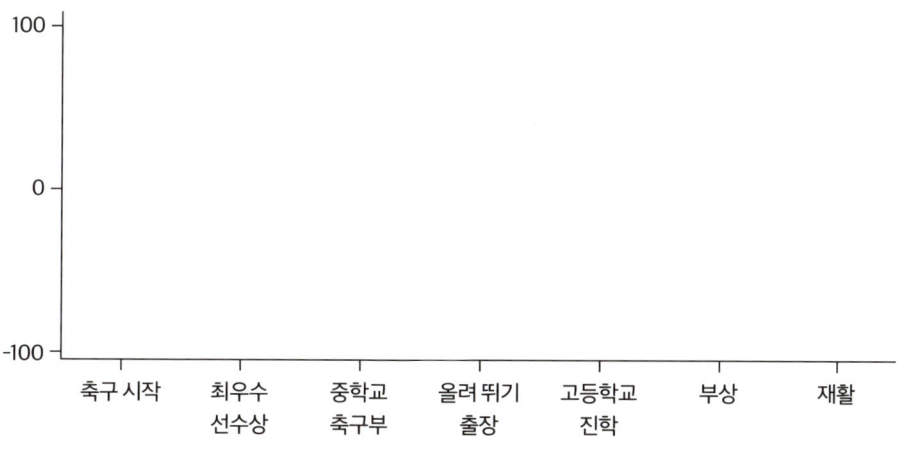

선택적 발문 : 입장을 정해 보아요

1. 전국 축구시합에서 최우수선수상을 받은 '나'는 중학교 축구 감독으로부터 스카우트 제안을 받습니다. 그러나 축구클럽 감독은 아직은 공부와 병행하면서 축구를 즐겨도 된다고 만류합니다. 여러분이 스카우트 제안을 받은 '나'의 입장이라면 누구의 의견에 따를 것인가요? (31~32쪽)

☐ 중학교 감독   ☐ 축구 클럽 감독

이유 :

2. 옷을 사려고 하는 '나'에게 엄마는 운동선수가 운동복이면 충분하다고 합니다. 오로지 운동에만 전념해도 부족한데 다른 것에 신경을 쓰는 건 낭비라고 말하는 엄마의 말에 대해 여러분은 어떻게 생각하나요? (72쪽)

☐ 공감한다   ☐ 공감하지 않는다

이유 :

3. '나'는 중학교 팀과의 경기에서 부상 때문에 생긴 공백을 만회하고 싶었습니다. 그래서 패스하라는 전학생의 사인을 무시하고 직접 슛을 날렸지만 득점에 실패했습니다. 여러분은 자신이 기회를 갖기 위해 팀워크를 저버린 '나'의 행동에 대해서 어떻게 생각하나요? (163쪽)

☐ 공감한다   ☐ 공감하지 않는다

이유 :

사색적 발문 : 생각을 넓혀 보아요

1. 축구에 대한 '나'의 자신감은 전지훈련을 하면서 바닥으로 떨어졌습니다. 축구가 쉽지 않고 배워야 할 것도 많은 데다가 이제는 자신이 아무것도 아닌 걸 깨달았기 때문입니다. 여러분은 의기소침해진 '나'에게 필요한 것이 무엇이라고 생각하나요? (39~40쪽)

2. '나'는 축구 선수들 중에서 호날두를 가장 동경합니다. 뛰어난 발 기술이 있고, "축구는 예술이다"라는 멋진 말을 했기 때문입니다. 여러분이 가장 좋아하는 축구 선수는 누구이며, 좋아하는 이유는 무엇인가요? (71쪽)

좋아하는 선수	좋아하는 이유

3장 진로 갈등

3. 부상을 당한 '나'는 축구의 꿈을 접어야 할까도 생각했습니다. 하지만 여태껏 자신을 지지해주고 도와주었던 부모님이 마음에 걸렸습니다. 만약 여러분이 '나'의 경우라면 기대가 큰 부모님이 어떻게 해 주길 바라나요? (170쪽)

4. 양키 감독은 작전 타임에서 골을 넣으려고만 하지 말고 축구를 즐기라고 말합니다. '나'에게 이상적으로만 들리는 감독의 말은 공자의 말과 닮았습니다. 아래에 제시된 논어의 인용문을 읽어보고, 여러분이 진정으로 즐기고 싶은 일이 무엇인지 이야기해 보세요.

> 知之者 不如好之者 好之者 不如樂之者 (지지자 불여호지자 호지자 불여락지자)
> 아는 것은 좋아하는 것만 못하고, 좋아하는 것은 즐기는 것만 못하다.

책 속 진로 찾기 : 꿈을 키워 보아요

1. 연습 경기 중 머리를 다쳐 병원에 입원했던 '나'는 퇴원 후, 스스로 계획을 세워 재활 훈련을 합니다. 여러분이 코치라면 발목과 머리 부상을 당한 '나'에게 어떤 재활 훈련을 진행할지 '나'의 하루 훈련 계획을 원그래프에 작성해 보세요. (144~145쪽)

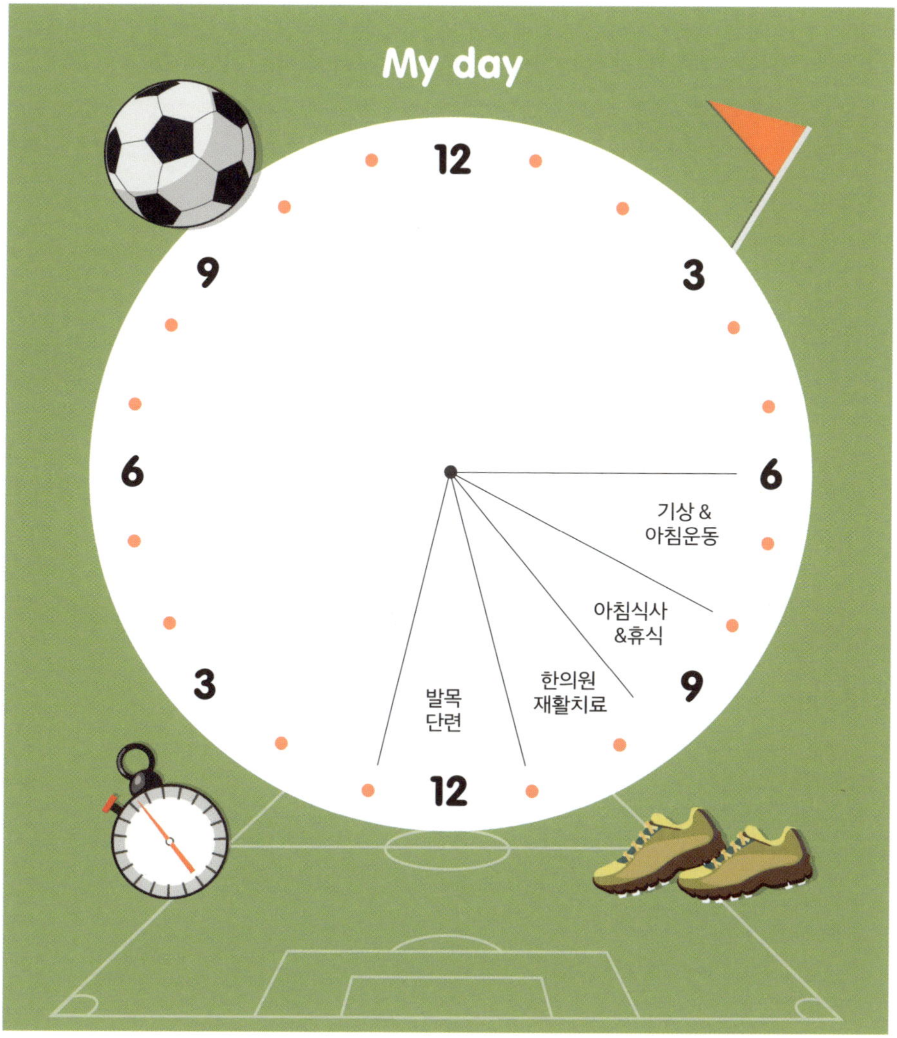
My day
12
3
6
9
12
9
6
3
기상 &
아침운동
아침식사
&휴식
한의원
재활치료
발목
단련

2. "최악의 선수는 자기가 골을 넣는 것에만 신경 쓰지만, 최고의 선수는 자기가 골을 넣는 것에만 신경 쓰지 않는다." 이 말은 작전 타임 때 양키 감독이 '나'에게 경기에서 골을 넣으려고만 하지 말고, 축구를 즐기라며 한 말입니다. 여러분이 꿈꾸는 직업인이 되었다면 양키 감독의 말을 어떻게 적용할 수 있을까요? (184쪽)

내가 꿈꾸는 직업인(예시)	의사
최악의 의사는 환자의 진료에만 신경 쓰지만, 최고의 의사는 환자의 진료에만 신경 쓰지 않는다.	
의미: 내가 의사가 된다면 환자를 치료할 때 그의 아픈 몸뿐 아니라 아픔을 겪으면서 나약해진 마음과 병원비의 부담에 대해 공감할 것이다. 많은 환자를 치료해서 돈만 많이 버는 의사가 되고 싶지는 않다.	

내가 꿈꾸는 직업인	
최악의 _____는 _____에만 신경 쓰지만, 최고의 _____는 _____에만 신경 쓰지 않는다.	
의미:	

3. 여러분이 대한축구협회 관계자라면 국가대표 사령탑으로 어떤 감독을 영입하고 싶은지 감독의 지도 방법, 장점 및 보완할 점을 고려하여 한 명을 선정해 주세요.

감독	지도 방법	장점	보완할 점
금목걸이 (축구클럽)			
킹콩 (중학교)			
선글라스 (전학간학교)			
파리 (고등학교)			
양키 (고등학교)			

국가대표 축구팀 감독	선정 이유

4. 축구의 경우 선수의 포지션이나 팀에서의 위상에 따라 등 번호를 부여합니다. FIFA 등의 번호 규정에 따르면 1번은 골키퍼에게 부여하고, 그 외에 다른 등 번호들은 포지션에 상관없이 등 번호를 달아도 됩니다. 만약 여러분이 축구 국가대표 선수가 된다면 받고 싶은 등 번호는 몇 번인가요?

등 번호	이유

진로 탐색 : 꿈을 응원합니다

※ 축구 선수에 대해 조사해 보고 빈칸은 여러분이 채워 보세요.

1. 축구 선수란?

> 축구 선수는 프로팀이나 실업팀에 소속되어 축구를 전문적으로 합니다. 축구 경기가 있는 시즌에는 팀의 우승을 위해 경기를 하고, 경기가 없는 휴식기간에는 경기력 향상을 위해 전지훈련을 가거나 개인 훈련을 합니다.

2. 축구 선수는 어떤 일을 할까요?

> - 소속팀의 승리를 위해 경기를 합니다.
> - 전지훈련이나 개인 훈련을 통해 경기력을 향상시키기 위해 노력합니다.
> - 좋은 성적을 내기 위해 체력 훈련과 기술 훈련, 부상 예방 훈련을 합니다.
> - 국가 대표팀이나 올림픽 대표팀에 선발되어 국위 선양을 하기도 합니다.
>
> 그 외에 또 어떤 일을 할까요?

3. 축구 선수가 되려면 어떤 점이 필요할까요?

성격	공부	능력
- 동료와 잘 지낼 수 있는 친화력 -	- 해외 진출을 위한 외국어 -	- 경기를 뛸 수 있는 체력 -

4. 축구 선수가 되면 좋은 점과 힘든 점은 무엇일까요?

좋은 점	힘든 점

5. 축구 선수와 관련된 직업에는 어떤 것이 있을까요?

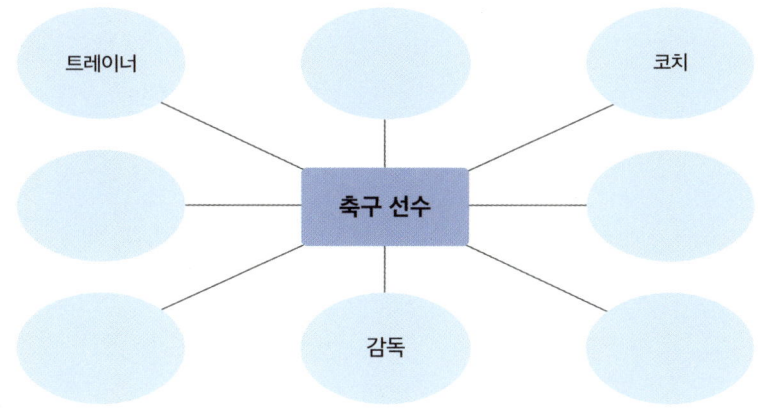

6. 축구 선수의 특성과 다른 직업을 융합하여 새로운 직업을 만들어 봅시다.

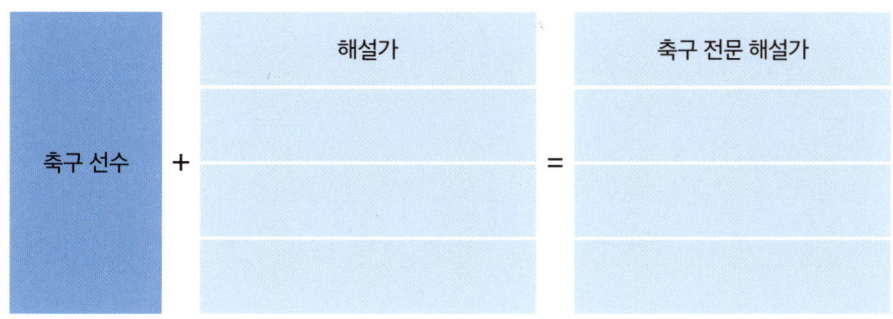

4장 직업 이해

무작정 뛰어든 직업 체험기

#14
수아와 함께하는 캄보디아 여행

| 관광 가이드 |

About the Book

내 이름은 망고

추정경 지음, 창비, 2011

아빠와 이혼한 수아의 엄마는 수아를 데리고 캄보디아에서 새 생활을 시작했습니다. 어느 날 말도 없이 사라져버린 엄마를 대신하여 수아는 관광 가이드 일을 하게 됩니다. 마침 몸이 아픈 엄마를 대신해 '쩜빠'도 현지 가이드로 나서게 되고, 앙숙처럼 다투던 둘은 서로에게 마음을 열어갑니다. 캄보디아 유적지를 돌아보면서 아빠와의 기억을 떠올리고 새로운 시선으로 캄보디아를 보게 된 수아는 잃어버렸던 과거 기억도 알게 됩니다. 그제야 엄마의 진심을 깨닫고, 엄마 이름 대신 진짜 자신의 이름으로 사람들과 인사를 나눕니다. 적당한 비바람과 척박한 토양이 좋은 포도알을 맺는다는 말처럼 상처를 딛고 일어선 수아는 더욱 성장해 갑니다.

함께 보면 좋아요

『열흘간의 낯선 바람』 김선영 지음, 자음과모음, 2016
『용의 고기를 먹은 소녀』 박정애 지음, 창비, 2015
『바람을 만드는 소년』 폴 플라이쉬만 지음, 천미나 옮김, 책과콩나무, 2008
『하이킹 걸즈』 김혜정 지음, 비룡소, 2008

낱말 퍼즐 : 내용을 떠올려 보아요

가로 | 1.곤충한살이 2.애벌레 3.소아이 4.청딱따구리 5.아카시 6.아사귀 7.장수풍뎅 8.내 이름은 양 고 9.그까지 10.장지뱀 11.참붕이 12.옷트리아

세로 | ①수술 ②한우사 ③파이앗아이 ④장사리 ⑤장성풍이 ⑥영글트리트 ⑦누리움 ⑧ 내림김 ⑨양의자상 ⑩북락이 ⑪시게가차

정답

가로

1. 봄, 여름, 가을, 겨울을 이르는 사자성어.

2. 쩜빠의 나라에서는 완곡한 거절을 할 때 '데익 쩜 담째익'이라는 속담을 사용함. '○○○ 한 그루 심고 한숨 자고 나서 생각해 본다'라는 뜻.

3. 망고의 캄보디아식 발음. 수아의 영어식 이름 '수아리'와 비슷하여 삼콜 할배는 수아를 망고라고 부름.

4. 쩜빠가 사는 나라. 프놈펜이 수도이며 인도차이나반도 남쪽 메콩강 하류에 위치한 인민공화국.

5. 쩜빠가 춤을 배우기 위해 필요한 수업료를 벌려고 했던 일. 신체의 순환을 돕기 위해 손이나 도구를 사용하여 두드리고 만지는 일.

6. 삼콜 할배는 과거 전쟁의 피해로 인해 캄보디아인들에게는 배움과 학교에 대한 불신의 ○○○가 생겼다고 함. 힌두 신화에 나오는 인간과 신의 혼혈인 반신.

7. 양분을 섭취하여 몸 안으로 받아들인 양.

8. 추정경 작가가 지은 청소년 성장소설. 주인공 수아가 엄마 대신 관광 가이드를 하면서 겪는 이야기.

9. 미경 아줌마가 자신의 일정대로 따라 하라며 이미지 트레이닝으로 언급한 동물. 거대한 몸집의 초식성 포유동물.

10. 수아 엄마의 이름. 수아는 갑자기 사라진 엄마를 대신해 엄마의 이름으로 가이드 일을 함.

11. 수아와 쩜빠처럼 서로 자기주장을 고집하여 옥신각신하는 일.

12. 1975년 크메르 루즈 정권이 저질렀던 킬링필드 대학살 피해자를 위한 위령탑이 있는 곳.

세로

① 삼콜 할배가 젊은 시절에 유학했던 나라. 수도는 파리.

② 아시아 대륙과 인도네시아 열도 사이의 지역을 말하며 대부분 습한 열대지방. 태국, 라오스, 베트남, 말레이시아 등이 여기에 해당함.

③ 자야바르만 7세의 수많은 얼굴 부조로 이루어진 3층짜리 사원. 수아에게는 아빠와의 특별한 추억이 깃든 관광지.

④ 쩜빠가 추고 싶어 하는 캄보디아 전통 춤. '춤추는 여신' 또는 '천상의 무희'라는 뜻이 있음.

⑤ '안녕하세요'라는 뜻의 캄보디아 인사말 '쏙서바이'가 우리말로 들리는 말.

⑥ 캄보디아의 대표적 유적 사원. '사원 도시'라는 뜻으로 정면에서는 회랑이 세 개, 측면에서는 회랑이 다섯 개가 보이는 신기한 신전.

⑦ 똥 방귀 같은 악취를 가지고 있지만 열대과일의 왕이라 불리는 과일 이름.

⑧ '이왕 일을 시작한 바람' 또는 '이왕 길을 나선 김'을 뜻함. (예 : ○○○에 친구 집에도 들렀다.)

⑨ 황당한 일을 당하거나 어찌할 줄을 몰라 정신이 나간 듯이 멍한 상태를 뜻하는 사자성어.

⑩ 삼콜 할배의 전용기사인 쏙천이 운전하는 캄보디아 교통수단. 오토바이 뒤에 여러 사람이 앉을 수 있도록 장치를 연결한 탈 것.

⑪ 어린 수아가 친구로 삼았던 것. 물건을 수직으로 들어올리는 중장비로 아빠와의 추억을 떠올리게 함.

해석적 발문 : 다양하게 생각해 보아요

1. 엄마가 수아에게 손도 못 대게 하는 것은 수면제와 돈, 딱 두 가지입니다. 엄마는 태국에 갈 때마다 수면제를 사 와서 개수까지 세어 몰래 커피통에 숨겨둡니다. 엄마는 왜 수아가 돈과 약에 손도 못 대게 할까요? (16~17쪽)

2. 한국 이름을 갖고 싶다는 쫌빠에게 수아는 캄보디아 사람이면 캄보디아 이름을 갖는 게 당연한 거라고 핀잔을 줍니다. 쫌빠가 쫌빠가 아니라면 앙코르 와트가 앙코르 와트가 아닌 것 같다고 한 수아의 진짜 마음은 무엇일까요? (172쪽)

3. 관광객들과 현지인의 집 방문 체험을 위해 쏙천의 집으로 간 수아는 쏙천의 동생 보파를 안은 채 잠이 듭니다. 캄보디아에 온 이후 잠을 제대로 잘 수 없었던 수아가 쏙천의 집에서 꿀잠을 잘 수 있었던 이유는 무엇이라고 생각하나요? (194쪽)

4. 바이욘 사원에서 수아는 아빠와 나누었던 대화를 생각해 봅니다. 석상의 표정이 모두 우울해 보인다는 수아의 말에 아빠는 그런 표정이 꼭 나쁜 것만은 아니라

고 합니다. 나쁜 게 좋을 때도 있고, 좋은 게 나쁠 때도 있다는 아빠 말의 의미는 무엇인가요? (225쪽)

5. 수아의 아빠는 "포도나무는 땅이 비옥하면 오히려 좋은 열매를 맺지 못하고 적당한 비바람과 척박한 토양이 좋은 포도알을 맺는다"라고 했습니다. 아빠가 들려준 포도나무 이야기를 통해 세 아이가 만난 비바람과 그것을 이겨내고 얻은 열매는 무엇이라고 생각하는지 정리해 보세요. (226쪽)

인물	비바람	열매
수아		
쩜빠		
쏙천		

6. 수아는 사라진 엄마를 대신하여 엄마 이름으로 관광 가이드 일을 합니다. 그러다 자신의 사정을 이미 알고 있던 오봉 아저씨 부부가 집으로 찾아온 이후 고민 끝에 자신의 이름을 밝힙니다. 관광 일정을 마쳤음에도 수아가 자신의 진짜 이름을 밝힌 이유는 무엇일까요? (240쪽)

 **선택적 발문 : 입장을 정해 보아요**

1. 수아는 엄마에게 불만이 많지만 정작 쯤빠가 자신의 엄마에 대해 불만을 늘어놓자 화가 납니다. 쯤빠는 수아 엄마에 비해 자신의 엄마가 불공평하게 일한다고 말하는 한편, 수아는 자신의 엄마 덕분에 쿤라가 일자리를 얻을 수 있었다고 반박합니다. 여러분은 누구의 말에 더 공감하나요? (28~29쪽)

☐ 쯤빠   ☐ 수아

이유 :

2. 쯤빠는 손목시계가 없기 때문에 늘 집에서 벽시계를 보고 약속시간 전에 먼저 나와서 기다립니다. 그러면서 자신이 미리 올 것을 알면서도 약속시간에 딱 맞춰 나오는 수아가 오히려 늦는 거라고 합니다. 여러분은 약속시간에 대한 쯤빠의 생각에 공감하나요? (144쪽)

☐ 공감한다   ☐ 공감하지 않는다

이유 :

3. 교통사고에 대한 기억을 잃어버린 수아는 엄마가 그동안 보여준 모든 행동이 이상했습니다. 아빠와 갑자기 이혼하고 캄보디아까지 와서 힘들게 살게 된 것까지 모두 의문투성입니다. 그러나 엄마는 수아에게 아빠의 죽음을 말할 수가 없었습니다. 여러분은 사고 소식을 미리 알려주지 않은 엄마에 대해 어떻게 생각하나요? (245쪽)

☐ 수아를 보호하기 위해서였다   ☐ 수아에게 사실을 알려주어야 했다

이유 :

사색적 발문 : 생각을 넓혀 보아요

1. 수아는 삼콜 할배가 사용하는 느끼한 불어도 싫고, 자신을 망고라고 부르는 것도 싫습니다. 그러나 엄마는 오히려 익을수록 달고 부드러워지는 망고를 닮으라고 합니다. 과일의 속성과 연결하여 자신이 어떤 과일을 닮았는지 생각해 보세요. (30쪽)

나와 닮은 과일	어떤 면이 닮았을까?

2. 캄보디아에서는 쌀을 '인간을 도와주는 신'으로 여겨 함부로 다루면 다음 생에 가난하게 태어난다고 믿습니다. 그리고 사원에서 모자를 쓰면 다음 생에 대머리로 태어난다고 생각합니다. 이처럼 우리나라와 다른 여러 나라의 문화적 특징에 대해 여러분이 알고 있는 것을 이야기해 보세요. (77쪽)

3. 왓트마이를 관광하면서 수아는 삼콜 할배로부터 킬링필드 대학살에 대해 들었습니다. 아픈 역사로 인해 캄보디아 사람들의 마음속에는 두 가지 아수라가 살게 되었는데, 그것은 배움에 대한 불신과 학교에 대한 공포라고 합니다. 배운 사람이 가장 먼저 처형당했고, 그 장소가 학교였기 때문입니다. 이들처럼 여러분 마음속에도 아수라가 있다면 어떤 것인가요? (156~157쪽)

내 마음 속의 아수라	
아수라가 생긴 계기	
아수라를 해결할 방법	

4. 한국인 아빠와 캄보디아 엄마 사이에서 태어난 쩜빠는 언젠가 만날지도 모를 아빠를 위해 한국 이름을 가지고 싶어 합니다. 여러분이 쩜빠에게 어울리는 한국 이름을 지어주고, 그 이유를 말해 보세요. (172쪽)

쩜빠에게 추천하는 한국 이름 :

추천 이유 :

책 속 진로 찾기 : 꿈을 키워 보아요

1. 수아가 계획에 없던 현지인의 집을 방문하여 관광객들의 호응을 얻었던 것처럼 고객에게 눈높이를 맞춘 여행 상품이 인기를 얻고 있습니다. 최근에는 다양한 주제를 테마로 하여 색다른 여행을 즐길 수 있는 이색 여행 상품도 등장했습니다. 다이어트를 위한 트레킹 여행, 레스토랑 창업을 위한 다양한 미식 여행, 성악가와 함께 보는 오페라 투어 같은 여러분만의 이색 여행 상품을 기획해 보세요.

여행 상품을 설계할 때 고려할 점	교통수단, 여행지 선정, 숙박시설, 식음료 시설, 관광 및 놀이 시설, 예산 및 경비 등

_____ 여행 상품 계획	
콘셉트	
여행 장소	
여행 시기	
대상	
특화 프로그램	
여행 경비	
고려할 점	

2. 수아는 사라진 엄마를 대신해 관광 가이드 일을 합니다. 처음 해 보는 일이 낯설고 막막했지만, 캄보디아에서 만난 사람들의 도움 덕분에 훌륭히 해냅니다. 수아가 가이드 일을 성공적으로 할 수 있도록 이들이 준 영향에 대해 이야기해 봅시다.

인물	특징	영향
쏙천		
삼콜 할배		
쩜빠		
수아		
미경 아줌마		
그 외		

3. 여러분이 캄보디아로 여행을 간다면 등장인물 중 누구에게 가이드를 맡기고 싶은지 선정하고, 그 인물의 능력을 평가해 보세요.

수아, 쩜빠, 미경 아줌마, 쏙천, 삼콜 할배, 그 외

내가 뽑은 가이드	능력	평가	이유
	상품 기획력	☆☆☆☆☆	
	시간 약속	☆☆☆☆☆	
	사람을 대하는 노하우	☆☆☆☆☆	
	말하기 능력	☆☆☆☆☆	
	관광 지식	☆☆☆☆☆	

4. 다음은 책 속에서 수아가 가이드 했던 캄보디아의 대표 관광지입니다. 여러분이 관광 가이드가 된다면 어떻게 소개할 것인지 한 곳을 골라 내용을 정리해 봅시다.

바콩 사원
크메르 왕국 시절 만들어진 피라미드형 사원. 미경 아줌마는 사원 투어 중 항상 이곳을 먼저 보여준 뒤 다음 장소로 이동함.

바이욘 사원
수아가 관광객들에게 특별히 소개한 곳으로 54개의 탑과 200개가 넘는 얼굴로 세상 사람들을 표현한 사원.

반테이 스레이
프랑스 작가 앙드레 말로에 의해 '동양의 모나리자'라 불리는 부조가 세상에 알려지게 된 사원.

왓트마이
1975년 붉은 크메르 루즈 정권의 대학살, '킬링필드'의 학살 피해자를 위한 위령탑이 있는 곳.

코끼리 테라스
전쟁에 나갔다가 이기고 돌아오는 코끼리 군대를 맞이하는 환영 제단.

앙코르 와트
정면에서는 회랑이 세 개, 측면에서는 회랑이 다섯 개가 보이는 신기한 캄보디아의 대표적인 신전.

소개할 곳	이곳을 선택한 이유	내용

 **진로 탐색 : 꿈을 응원합니다**

※ 관광 가이드에 대해 조사해 보고, 빈칸은 여러분이 채워 보세요.

1. 관광 가이드란?

> 국내외를 여행하는 개인 또는 단체에 여행 일정, 숙박, 교통, 편의시설 등을 안내하고, 관광지의 역사와 문화에 대해 소개합니다. 또한 여행객의 불편 사항이나 예기치 않은 사고 등 여행지에서 일어나는 여러 문제점을 해결하여 여행객이 편리하게 여행할 수 있도록 돕습니다.

2. 관광 가이드는 어떤 일을 할까요?

> - 관광객들이 즐거운 관광을 할 수 있도록 도와주는 모든 업무를 담당합니다.
> - 관광객들에게 여행 일정에 대해 설명하고 관광지로 인솔합니다.
> - 관광지의 역사와 문화에 대한 정보를 제공합니다.
> - 여행 중에 불의의 사고가 발생하면 본사와 연락하여 신속하게 해결합니다.
>
> 그 외에 또 어떤 일을 할까요?

3. 관광 가이드를 잘하려면 어떤 점이 필요할까요?

성격	공부	능력
- 예상치 못한 상황에 대응할 수 있는 융통성 -	- 관광지의 역사와 문화에 대한 해박한 지식 -	- 의사소통을 위한 외국어 실력 -

4. 관광 가이드 일을 하면서 좋은 점과 힘든 점은 무엇일까요?

좋은 점	힘든 점

5. 관광 가이드와 관련된 직업에는 무엇이 있을까요?

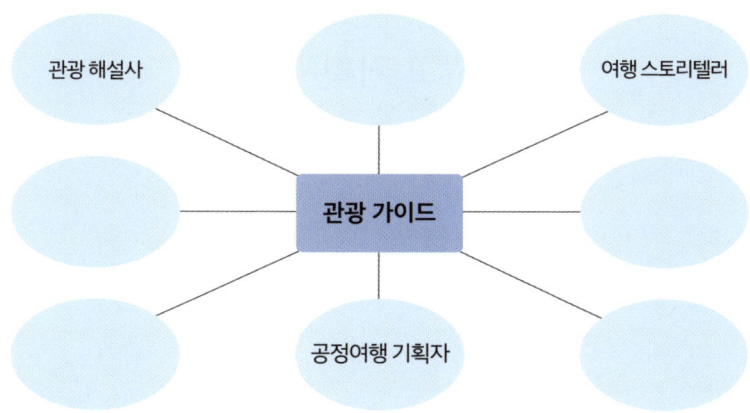

6. 관광 가이드와 다른 직업을 융합하여 새로운 직업을 만들어 봅시다.

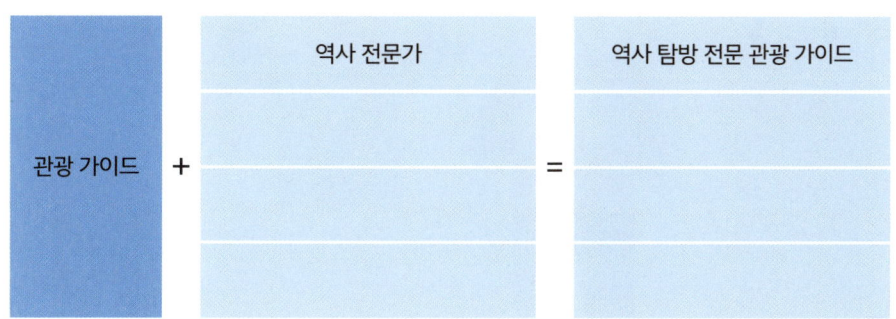

#15

재기발랄한 10대들의 광고 회사 입성기

| 광고 기획자 |

About the Book

우리는 마요네즈가 아니에요

이마이 마사코 지음, 윤수정 옮김, 탐, 2017

광고대행사 M에이전시의 고교생 브레인으로 선발된 히나코, 마코, 미사오의 활약상을 담고 있습니다. 고교생 브레인은 M에이전시의 인턴십과 같은 프로그램으로 이들의 아이디어에서 새로운 광고가 탄생하고 마케팅하는 과정을 보여줍니다. 새로운 아이디어를 위해 끊임없이 고민하는 그들의 모습을 통해 잘 팔리는 광고의 이면을 들여다볼 수 있습니다. 수많은 아이디어 중에 적절한 것을 골라 형태를 입히고 가치를 부여하는 광고 일은 결코 쉽지 않지만, 좋아하는 일을 발견한 아이들은 자신의 꿈에 성큼 다가섭니다. 계획대로 되지 않아 좌절을 겪을 때도 있지만, 청소년기의 발랄함과 넘치는 열정은 마요네즈처럼, 짜낼수록 계속해서 새 아이디어를 만들어 냅니다.

함께 보면 좋아요

『발견이 전부다』 권덕형 지음, 샘터사, 2018
『모던 씨크 명랑』 김명환 지음, 문학동네, 2016
『벌거벗은 광고인』 이구익 지음, 이담북스, 2016
『광고천재 이제석』 이제석 지음, 학고재, 2014

낱말 퍼즐 : 내용을 떠올려 보아요

정답

가로 | 1.그림자 무사 2.오리엔테이션 3.이마이 마사코 4.시도 5.컨설팅 6.미네르바 7.인센티브 8.스토리보드 9.토너먼트 10.네이밍 11.잡지

세로 | ①사무라이 ②에이전시 ③그룹인터뷰 ④마케팅 ⑤헬레네 ⑥브레인스토밍 ⑦바코드게임 ⑧온스테이지 ⑨마요네즈 ⑩리서치 ⑪먼발치

가로

1. 영화 〈7인의 ○○○ ○○〉의 홍보를 위해 데뷔를 앞두고 있는 무명 아이돌 그룹에게 맡긴 역할.
2. 새로운 일을 시작할 때 사전 교육이나 적응 지도를 하는 과정을 뜻하는 영어 단어. 줄여서 OT라고 부름.
3. 고교생들이 광고 회사에서 일한 경험담을 쓴 『우리는 마요네즈가 아니에요』의 일본 작가 이름.
4. 무엇을 이루려고 계획하거나 시험적으로 해봄.
5. 회의를 할 때 겐 씨와 미하라 씨가 고교생 브레인들에게 해 준 역할. 어떤 분야에 대해 전문적인 지식을 가진 사람이 상담을 하거나 의견을 제시함을 뜻하는 'consulting'의 한글식 표기.
6. 로마 신화에 나오는 지혜의 여신. 그리스 신화에서는 아테나에 해당함.
7. 매출 목표를 달성하게 되자 고교생 브레인들이 받은 특별 보너스. '동기, 자극'을 뜻하며, 흔히 '특별한 보상'을 의미하는 영어 단어 'incentive'의 한글식 표기.
8. 광고 제작에 필요한 주요 장면을 그림이나 사진으로 정리한 계획표.
9. 경기 대전 방식의 하나. 경기에서 이긴 팀이 다른 이긴 팀과 경기를 하고, 진 팀은 탈락하는 방식.
10. '상표나 회사 등의 이름을 짓는 일'을 뜻하는 영어 단어 'naming'의 한글식 표기.
11. 마리아 씨가 추천한 발상 훈련법에 쓰인 책. 이 책을 넘기다가 무작위로 펼쳐진 페이지에 상품을 올려놓고 독특한 발상을 시도함. 정기적으로 발행하는 간행물.

세로

① 영화 프로모션용 역할을 맡은 무명 아이돌 그룹 멤버의 이름 앞 글자를 따서 붙였더니 영화의 콘셉트와 절묘하게 맞아떨어짐. 일본 봉건시대의 무사.
② 고교생 브레인들을 선발한 곳은 외국계 광고 대행사 M○○○○. 경제적인 활동을 대행하거나 주선하는 사람이나 회사.
③ 광고 회사 직원들은 오피니언 리더를 모아서 새로운 아이디어에 대한 사전 점검을 함. 제품의 타깃이 되는 다수의 소비자를 한자리에 모아서 의견을 듣는 조사 방법.
④ 상품이나 서비스를 소비자에게 전하는 과정에 포함되는 모든 활동.
⑤ 그리스 신화에 나오는 제우스와 레다의 딸. 사람이 낳은 여인 중 가장 아름답다고 전해지며 트로이 전쟁의 간접적인 원인이 됨.
⑥ 고교생 브레인들이 모여 회의할 때 사용한 방법. '두뇌에 태풍을 일으킨다'라는 뜻으로 최대한 많은 아이디어를 제시하여 문제를 해결하는 방식.
⑦ 마코의 동생 미노루가 가지고 놀던 이것을 활용하여 영국 휴대전화 유로폰의 일본 론칭 아이디어를 만듦.
⑧ 학교의 문화제 행사를 정할 때 아이들의 의견이 '연극'과 '찻집'으로 나누어지자 마코가 '연극찻집'을 하자며 즉흥적으로 붙인 가게 이름.
⑨ 겐 씨가 아이디어를 계속 짜내다 보면 좋은 아이디어가 나온다고 하자 마코가 속으로 생각한 말. '우리는 ○○○○가 아니에요.'
⑩ 어떤 주제에 대한 실제 조사나 학술 연구를 뜻하는 영어 단어 'research'의 한글식 표기
⑪ 시야에는 들어오지만 대화하기 어려울 정도로 멀리 떨어져 있는 거리.

해석적 발문 : 다양하게 생각해 보아요

1. M에이전시는 고교생 카피라이터 선발 대회에서 세 명의 고교생을 선발했습니다. 우수한 카피를 제출한 히나코 외에도 다양한 작품을 응모했던 마코와 한 작품도 응모하지 않은 데다 엉뚱한 면이 있는 미사오까지 선발했습니다. M에이전시는 왜 수상자가 아닌 아이들까지도 함께 일하자고 했을까요? (16쪽)

2. 그림자 무사 역할을 할 SAMURAI 그룹을 만났을 때 미하라 씨는 고교생 브레인들에게 명함을 건네주라고 합니다. 아이들이 당황해하자 자기 명함은 한 손으로 건네는 것이라고 귀띔합니다. 미하라 씨가 알려준 명함을 건네는 방식에는 어떤 의미가 있을까요? (124쪽)

3. 줄리어스 캔디 프레젠테이션을 앞두고, 미쿠니 씨는 승산 없는 곳에 참가하는 것은 시간 낭비이며 창피만 당할 거라고 합니다. 그러나 미하라 씨는 고교생 브레인들에게 프레젠테이션 참가를 맡기겠다고 합니다. 왜 미하라 씨는 중요한 프레젠테이션을 아이들에게 맡기려고 할까요? (200~201쪽)

4. 마케팅에서 니즈(needs)는 소비자가 느끼는 막연한 '욕구'를 말합니다. 마코의 아빠가 광고 회사는 아무것도 만들지 않는다고 하자 마코는 니즈를 만든다고 반론합니다. 마코에게서 이 말을 들었던 엄마는 미하라 씨를 만났을 때 니즈를 '필요'라고 바꾸어 말합니다. 엄마는 왜 니즈를 욕구가 아닌 '필요'라고 이야기했을까요? (216~217쪽)

5. 이마이 마사코 작가가 지은 이 책의 원제목은 『ブレストガ-ル! 女子高生の戰略會議』이며, '브레인스토밍 걸! 여고생의 전략 회의'로 해석됩니다. 우리나라에서는 『우리는 마요네즈가 아니에요』로 바꾸어 출판했습니다. 두 제목 중 어느 것이 더 마음에 드는지 고르고, 그 이유를 이야기해 보세요.

☐ 브레인스토밍 걸! 여고생의 전략 회의 ☐ 우리는 마요네즈가 아니에요
이유 :

 **선택적 발문** : 입장을 정해 보아요

1. 첫 브레인스토밍을 끝낸 고교생 브레인들은 M에이전시가 지급하는 사례금을 받았습니다. 시급 5000엔 꼴로 받은 1만 엔의 사례금이 고등학생에게는 많은 편이지만 전체 사업 규모에 비하면 약소한 편입니다. 여러분은 고교생 브레인들이 받은 사례금에 대해 어떻게 생각하나요? (30쪽)

☐ 많은 편이다   ☐ 적당하다   ☐ 적은 편이다

이유 :

2. 고교생 브레인 덕분에 매출 목표를 달성할 수 있게 되자 M에이전시는 인센티브를 지급합니다. 인센티브가 적다고 말하는 미사오에게 겐 씨는 형태를 만드는 사람이 있어야 아이디어도 가치가 있는 거라고 말합니다. 여러분은 아이디어가 중요하다는 미사오와 형태가 완성되었을 때 가치를 발한다는 겐 씨 중 누구의 말에 더 공감이 가나요? (112~113쪽)

☐ 아이디어가 중요하다는 미사오   ☐ 형태가 중요하다는 겐 씨

이유 :

3. '테이크 어 초코'는 인기 연예인 TAKE와 함께 초콜릿 공장 견학을 이벤트 상품으로 내 건 광고 덕분에 판매량이 급증했습니다. 상품의 이벤트가 소녀들의 구매욕을 자극했기 때문입니다. 여러분은 상품을 구입할 때 어떤 부분을 중요하게 생각하나요? (116쪽)

☐ 좋아하는 연예인의 광고　☐ 가격　☐ 품질　☐ 포장　☐ 그 외

이유 :

4. 미래에 대한 기대는 등장인물들이 모두 다릅니다. 미사오는 20대가 되는 게 싫다고 하고, 히나코는 아줌마가 되는 게 기대된다고 합니다. 마코는 빨리 어른이 돼서 혼자 살고 싶지만, 20대에서 시간이 멈췄으면 좋겠다고 합니다. 아이들의 이야기를 들은 미하라 씨는 시간을 보내는 방법에 따라 썩은 포도가 될지, 와인이 될지 결정된다고 말합니다. 여러분은 어느 나이대가 가장 기대되고 기다려지나요? (195쪽)

☐ 현재　☐ 20대　☐ 30대　☐ 40대　☐ 50대　☐ 그외

이유 :

사색적 발문 : 생각을 넓혀 보아요

1. '치킨 더 치킨'의 매출을 상승시킨 고교생 브레인들의 아이디어는 호평을 받았습니다. 에이전시에서도 클라이언트가 자신들보다 아이들의 얘기를 더 잘 알아듣는다며 만족해합니다. 만약 여러분이 고교생 브레인 멤버가 된다면 어떤 상품의 광고 회의에 참여하고 싶은가요? (39쪽)

2. 오피니언 리더들을 대상으로 한 그룹 인터뷰에서 바코드 게임에 대한 좋은 아이디어가 많이 나왔습니다. '바코드를 언어로 써 외국인과도 놀 수 있겠다', '바코드만 인쇄한 카드를 만들면 재미있겠다', '바코드를 읽을 때까지 뭐가 나올지 몰라 긴장감이 있다' 등 아이디어가 다양했습니다. 만약 여러분 주위에 있는 것 중에서 바코드 기계로 찍었을 때 가치가 가장 높게 나오리라 생각하는 것은 무엇인가요? (86~87쪽)

3. 『우리는 마요네즈가 아니에요』에는 광고가 만들어지기까지의 과정이 잘 드러납니다. 성공적인 광고를 제작하기 위해서 적합한 이미지의 연예인을 섭외하기도 합니다. 그리고 상품에 어느 정도 가격이 붙을지는 매니저를 필두로 한 스태프의 실력과 마케팅 전략이 중요합니다. 최근에 여러분이 보았던 연예인이 등장하는 광고 중 마케팅 발상과 전략이 뛰어나다고 생각하는 것에 대해 이야기해 보세요. (121쪽)

4. J프로덕션에서 그룹 SAMURAI를 담당하고 있는 사카이 씨는 프로모션용 그림자 무사 역을 맡게 된 일을 계기로 M에이전시와 일할 때는 특별가격으로 해 주겠다고 합니다. 그것은 소속 연예인의 출연료를 할인해 주겠다는 뜻으로 M에이전시를 신뢰한다는 뜻입니다. 광고계에서 신뢰 외에 중요한 것은 또 어떤 것이 있을까요? (133쪽)

책 속 진로 찾기 : 꿈을 키워 보아요

1. 『우리는 마요네즈가 아니에요』에 나오는 광고 용어를 연결해 보세요.

① 네이밍 • • ⓐ 상품이 주는 혜택이나 기업 철학 등을 짧고 기억하기 쉬운 소비자 언어로 표현한 문구

② 슬로건 • • ⓑ 마케팅의 기본이라고 할 수 있는 소비자의 본심을 잡는 것

③ 인사이트 • • ⓒ 새로운 상품의 브랜드명이나 새로운 회사의 명칭을 결정하는 일

④ 오리엔테이션 • • ⓓ 아이디어를 내기 전에 문제점을 찾아내기 위해 정보 수집을 하는 것

⑤ 리서치 • • ⓔ 클라이언트가 광고할 제품의 특성과 대상, 예산, 매체 등을 광고 대행사를 초대해 설명하는 자리

⑥ 프레젠테이션 • • ⓕ 각 대행사가 준비한 신제품 마케팅 전략이나 캠페인 기획안을 클라이언트에게 발표하는 것.

정답 | ①-ⓒ, ②-ⓐ, ③-ⓑ, ④-ⓔ, ⑤-ⓓ, ⑥-ⓕ

정답

2. 고교생 브레인 세 사람의 일상을 보면 광고가 만들어지는 과정을 알 수 있습니다. 광고를 만들기 위한 다음의 과정 중 마코, 미사오, 히나코에게 어떤 일을 맡기면 좋을지 적고, 그 이유를 말해 보세요.

과정	광고주 미팅	기획, 제작 회의	제작	매체 협의	광고주 합의	광고 진행
담당자						
이유						

3. 영화 〈7인의 그림자 무사〉 홍보 방법으로 고교생 브레인이 내놓은 '그림자 무사 버거' 한정 판매는 성공적이었습니다. 영화도 홍보하고, 햄버거 판매량도 늘어 양쪽 다 이익을 얻었습니다. 여러분도 『우리는 마요네즈가 아니에요』 책의 판매량을 늘리기 위한 결합 상품을 기획해 보세요.

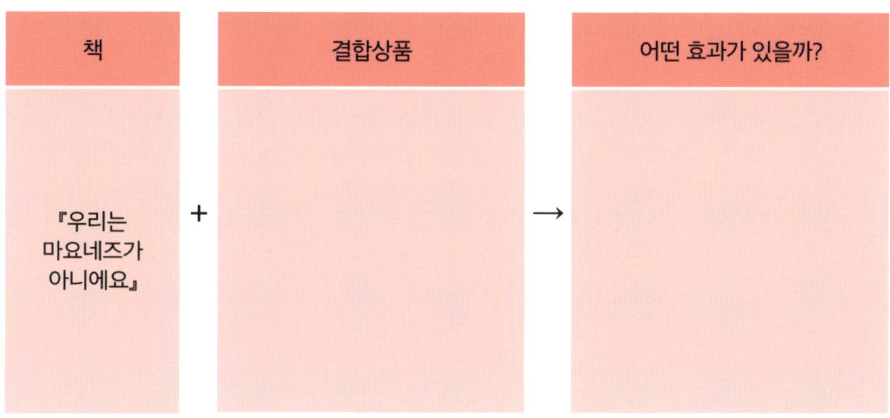

4. 로스앤젤레스에 사는 고등학생 줄리아는 자신이 갖고 싶은 색으로 화장품을 직접 만들었습니다. 색깔마다 가진 콘셉트와 독창적인 표현으로 소비자들의 공감을 불러일으켜 판매에 성공했습니다. 여러분도 한 가지 색깔을 골라 줄리아처럼 특별한 이름을 붙이고, 그 콘셉트를 독창적으로 표현해 봅시다.

	줄리아	나
색깔 이름	허니스키	
콘셉트	'꽃에서 막 꿀을 빨아들인 벌이 떨어뜨린' 색	

4장 직업 이해

진로 탐색 : 꿈을 응원합니다

※ 광고기획자에 대해 조사해 보고 빈칸은 여러분이 채워 보세요.

1. 광고기획자란?

> 상품이나 이미지에 대한 다양한 정보를 여러 가지 매체를 이용하여 소비자들에게 알리는 일을 광고라고 합니다. 판매를 목적으로 하는 상업적인 광고와 공공의 이익을 위한 공익 광고, 선거에서 정치적인 방향을 알리기 위한 정치 광고와 같은 비상업적인 광고 등이 있습니다. 광고 기획자는 이러한 광고를 만들기 위해 계약 체결에서부터 제작 완성까지의 모든 과정을 이끄는 사람입니다.

2. 광고 관련 종사자들은 어떤 일을 할까요?

> - 카피라이터 : 광고주가 원하는 제품 콘셉트를 잘 드러내는 멋진 문장을 만듭니다.
> - 광고 기획 : 광고를 의뢰한 기업과 광고 제작사를 연결하고 조정하는 일을 합니다.
> - 광고 마케팅 : 광고할 제품에 관한 시장 조사와 소비자의 선호도 등에 대해 조사합니다.
> - 광고 매체 : 광고의 메시지를 가장 효과적으로 전달할 매체를 분석하고 확정합니다.
>
> 그 외에 또 어떤 일을 할까요?

3. 광고와 관련한 일을 잘하려면 어떤 점이 필요할까요?

성격	공부	능력
- 꼼꼼하고 섬세한 성격 -	- 광고 문구를 잘 쓰기 위한 글쓰기 -	- 제품이나 광고주의 뜻을 잘 파악하는 이해력 -

4. 광고와 관련된 일을 하면서 좋은 점과 힘든 점은 무엇일까요?

좋은 점	힘든 점

5. 광고와 관련된 직업에는 무엇이 있을까요?

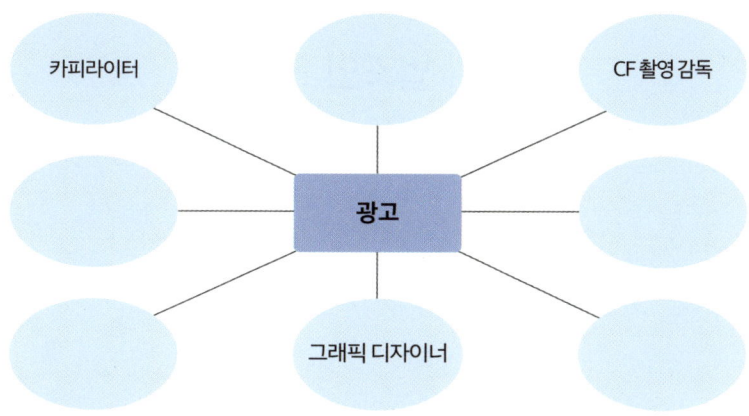

6. 광고와 다른 직업을 융합하여 새로운 직업을 만들어 봅시다.

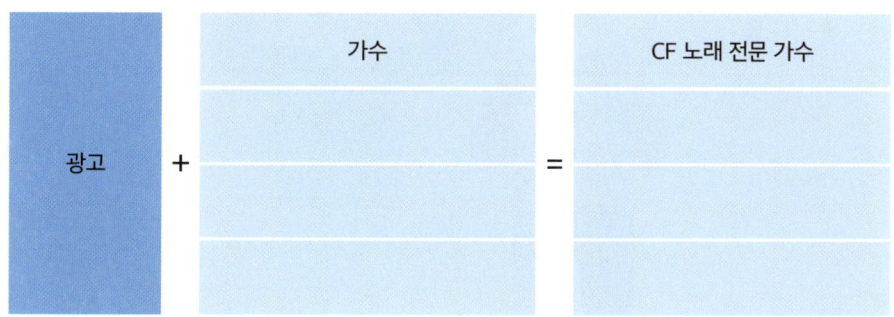

#16

스릴 넘치는 법의 세계를 누비는 소년 변호사

| 법조인 |

About the Book

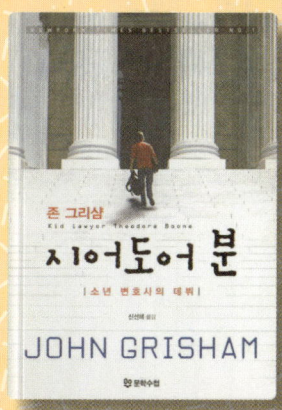

시어도어 분

존 그리샴 지음, 신선해 옮김, 문학수첩, 2011

변호사인 부모님의 영향으로 법원을 놀이터 삼아 성장한 시어는 자연스럽게 법조인을 꿈꾸게 되었습니다. 해박한 법률 지식으로 주변 사람들에게 법률 상담을 해 주고, 구체적인 해결책까지 제시하며 이미 예비 법조인으로서의 능력을 인정받고 있습니다. 그런데 평온했던 마을에 살인사건이 일어나고 사건의 유일한 목격자가 시어에게 상담해 옵니다. 목격자가 나타났으니 사건이 간단하게 해결될 것 같았지만, 불법체류자 신분인 목격자는 자신의 존재를 드러낼 수 없는 상황입니다. 살인사건의 열쇠를 쥐고 사건의 해결책을 찾아나서는 시어를 통해 우리의 일상생활에서 어떻게 법이 적용되고 판결되는지 짐작해 볼 수 있습니다.

함께 보면 좋아요

『지금부터 재판을 시작하겠습니다』 정재민 지음, 창비, 2018
『조선변호사 왕실소송사건』 정명섭 지음, 은행나무, 2016
『노빈손과 천하무적 변호사 사무소』 김민철 지음, 이우일 그림, 뜨인돌, 2016
『아저씨, 진짜 변호사 맞아요?』 천효정 지음, 신지수 그림, 문학동네어린이, 2015

낱말 퍼즐 : 내용을 떠올려 보아요

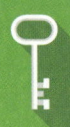

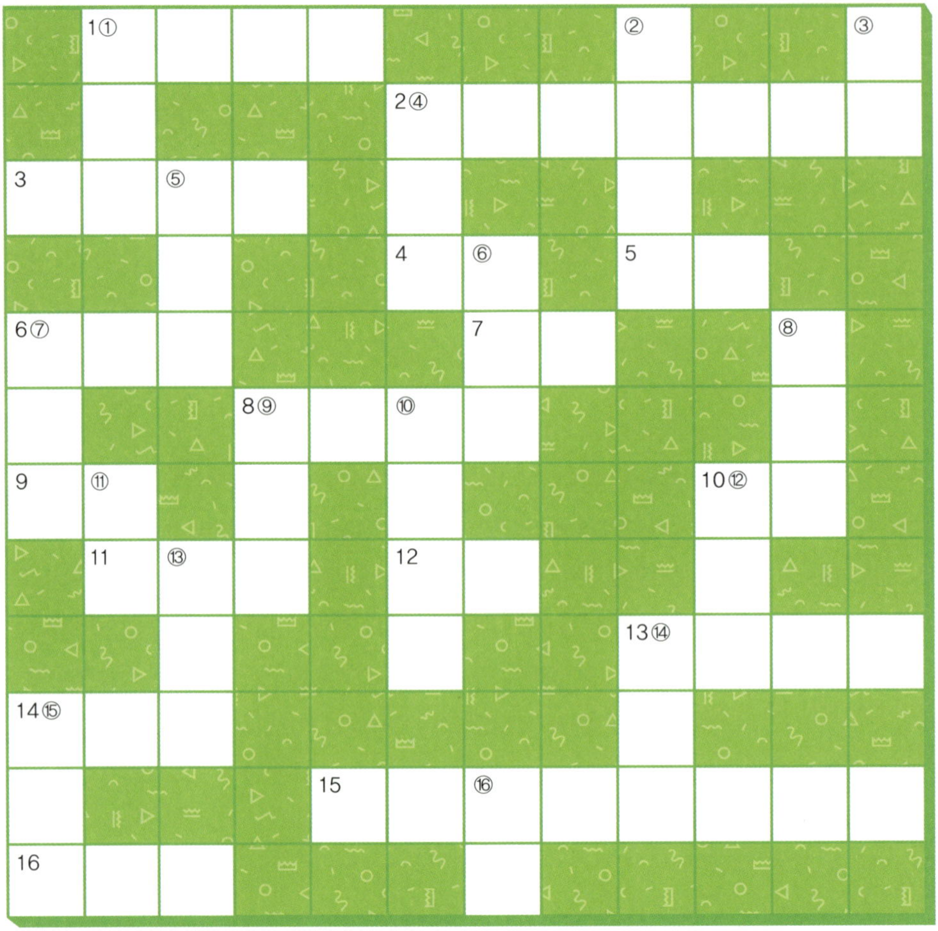

정답

가로 | 1.모두진술 2.과학수사연구소 3.무죄추정 4.수배 5.판례 6.자술서 7.심증 8.가정법원 9.심신 10.도피 11.용의자 12.주범 13.안성맞춤 14.법조인 15.소년 변호사의 데뷔 16.부동산

세로 | ①모독죄 ②형사재판 ③미소 ④과반수 ⑤추천서 ⑥배심원 ⑦자부심 ⑧철면피 ⑨가해자 ⑩법치주의 ⑪신용 ⑫도덕성 ⑬의뢰인 ⑭안락사 ⑮법무부 ⑯변론

가로

1. 재판의 시작 단계에서 검사 측과 변호사 측에서 바라본 사건의 개요를 설명하는 것. 혐의를 입증할 의무를 지닌 검사가 먼저 시작함.
2. 훌리오가 시어에게 주고 간 더피 사건의 증거물품을 분석하기 위해서 보낸 곳.
3. 인권 보장을 위해 피트 더피가 최종적으로 유죄판결을 받기 전까지는 범인으로 단정할 수 없다는 ○○○○의 원칙.
4. 범인을 잡기 위해 수사망을 펴는 것.
5. 법원에서 동일하거나 유사한 소송 사건을 판결한 전례.
6. 사건의 피해자나 참고인이 자기가 한 일이나 겪은 일에 대하여 진술한 글.
7. 재판에서 사실 관계를 따질 때 법관의 주관적인 인식이나 확신(↔물증).
8. 이혼 담당 전문 변호사인 시어의 엄마가 자주 가는 법원. 가정이나 소년에 관한 사건 등을 관장함.
9. 마음과 몸을 아울러 이르는 한자.
10. 더피 사건을 목격했던 훌리오의 사촌형 바비처럼 도망하여 몸을 피하는 것.
11. 피트 더피는 아내의 죽음과 관련해 ○○○로 지목되어 재판을 받고 있음. 범죄의 혐의가 뚜렷하지 않아 정식으로 입건되지는 않으나 내부적으로 조사 대상이 된 사람.
12. 범행을 실질적으로 주도하여 실행한 사람.
13. 어떤 사물이 맞춘 것처럼 딱 들어맞는 것을 뜻하는 사자성어.
14. 시어의 가족처럼 법률과 관련 있는 일에 종사하는 사람.
15. 존 그리샴 작가가 쓴 청소년 소설 『시어도어 분』의 부제목.
16. 시어의 아빠가 전문적으로 변호하는 분야.

세로

① 시어가 더피 사건의 목격자에 대해 알고 있으면서도 판사 앞에서 그것을 밝히지 않을 때 성립할 수 있다고 한 죄명.
② 피트 더피의 사건처럼 도둑이나 살인, 강도 등으로 사회질서를 어지럽히는 범죄자에게 벌을 주는 재판.
③ 치아 교정기를 하고 있음에도 세상을 행복하게 해 준다며 시어의 엄마가 시어에게 늘 요구하는 웃음.
④ 전체에서 절반이 넘는 수.
⑤ 어떤 조건에 적당한 대상을 소개하는 내용의 서류.
⑥ 법률전문가가 아닌 일반 국민 가운데 선출되어 심리나 재판에 참여하고, 사실 인정에 대하여 판단을 내리는 사람.
⑦ 법률적 지식을 많이 알고 있는 시어가 자신의 가치와 능력을 믿고 당당히 여기는 마음.
⑧ 더피는 아내를 살해하고도 피해자인 것처럼 뻔뻔스럽고 염치없게 행동함. '철로 만든 것처럼 두꺼운 낯가죽'이라는 뜻.
⑨ 다른 사람의 생명이나 신체, 재산, 명예 등에 해를 가한 사람(↔피해자).
⑩ 국가 권력의 행사는 국회에서 만든 법률에 근거해야 한다는 정치 원리.
⑪ 어떤 말이나 행동을 믿을 만한 것으로 받아들임.
⑫ 도덕적인 품성.
⑬ 남에게 어떠한 일을 맡기는 사람.
⑭ 동물 보호소에 들어간 유기견을 일정 기간 동안 주인이 찾아가지 않으면 시행하는 조치.
⑮ 법에 관한 행정을 총괄하는 중앙행정기관.
⑯ 소송 당사자나 변호인이 법정에서 주장하거나 진술함.

해석적 발문 : 다양하게 생각해 보아요

1. 시어의 엄마는 치아 교정기를 착용한 시어에게 끊임없이 미소를 요구합니다. 그리고 월요일마다 아이크 삼촌과 정해진 식당에서 식사하도록 일러줍니다. 시어의 엄마는 왜 시어에게 할 일을 정해놓고 지키도록 계속 요구할까요? (8쪽)

2. 과거에 세법 전문 변호사였던 아이크 삼촌은 조카 시어가 변호사가 아닌 예술가나 건축가 같은 창조적인 직업을 가지길 바랍니다. 삼촌은 왜 시어가 집안 식구들과 달리 법조인이 아닌 다른 직업을 갖기를 바랄까요? (62쪽)

3. 더피 사건의 진실을 알게 된 시어는 고민 끝에 아이크 삼촌에게 도움을 요청합니다. 아이크 삼촌은 과거에 세법 전문 변호사였지만 현재는 세금 관련 일을 하고 있습니다. 시어는 왜 현직 변호사인 부모님을 두고, 아이크 삼촌에게 도움을 요청했을까요? (147쪽)

4. 스트라텐버그에서는 모든 반려견을 동물 통제소에 등록해 관리하고 있습니다. 그리고 동물 법원에서 동물과 주인에 대한 판결을 내려 다양한 동물 문제를 해결합니다. 여러분은 주인에게 모든 책임을 묻는 판결의 이유가 무엇이라고 생각하나요? (159~160쪽)

5. 더피 사건의 재판정에 드나들던 시어는 누군가 자신의 뒤를 밟고 지켜보는 것 같은 느낌을 받습니다. 그런 느낌을 받을 때면 늘 오마르 치프가 눈에 띄었습니다. 그가 시어의 주변에 자주 등장하는 이유는 무엇이라고 생각하나요? (217~218쪽)

6. 변호사였던 아이크 삼촌은 시어가 태어난 후부터 한 번도 시어의 집에 온 적이 없을 뿐 아니라 어떤 큰 잘못을 하고 변호사 일을 못하게 되었다고 합니다. 여러분은 아이크 삼촌이 변호사를 그만둔 이유가 무엇이라고 생각하나요? (244쪽)

선택적 발문 : 입장을 정해 보아요

1. 마운트 선생님과 시어네 반 아이들은 사회 시간에 잭 호건 검사와 클리퍼드 낸스 변호사가 벌이는 법정 공방을 지켜봤습니다. 양측 진술이 끝나고 판사가 휴정을 선언한 동안 선생님은 아이들에게 누구의 진술이 더 나은지 물어봅니다. 여러분은 어느 쪽이 더 설득력 있다고 생각하나요? (75쪽, 79쪽)

> 피트 더피는 왜 아내를 죽였을까? 호건 검사는 그 답을 확실히 안다는 투로 배심원단에게 이 질문을 던졌다.
> "돈입니다, 여러분."
> 그는 단언하면서, 검사석 테이블에 놓여 있던 서류를 휙 낚아채어 흔들었다.
> "이것은 피트 더피가 2년 전에 가입한 100만 달러짜리 생명보험 증서입니다. 최근까지 아내였던 마이라 더피의 목숨을 담보로 한 것이지요."
> 무거운 정적, 유죄의 무게가 더해지는 순간이었다. (75쪽)
>
> "아무것도 없습니다! 목격자도, 범죄 현장의 증거물도 없어요. 호건 검사가 방금 전 여러분에게 들려준, 깔끔하게 정리된 짧은 이야기뿐입니다. 단 한마디도 증거물이 될 순 없지요. 검사의 진술은 '어쩌면' 일어났을지도 모를 일을 멋들어지게 각색한 단편소설에 불과합니다. 어쩌면 피트 더피가 아내를 죽였을지도 모릅니다. 어쩌면 면밀하게 계획된 범죄일 수도 있습니다. 어쩌면 피고는 텅 빈 골프 코스를 돌았을지도 모릅니다. 어쩌면 시기적절하게 집에 딱 도착하여 역사상 가장 깔끔한 살인을 저질렀는지도 모르지요. 그런 다음, 어쩌면 집 안의 물건을 훔쳐서 현관문을 살짝 열어 둔 채 재빨리 골프 코스로 돌아와 게임을 재개했는지도 모릅니다. 어쩌면 그런 일이 있었을지도 모릅니다." (79쪽)

☐ 검사 측   ☐ 변호사 측

이유 :

2. 시어의 가족은 드라마 '페리 메리슨'을 함께 보며 드라마 속 깜짝 증인에 대해 이야기를 나눕니다. 엄마는 예정되어 있지 않은 깜짝 증언은 금기 사항이라고 합니다. 반면에 아빠는 재판에서 목격자에게 증언의 기회를 주지 않는 것은 진실을 숨기는 것과 같다고 합니다. 여러분은 두 의견 중 어느 쪽에 더 공감하나요? (143쪽)

☐ 엄마　　☐ 아빠

이유 :

3. 시어는 학교 친구들의 고민에 대해 자신이 알고 있는 법률 지식을 동원하여 적절한 해결책을 제시합니다. 그런데 그 과정에서 정확한 사건의 개요를 알기 위해 부모님 회사의 정보로 법원 웹페이지에 접속하기도 합니다. 여러분은 시어가 친구를 도와주기 위해 법원의 기록을 살피는 행동에 대해 어떻게 생각하나요?

☐ 선의의 행동이니 가능하다　　☐ 불법적인 행동이기 때문에 옳지 않다

이유 :

사색적 발문 : 생각을 넓혀 보아요

1. 아이크 삼촌은 더피의 재판에서 클리퍼드 낸스 변호사가 승소할 거라고 확신합니다. 아직 확실한 증거가 없어 검사에게 불리한 재판이기 때문입니다. 만약 더피가 살인자임에도 무죄 추정 원칙과 증거 불충분으로 무죄가 된다면 어떠한 일이 벌어질까요? (62~63쪽)

2. 마운트 선생님은 사회 수업과 관련된 많은 일을 시어에게 맡깁니다. 이에 시어는 법원에 재판 참관을 예약하고, 참관 방법에 대해 설명하고, 재판 진행 상황을 발표합니다. 여러분도 시어처럼 처음부터 끝까지 맡아서 진행할 수 있는 수업 주제가 있다면 소개해 주세요. (195쪽)

3. 시어의 부모님은 더피 살인사건의 유일한 목격자인 홀리오 사촌을 법정 증인으로 내세워 진실을 밝히려고 합니다. 그리고 홀리오 사촌의 법적 후원자가 되어 직업도 구해주고, 합법적인 신분을 얻을 수 있도록 돕겠다고 합니다. 이 과정을 통해 본 시어의 부모님은 어떤 사람이라고 생각하나요? (282쪽)

4. 시어의 친구들은 법률적으로 해결해야 할 문제에 대해 시어에게 도움을 요청합니다. 다음은 시어에게 도움을 요청한 아이들의 고민을 정리한 것입니다. 책 속에 드러난 시어의 법률적 해결 방안을 정리해 보고, 여러분이라면 어떻게 조언해 줄 것인지 생각해 보세요.

인물	고민	시어의 법률적 해결 방안	나의 조언
에이프릴	지금 부모님이 이혼 소송 중이야. 나를 함부로 대하는 부모와는 살기 싫어. 그래서 판사님이 물으면 이모와 살고 싶다고 말할 거야. (11쪽)	너의 희망사항은 그저 고려 대상일 뿐이래. 판사님은 법적 보호자로 주로 엄마를 선언하시니까 너도 안전하게 엄마와 살겠다고 하는 게 좋아.	
샌디	부모님이 주택담보대출금을 갚지 못하게 되어서 은행으로 집이 넘어가는 유질 처분 상태가 되었어. (46쪽)		
훌리오	나의 사촌 형이 웨이벌리 클리크 저택 살인사건의 범인을 목격한 것 같아. 그런데 불법체류자 처지라서 나설 수가 없어. (125쪽)		
할리	집에서 키우는 개가 자꾸만 집을 탈출해서 임시보호소에 잡혀 있어. 안락사에 처해질까 봐 걱정이야. (158쪽)		
우디	형이 마리화나 소지나 유통을 했다고 유치장에 갇혀 있어. 변호사를 섭외할 돈이 없어서 형이 너무 걱정돼. (197쪽)		

책 속 진로 찾기 : 꿈을 키워 보아요

1. 『시어도어 분: 소년 변호사의 데뷔』에는 아내를 살해한 용의자로 기소된 더피의 재판 과정에서 법정 용어가 많이 등장합니다. 법정 용어와 본문에서 보여준 의미를 서로 연결 지어 봅시다.

① 모두진술

② 무죄 추정의 법칙

③ 이중처벌 금지의 원칙

④ 불일치 배심

⑤ 정황 증거

⑥ 재판 무효

⑦ 면책 특권

ⓐ "난 공명정대한 심판이다, 시어. 유죄, 무죄를 미리 판단하지 않아." "그렇게 말씀하실 줄 알았어요." (18쪽)

ⓑ "혐의를 입증할 의무를 지닌 검사가 우선 사건을 설명해야 합니다. 내일 아침 재판이 시작되면 먼저 검사가 배심원석 쪽으로 다가가 배심원들에게 첫 진술을 할 겁니다." (29쪽)

ⓒ "게다가 이 재판의 경우, 살인의 목격자가 없습니다. (중략) 검사 측에게 직접 증거가 없으므로 모든 혐의가 정황에 의한 것뿐이라는 식으로 변호를 진행할 것입니다." (30쪽)

ⓓ "네가 아무것도 안 하면, 배심원단은 협의실로 들어가서 열심히 머리를 맞대고 고민하겠지. 유죄든 무죄든 판결을 내릴 거다. 혹은 의견이 갈려서 평결을 내리지 못할 수도 있고." (175쪽)

ⓔ "배심원단이 피트 더피에게 무죄를 선언한다면, 그 사람은 말 그대로 살인 혐의를 깨끗이 벗어 던지게 되는 것이다. 일단 배심원이 무죄로 판단한 용의자를 같은 혐의로 다시 기소할 수 없다는 원칙이다." (189쪽)

ⓕ "그 형이 나서서 증언해 주는 대신 경찰은 그 형을 괴롭히지 않는다는 거지. 어쩌면 여기서 합법적으로 살 수 있게 비자를 받을 수도 있을 거야." (262쪽)

ⓖ "피트 더피 씨에 대한 기소를 기각한다는 얘기지만, 한시적일 뿐입니다. 곧 검찰이 다시 기소장을 접수하여 새로운 재판이 열릴 것입니다. 그때는 배심원단도 달라집니다." (288쪽)

정답 | 1-ⓑ, 2-ⓐ, 3-ⓔ, 4-ⓓ, 5-ⓒ, 6-ⓖ, 7-ⓕ

정답

2. 부모님이 변호사인 시어는 수시로 법원을 오가면서 자연스럽게 법조인이 되는 것을 꿈꾸게 되었습니다. 그러나 아직 변호사를 해야 할지, 판사를 해야 할지 결정하지 못했습니다. 판사와 검사, 변호사에 대해 알아보고, 시어가 어떤 직업에 더 어울릴지 추천해 주세요. (10쪽)

판사
· 담당 역할 :
· 필요 덕목 :
· 필요 능력 :

검사
· 담당 역할 :
· 필요 덕목 :
· 필요 능력 :

변호사
· 담당 역할 :
· 필요 덕목 :
· 필요 능력 :

그래서 나는 시어에게 _____을(를) 추천합니다.

왜냐하면, _____ 때문입니다.

3. 『시어도어 분: 소년 변호사의 데뷔』에서 살펴볼 수 있는 미국의 법원은 여러 가지가 있습니다. 우리나라에도 특허법원, 가정법원, 행정법원 등 다양한 법원들이 있고 그 역할을 달리하고 있습니다. 우리나라 법원의 종류를 알아보고, 새롭게 도입되었으면 하는 법원의 유형을 생각해 봅시다.

> 가정법원은 3층에 있었다. 형사법원이 있는 복도 끝, 유언검인법원 바로 옆이었다. 이 건물에는 여러 갈래의 법원이 있었다. 교통 법원, 재산 법원, 소액청구 법원, 마약 법원, 동물 법원, 시민 법원, 파산 법원 그리고 시어가 모르는 종류의 법원이 한두 개쯤 더 있었다. (53쪽)

우리나라 법원의 종류	역할
대법원	
지방 법원	
가정 법원	
특허 법원	
행정 법원	

우리나라에 새로 도입이 되었으면 하는 법원은 _____ 입니다.

왜냐하면 _____

_____ 때문입니다.

 **진로 탐색 : 꿈을 응원합니다**

※ 법조인에 대해 조사해 보고 빈칸은 여러분이 채워 보세요.

1. 법조인이란?

> 법률을 적용하는 법률 업무 종사자입니다. 개인과 기업 등의 의뢰인을 대신하여 소송을 진행하거나 재판에서 의뢰인을 위해 변론 또는 법률적 자문을 해 주는 일을 합니다. 법률로 규정된 자격을 가진 전문가로 어려운 법적인 행정 절차나 서류 등을 의뢰인을 대신해 작성하기도 합니다.

2. 법조인은 어떤 일을 할까요?

> - 판사 : 최종 판결을 내리는 결정적인 위치로 재판에서 가장 중추적인 역할을 합니다.
> - 변호사 : 법정에서 의뢰인을 대리하여 의견의 진술, 공격, 방어 등의 소송 행위를 합니다.
> - 검사 : 범죄 여부를 판단하기 위해 피의자에게 법원의 심판을 구합니다.
>
> 그 외에 또 어떤 일을 할까요?

3. 법조인이 되기 위해서는 어떤 점이 필요할까요?

성격	공부	능력
- 불의를 보고 참지 않는 정의감 -	- 공정하게 판결하는 데 바탕이 되는 해박한 법률 지식 -	- 법조문을 해석하는 독해력 -

4. 법조인이 되면 좋은 점과 힘든 점은 무엇일까요?

좋은 점	힘든 점

5. 법조인과 관련된 직업에는 무엇이 있을까요?

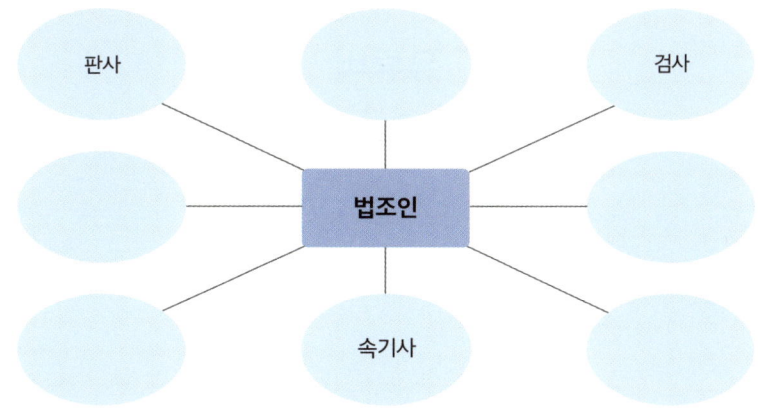

6. 법조인과 다른 직업을 융합하여 새로운 직업을 만들어 봅시다.

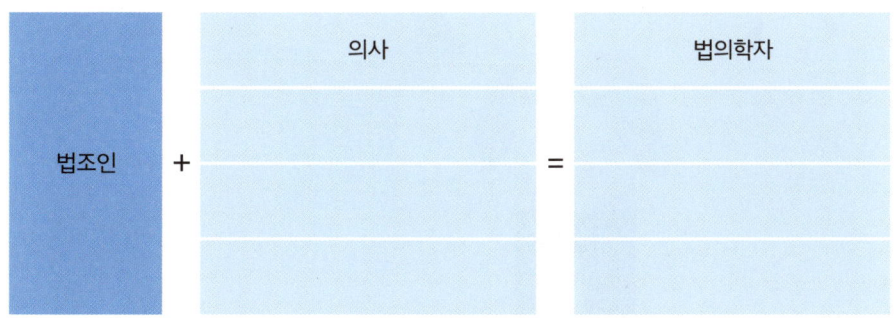

#17

조작된 영상으로
인기를 얻은 BJ 소녀

| 유튜버 |

About the Book

브이로그 조작사건

팀 콜린스 지음, 김영아 옮김, 미래인, 2017

수학여행 경비를 벌기 위해 브이로그를 시작한 올리비아는 예쁜 외모의 엠마에게 자신의 역할을 대신하게 해서 '데스티니'라는 가상의 이름을 붙여줍니다. 브이로그에 데스티니의 일상을 소개하는 비디오를 올리고 실시간으로 조회 수와 댓글을 확인하지만 별 인기를 얻지 못했습니다. 그러다가 '게일'이라는 가상의 남자친구를 만들어 캘럼에게 역할을 제안하고, 이들의 사랑 이야기에 인기를 얻어 유명 브이로거가 됩니다. 그러나 거짓 브이로그인 것이 들통나면서 위기를 맞게 되고 올리비아는 진실을 전하는 것에 대한 소중함을 깨닫게 됩니다. 다시 브이로그를 시작한 올리비아는 꾸미지 않은 자신의 진심을 담기로 합니다.

함께 보면 좋아요

『유튜브의 신』 나동현(대도서관) 지음, 비즈니스북스, 2018
『나는 유튜브 크리에이터를 꿈꾼다』 샌드박스 네트워크 지음, 위즈덤하우스, 2018
『나는 유튜브로 논다』 고퇴경 지음, 넥서스books, 2018
『유튜브로 돈 벌기』 국동원·이혜강 지음, 길벗, 2016

낱말 퍼즐 : 내용을 떠올려 보아요

정답

가로 | 1.브이로그 조작사건 2.스완 3.소득액 4.기계치 5.팀콜린스 6.볼멘소리 7.리액션 비디오 8.감시 9.카운트다운 10.데칼코마니

세로 | ①이모티콘 ②그리스 ③사용후기 ④활력소 ⑤완성 ⑥액세서리 ⑦치즈볼 ⑧팀워크 ⑨스트리밍 ⑩올리비아 ⑪소외감 ⑫시그널 뮤직 ⑬마스카라 ⑭데스티니 ⑮가운데

가로

1. 브이로그를 운영하던 소녀가 진실의 가치에 대해 깨닫게 되는 성장소설.

2. 학교에서 엠마가 속해 있는 패거리들은 스스로를 특별하다고 생각하여 그들만의 방식으로 행동함. '백조'라는 뜻을 가진 그룹 이름.

3. 주인공이 브이로그를 운영하면서 벌어들인 돈. 소득으로 들어온 금액.

4. 주인공의 아버지는 기계나 전산기기를 다루는 것이 서툴러서 늘 딸에게 물어봄. 기계에 익숙하지 않아 제대로 다루지 못하는 사람.

5. 소설가이자 카피라이터로 활약 중인 영국의 청소년 작가 이름. 브이로그를 조작하여 곤경에 빠진 소녀의 성장담을 씀.

6. '볼 안에 무엇인가를 가득 담고 내는 소리'라는 뜻. 불만이나 짜증 때문에 퉁명스럽게 하는 말투.

7. 브이로거 루비는 다른 사람의 영상을 시청하는 자신의 모습을 영상으로 재생함. 다른 사람의 영상을 보는 자신의 모습과 반응을 고스란히 드러나게 만든 영상.

8. 세바스찬은 주인공이 브이로그를 어떻게 운영하는지 지켜봄. 어떤 대상을 통제하기 위해 주의하여 살펴봄.

9. 우주선이나 로켓을 발사할 때 발사 순간을 0으로 하고 거꾸로 세는 일.

10. 초현실주의 회화 기법 중의 하나. 종이 위에 물감을 두껍게 칠하고, 그 위에 종이를 덮거나 반으로 접어 놀렸다가 폈을 때 나타나는 대칭적 회화 기법.

세로

① 주인공의 브이로그에 상품 광고 제안을 한 회사의 귀걸이 디자인. 문자나 간단한 그림으로 만들어낸 기호(=emotion+icon).

② 엠마와 캘럼이 캐스팅된 학교 동아리 뮤지컬 제목.

③ 자신의 브이로그에 상품 광고 제의가 들어오면 주인공이 인터넷에서 먼저 검색해 보는 내용. 상품의 구매자들이 사용한 후에 올리는 소감이나 품평.

④ 주인공은 브이로그 운영을 삶의 힘으로 생각함. 살아 있는 힘의 원천.

⑤ 완전히 이룸.

⑥ 주인공의 브이로그에 처음으로 의뢰가 들어온 상품은 치아에 붙이는 이것. 치장하는 데 쓰이는 여러 가지 물건. 영어로는 accessory.

⑦ 세바스찬이 늘 먹고 있던 과자.

⑧ 주인공은 브이로그 각본을 쓰고 엠마와 캘럼은 가짜 연인을 연기하여 함께 영상을 만듦. 팀이 협동하여 이루는 동작이나 임무.

⑨ 인터넷상에서 음성이나 동영상을 실시간으로 재생하는 기술. 영어로는 streaming.

⑩ 수학여행 경비를 마련하기 위해 브이로그를 운영하게 된 주인공의 이름.

⑪ 주위 사람들로부터 따돌림을 당하는 듯한 느낌.

⑫ 연속적인 방송 프로그램에서 신호의 의미로 방송 앞뒤에 연주하는 음악.

⑬ 엠마가 이별에 대한 슬픔을 연기하자 눈물에도 흘러내리지 않는다는 이 상품의 광고 의뢰가 들어옴. 속눈썹이 진하고 길어 보이도록 칠하는 화장품.

⑭ 주인공이 자기 대신 브이로그에 출연한 엠마에게 지어 준 이름.

⑮ 일정한 공간이나 길이에서 어느 한쪽으로도 치우치지 않는 중앙.

해석적 발문 : 다양하게 생각해 보아요

1. 올리비아는 더 많은 '좋아요'를 받기 위해 게일과 데스티니의 결별 비디오를 업로드 합니다. 댓글을 확인하던 올리비아는 진심으로 흥분한 팬들에게 죄책감이 들기 시작합니다. 하지만 눈물을 쥐어짜는 영화와 자신이 올린 비디오가 다를 바 없다고 생각합니다. 올리비아는 왜 자신의 비디오가 영화와 같다고 생각했을까요? (69쪽)

2. 카렌이 데스티니의 비극을 이용해 돈을 벌려는 것에 올리비아는 화가 납니다. 그러면서 자신은 가상의 인물 데스티니와 게일의 사랑과 비극을 통해 돈을 법니다. 올리비아는 왜 카렌이 데스티니의 비극을 이용하려는 것에는 부정적이면서 자신이 브이로그에서 한 일에 대해서는 관대하게 생각할까요? (74쪽)

3. 루비는 비디오를 직접 제작하는 것이 아니라 인기 있는 브이로거의 비디오를 보는 자신의 모습을 찍어서 올립니다. 그럼에도 루비의 리액션 비디오는 구독자가 50만 명이나 될 정도로 인기가 있습니다. 여러분은 왜 사람들이 루비의 리액션 비디오를 본다고 생각하나요? (101쪽)

4. 세바스찬은 TV 쇼에 등장하여 데스티니의 비밀을 폭로했습니다. 그러면서 데스티니에게 에이전트가 있었다면 이런 일은 일어나지 않았을 거라고 이야기 합니다. 세바스찬이 이 말을 한 의도는 무엇일까요? (150쪽)

5. 데스티니 브이로그에 출연했던 엠마와 캘럼은 뮤지컬 〈그리스〉에서 각각 샌디와 대니 역을 맡게 되었습니다. 감독은 둘의 케미가 환상적이라고 평가했고, 올리비아도 그것을 인정했습니다. 브이로그 출연이 엠마와 캘럼에게 어떤 영향을 미쳤다고 생각하나요? (163쪽)

6. 올리비아의 브이로그가 입소문이 나자 재스민은 스완즈에 들어오라고 제안합니다. 올리비아는 그의 제안을 무시하면서 통쾌해했고, 만약 재스민이 보복한다면 재스민에 대한 비디오를 올릴 거라고 합니다. 여러분은 올리비아가 앞으로 어떤 점을 조심해야 한다고 생각하나요? (198쪽)

선택적 발문 : 입장을 정해 보아요

1. 올리비아는 브이로그 영상에 룸 투어를 계획합니다. 그러나 실제 자신의 방 모습과는 달리 거짓으로 꾸며 근사하게 바꿉니다. 여러분은 일상을 소개하는 브이로그에서 거짓으로 비디오를 올리는 것에 대해 어떻게 생각하나요? (17쪽)

☐ 좋은 영상을 위해 꾸미는 것은 괜찮다 ☐ 거짓으로 촬영하는 것은 안 된다

이유 :

2. 오빠의 협박이 마음에 걸렸던 올리비아는 부모님께 '데스티니'라는 가상의 캐릭터를 만들어 브이로그를 하고 있다고 털어놓습니다. 하지만 온라인에서 실제라고 하는 것들 대부분이 가짜라는 것을 사람들도 알기 때문에 별로 심각한 일이 아니라고 이야기합니다. 만약 올리비아가 부모님에게 털어놓은 내용을 브이로그로 만들어 올렸다면 여러분은 어떤 입장을 선택할 것인가요? (55쪽)

☐ 좋아요 👍 ☐ 싫어요 👎

이유 :

3. 올리비아는 자신의 브이로그에서 다시는 광고를 하지 않겠다고 다짐했지만 상품 후기가 괜찮은 마스카라 홍보 요청에는 마음이 흔들립니다. 좋은 제품을 홍보하고 돈을 받는 것은 누구도 속이는 것이 아니기 때문에 괜찮다고 생각했지만 끝내 거절합니다. 여러분이라면 마스카라 홍보 요청에 대해 어떠한 선택을 할 건가요? (72쪽)

☐ 좋은 제품이라도 홍보하지 않겠다는 자신과의 약속을 지킬 것이다
☐ 좋은 제품을 소개하는 것은 나쁜 일이 아니므로 홍보할 것이다

이유 :

4. 기계치인 아빠의 에피소드를 브이로그에 올리면서 올리비아는 아빠를 비웃은 것 같아 약간 죄책감을 느낍니다. 비디오를 만드는 건 재밌었지만 아빠의 실수를 공개하는 건 나쁜 짓 같습니다. 여러분은 최근 인터넷상에서 가족들의 말실수나 엉뚱한 면을 공개하여 인기를 얻는 것에 대해 어떻게 생각하나요? (181쪽)

☐ 친근감이 있어 좋다   ☐ 우스갯거리로 만들어 싫다

이유 :

사색적 발문 : 생각을 넓혀 보아요

1. 잘나가는 브이로거들은 실제로는 다들 아주 멋지게 생겼으면서도 못생긴 척하는 게 대세라고 합니다. 대놓고 자랑하면 안 되고 겸손한 척하면서 은근히 자랑하는 올리비아식 말하기를 따라해 봅시다. (23쪽)

올리비아식 말하기	올리비아 따라 하기
나 방금 로레알의 새 모델로 결정됐어. ⇒ 와우, 내가 로레알의 새 모델이 되다니 믿기지가 않아. 그 사람들은 내 잔주름이 얼마나 심각한지 못 본 걸까?	

2. 브이로그가 유명해진 덕분에 방송에 출연하게 된 올리비아는 자신의 역할을 대신하고 있는 엠마에게 TV 쇼에 나올 만한 질문을 미리 생각해 보게 합니다. 그리고 예상 질문을 만들어 연습합니다. 여러분이라면 올리비아가 만든 예상 질문 외에 브이로그에 관하여 어떤 질문을 더 하고 싶은가요? (138쪽)

올리비아가 작성한 예상 질문
- 브이로그가 요즘 왜 이렇게 인기가 있는가?
- 어떻게 브이로그를 시작하게 됐는가?
- 자신의 브이로그를 계획하는 사람들에게 어떤 조언을 해주겠는가?
- 어떤 유형의 비디오가 가장 만들기 좋은가?
- 브이로그가 청소년 세대를 오직 이모티콘으로만 자신을 표현하는 좀비로 만들고 있지는 않은가?

나의 추가 질문 :

3. 수학여행 경비를 마련하기 위해 브이로깅을 시작한 올리비아는 많은 시행착오를 겪은 뒤 정직한 브이로그로 성공을 거두게 되었습니다. 올리비아가 성공적으로 브이로그를 운영하기까지의 경험을 통해 얻은 것은 무엇이라고 생각하나요? (203쪽)

4. 온라인 시장이 확대되면서 유튜브를 통해 다양한 영상을 볼 수 있게 되었고, 조회 수에 따라 돈을 벌 수도 있습니다. 그렇다고 해서 누구나 많은 돈을 벌 수 있는 것은 아니며 상위 0.01% 정도만이 상당한 수익을 얻어간다고 합니다. 요즘 여러분이 즐겨 보는 유튜브 영상이 있다면 소개해 주세요.

책 속 진로 찾기 : 꿈을 키워 보아요

1. 올리비아는 데스티니라는 가상의 인물로 직접 연출한 브이로그를 시작했습니다. 루비는 리액션 비디오를 포스팅하는 브이로그를 운영하고, 세바스찬은 1인칭 슈팅 게임에 관한 채널을 운영합니다. 다양한 브이로거들이 브이로그를 운영하는 공통적인 이유는 무엇이라고 생각하나요? (9쪽, 101쪽)

2. 여러 가지 사건을 겪은 후 올리비아는 자신의 진실한 모습만을 브이로그에 담기로 결심합니다. 어질러진 자기 방과 화장하지 않은 얼굴, 학교에서 있었던 인기 팸에 대한 자신의 감정 등을 고스란히 비디오에 담습니다. 여러분이 브이로그를 만든다면 어떤 주제로 하고 싶은가요? (170~171쪽)

3. 브이로그(VLOG)는 '비디오(vedio)'와 '블로그(blog)'의 합성어로, 자신의 일상을 동영상으로 촬영한 영상 콘텐츠를 말합니다. 우리나라에서는 '브이로거'라는 말보다 '유튜버'라는 말을 더 많이 쓰고 있습니다. 누구나 유튜버가 될 수 있지만 아무나 파워 유튜버가 되는 것은 아닙니다. 파워 유튜버가 되기 위해서는 어떤 노력이 필요한지 〈파워 유튜버가 되는 법〉을 작성해 보세요. (202쪽)

파워 유튜버가 되는 법
1.
2.
3.
4.
5.

4. 유튜버는 연예인처럼 화려해 보이지만 혼자 오랜 시간 촬영과 편집을 반복하는 직업이라고 합니다. 또한 아무리 수익이 많은 유튜버라도 공식적으로는 무직으로 인식되어 불이익을 받기도 합니다. 유튜브 채널 운영을 직업으로 하는 창작자들이 정식 직업인으로 인정받기 위해서는 무엇이 필요하다고 생각하나요?

진로 탐색 : 꿈을 응원합니다

※ 유튜버에 대해 조사해 보고 빈칸은 여러분이 채워 보세요.

1. 유튜버란?

> 동영상 플랫폼 유튜브에 직접 제작한 다양한 장르의 영상을 게시하고 공유하는 사람을 말합니다. 인터넷 1인 창작자이자 크리에이터로서 콘텐츠를 제작하고 직접 유통합니다. 누구나 유튜버가 될 수 있고, 광고를 통해 수익을 얻을 수 있습니다.

2. 유튜버는 어떤 일을 할까요?

> - 좋은 영상을 기획하고 촬영하여 편집합니다.
> - 독창적인 콘텐츠를 꾸준히 만듭니다.
> - 방송을 통해 새로운 문화와 경제를 만들어냅니다.
>
> 그 외에 또 어떤 일을 할까요?

3. 유튜버가 되려면 어떤 점이 필요할까요?

성격	공부	능력
- 꾸준히 영상을 올리는 성실함 -	- 창작물에 대한 권리를 보호받을 수 있는 저작권법 -	- 새로운 콘텐츠를 만들어 내는 창의성 -

4. 유튜버가 되면 좋은 점과 힘든 점은 무엇일까요?

좋은 점	힘든 점

5. 유튜버와 관련된 직업에는 무엇이 있을까요?

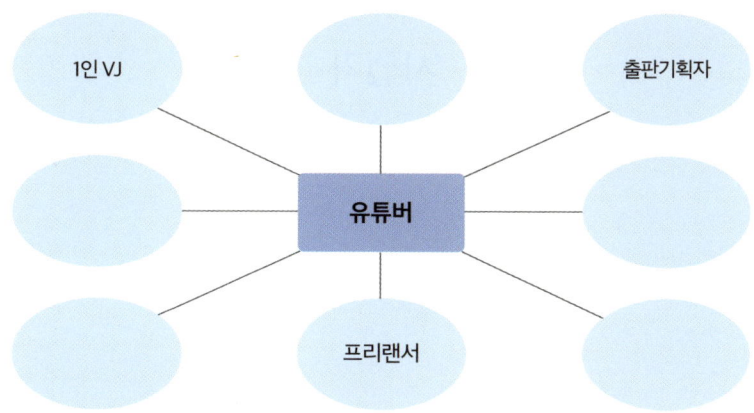

6. 유튜버와 다른 직업을 융합하여 새로운 직업을 만들어 봅시다.

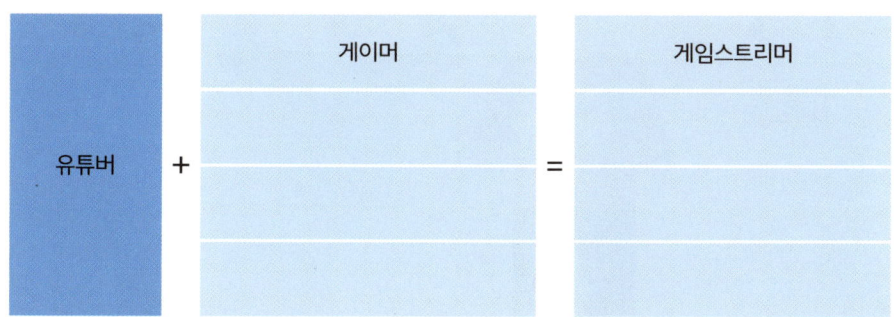

#18

똑똑하고 당찬 아이들의 사업 성공기

| 사업가 |

About the Book

치약으로 백만장자 되기

진 메릴 지음, 노은정 옮김, 시공주니어, 2012

엄마의 심부름으로 치약을 사러 갔던 루퍼스는 터무니없이 비싼 치약 값에 놀라 직접 치약을 만들기로 했습니다. 케이트의 도움과 다른 친구들까지 합세하여 치약을 만들고 판매하던 것이 인기를 얻자 정식 사업으로까지 확장합니다. 평범한 종이상자에 담아 판매했기 때문에 저렴한 값으로 팔 수 있었던 치약은 대량생산을 하게 되면서 비용 인상의 문제를 가져왔습니다. 결국 치약 값을 인상할 수밖에 없게 된 루퍼스는 가격 인상에 대한 미안한 마음으로 치약 제조법을 알려주겠다고 하고, 번창해 가는 사업을 경영 전문가에게 일임하고 은퇴를 선언합니다. 치약 사업을 경영하는 루퍼스를 통해 사업 경영에 대한 상식과 사업가로서 가져야 할 윤리에 대해 생각해 보게 됩니다.

함께 보면 좋아요

『대학 가게? 그냥 사장해!』 안병조·정효평 지음, 티움, 2018
『자연으로 돌아간 노스페이스 창업자 톰킨스』 박선민 지음, 리잼, 2015
『마윈 리더십』 유한준 지음, 북스타, 2015
『시크릿 박스』 김혜정 지음, 자음과모음, 2015

낱말 퍼즐 : 내용을 떠올려 보아요

정답

가로 | | 1.그날이 오면 2.나머지 3.루퍼스 4.식소다 5.대표이사 6.자전거 가방 7.생산지 8.수입산 9.공익성 10.가격 담합 11.사업 12.소득세 13.고진감래 14.실내화

세로 | ①그로스 ②이유식 ③백지수표 ④회계사 ⑤루머 ⑥소비자가 ⑦대량생산 ⑧자수성가 ⑨방수천 ⑩지각동사 ⑪공장장 ⑫격세지감 ⑬업무량 ⑭소자본 ⑮세탁실

가로

1. 심훈이 지은 시의 제목. 3·1운동에 참여했던 시인의 감격을 되살려 그날의 열정을 노래한 대표적인 저항시.

2. 어떤 수량에서 한도를 빼고 남은 부분.

3. 엄마 심부름으로 치약을 사러 갔다가 너무 비싼 가격에 놀란 나머지 저렴한 치약을 직접 만들어 팔아 백만장자가 된 소년.

4. 탄산수소나트륨의 다른 이름. 기름때와 굳은살을 제거하는 효능이 있으며 이 책에서는 치약을 만드는 주재료로 사용됨.

5. 이사회나 주주 총회에서 선임되어 회사를 대표하는 사람.

6. 책 꾸러미 끈이 끊어지는 바람에 자전거에 실어둔 책과 공책을 떨어뜨린 케이트에게 주인공이 만들어 주겠다고 한 것.

7. 어떤 물건을 생산하거나 그 물건이 생산된 지역.

8. 외국에서 사들여 온 물건. (↔ 국내산).

9. 영리를 목적으로 하지 않고 공공의 이익을 추구하는 성질.

10. 케이트의 시나리오에 등장하는 치약 회사들이 치약 가격을 짜고 결정하려다가 FBI의 급습으로 적발됨. 사업자들끼리 남몰래 물건 값을 짜고 결정하는 위법 행위.

11. 생산과 영리를 목적으로 지속하는 계획적인 경제 활동. Business의 우리말.

12. 개인의 소득에 대하여 부과하는 조세.

13. '쓴 것이 다하면 단 것이 온다'라는 뜻으로 고생 끝에 즐거움이 옴을 나타내는 사자성어.

14. 집이나 방 등의 실내에서 신는 신발.

세로

① 케이트가 경매에서 튜브를 살 때 1다즈로 착각한 단위(=12다즈).

② 아이들이 처음 치약을 담아 판매했던 용기에 원래 담겨 있던 음식. 이유기의 유아에게 먹이는 음식.

③ 수표를 넘겨받는 사람이 보충하거나 기입하도록 백지인 채로 발행한 수표.

④ 치약 회사가 번창하자 필요한 서류와 세금 관련 일을 맡아 할 사람이 필요해짐. 이러한 일을 하는 전문가.

⑤ 번창해진 사업에 미처 공적인 대처를 하지 못한 주인공이 일부러 사기친 것으로 소문이 나서 조사를 받게 됨. '뜬소문'을 뜻하는 영어 단어.

⑥ 물건의 생산자 가격에 이윤이나 운임이 더해져서 소비자가 지급하는 가격.

⑦ 치약의 주문이 늘어나자 더 많은 제품을 만들기 위해 기계를 사고 공장을 임대하게 됨. 한 번에 대량의 상품을 생산하는 것.

⑧ 물려받은 재산이 없이 자기 힘으로 벌어 재산을 모음을 뜻하는 사자성어.

⑨ 주인공이 물에 젖지 않는 가방을 만들어주겠다며 케이트에게 구입해 오라고 한 천의 종류.

⑩ 영어에서 see, hear, feel, smell, taste 등과 같이 신체의 오감으로 보고 느끼고 듣는 모든 것에 관련한 동사.

⑪ 공장 임대에 필요한 대출을 맡아주는 조건으로 헥터 아저씨에게 제시한 직책.

⑫ '그리 오래되지 않은 동안에 상당히 달라져서 전혀 다른 세상이 된 것 같은 느낌'을 나타내는 사자성어.

⑬ 직업상 맡아서 하는 업무의 분량.

⑭ 얼마 되지 않는 약간의 자본. 적은 밑천.

⑮ 주인공이 케이트의 도움으로 새로 옮긴 작업장. 집안에서 주로 세탁을 하는 방.

해석적 발문 : 다양하게 생각해 보아요

1. 아이섀도와 같이 생활에 꼭 필요하지도 않은 물건을 사는 사람을 정신 나갔다고 표현한 루퍼스의 말을 듣고 케이트는 아이섀도를 사지 않았습니다. 그리고 루퍼스에게 아이섀도를 진짜 싫어한다고 털어놓았습니다. 케이트는 왜 루퍼스에게 싫다는 말을 강조했을까요? (25쪽)

2. 케이트는 치약을 직접 만들겠다는 생각을 처음 한 것과 누군가 좋은 생각을 떠올리면 칭찬해 주는 것이 루퍼스의 좋은 점이라고 생각합니다. 이 외에도 여러분이 생각하는 루퍼스의 좋은 점에는 어떤 것이 있나요? (35쪽)

3. 콘티 선생님은 루퍼스가 뜻을 꺾지 않고 회사를 이끌어 가기 위해서는 주주들의 주식이 499주가 넘지 않도록 하며, 루퍼스가 최소한 501주의 주식을 가져야 한다고 합니다. 루퍼스도 그것이 사업에 대한 자신의 원칙을 꺾지 않는 방법이라고 생각합니다. 여러분은 루퍼스가 지키려는 원칙이 무엇이라고 생각하나요? (53쪽)

4. 사업 자금 대출을 위해 은행을 방문했던 루퍼스는 돈을 빌려주지 않는다는 답변을 들었습니다. 은행 대출 일이 잘 되지 않자 헥터 아저씨는 욕을 하고 담벼락에 돌을 던지기까지 했습니다. 여러분은 왜 아저씨가 이렇게 화를 냈다고 생각하나요? (100쪽)

5. 치약 공장을 관리하는 책임자로 헥터 아저씨를 고용했다는 점에서 케이트의 아빠는 루퍼스를 크게 칭찬했습니다. 하지만 헥터 아저씨를 처음 발견하고 안내한 사람은 케이트입니다. 여러분은 케이트가 치약 사업에서 어떤 역할을 맡았다고 생각하나요? (105쪽)

6. 루퍼스와 아이들이 만든 치약 광고에는 치약에 들어간 재료와 원가만 알려줍니다. 그런데도 자극적이고 많은 돈을 들인 광고의 제품보다 더 잘 팔립니다. 아이들의 치약이 더 잘 팔리는 이유가 무엇이라고 생각하나요? (118쪽)

선택적 발문 : 입장을 정해 보아요

1. 루퍼스는 아이섀도 같이 생활에 꼭 필요하지 않은 물건에는 신경 쓰고 싶지 않다고 합니다. 대신 이를 닦기 위해 누구나 사용하는 질 좋고 값싼 치약을 만드는 일은 도전해 볼 가치가 있다고 합니다. 여러분이라면 아이섀도와 치약 중 어느 쪽의 사업에 더 흥미가 있나요? (25쪽)

☐ 생활에 꼭 필요하지 않지만 있으면 좋은 아이섀도와 같은 물건
☐ 생활에 꼭 필요한 치약과 같은 물건

이유 :

2. 콘티 선생님은 치약 판매와 관련한 수식을 수학시간에 활용하여 그 수업법을 '치약 수학'이라고 부릅니다. 치약 수학을 하면서 선생님은 루퍼스와 케이트에게 기말고사 문제를 내라고 합니다. 문제를 출제하는 일이 답을 찾는 일보다 어렵기 때문에 시험을 볼 다른 아이들과 비교해도 불공평한 일이 아니라고 합니다. 여러분은 시험에 대한 선생님의 평가 방식에 대해 어떻게 생각하나요? (107쪽)

☐ 공감한다   ☐ 공감하지 않는다

이유 :

3. 대량생산을 하면서 인건비와 부대비용이 늘자 3센트에 팔던 치약 값을 15센트로 올리게 되었습니다. 루퍼스는 가격 인상에 대한 미안한 마음에 집에서도 만들어 쓸 수 있도록 치약 제조법을 광고로 알려주겠다고 합니다. 여러분이 루퍼스와 함께 일하는 직원이라면 그의 결정에 대해 어떤 입장을 취할 건가요? (110~111쪽)

☐ 루퍼스의 결정을 지지한다   ☐ 루퍼스의 결정을 반대한다

이유 :

4. 루퍼스와 아이들이 만든 치약은 평범한 종이 상자에 담아 판매하기 때문에 값이 저렴했습니다. 그러나 자칫하면 울긋불긋하게 포장된 다른 치약에 비해 눈에 덜 띌 수 있습니다. 만약 여러분이라면 어떤 포장의 치약을 선택할 건가요? (114쪽)

☐ 밋밋한 포장의 저렴한 치약   ☐ 울긋불긋한 포장의 비싼 치약

이유 :

4장 직업 이해

사색적 발문 : 생각을 넓혀 보아요

1. 케이트는 아이섀도가 생활에 꼭 필요한 물건이 아니라는 루퍼스의 말을 듣고 사지 않기로 했습니다. 그러면서 사실 아이섀도를 별로 좋아하지 않았지만 주위 친구들을 따라 해 보고 싶었을 뿐이라고 합니다. 여러분도 자신이 좋아하지 않으면서도 친구들을 따라 한 일이 있었다면 이야기해 보세요. (25쪽)

2. 루퍼스는 자신이 만든 치약의 이름을 그냥 '치약'이라고 불렀습니다. 친구들은 좀 더 그럴듯한 이름을 추천했지만 루퍼스는 '치약'이라는 이름을 고집합니다. 만약 여러분이 루퍼스가 만든 치약에 이름을 지어준다면 무엇이라고 하고 싶은가요? (46쪽)

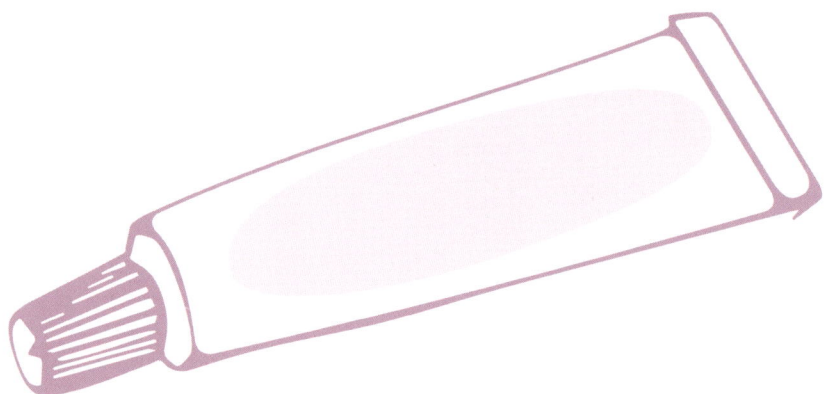

3. 케이트의 아빠는 '일이 또 다른 일을 부른다'라고 자주 말합니다. 루퍼스에게 튜브를 선물하려던 케이트는 튜브를 채울 기계가 필요하고, 그 기계를 다루기 위해서는 기술자가 필요하며, 그 기술자를 고용하려면 자본이 필요하다는 것을 깨닫고는 비로소 아빠의 말을 이해하게 되었습니다. 이처럼 여러분도 일이 또 다른 일을 부르는 상황을 경험한 적이 있다면 이야기해 보세요. (88쪽)

4. 새로운 치약 공장이 거의 완공되었을 무렵 갑자기 루퍼스는 치약 사업에서 은퇴하겠다고 폭탄선언 합니다. 그렇지만 케이트는 루퍼스를 만류할 만한 이유가 생각나지 않았습니다. 만약 여러분이라면 루퍼스를 어떻게 설득했을까요? (146쪽)

루퍼스, 나는 이렇게 생각해.

책 속 진로 찾기 : 꿈을 키워 보아요

1. 루퍼스는 터무니없이 비싼 치약 값 때문에 치약을 직접 만들고 판매했습니다. 여러 차례 시련을 겪기도 했지만 치약 사업은 날로 번창했습니다. 여러분은 루퍼스가 치약 사업에서 성공하여 백만장자가 될 수 있었던 이유가 무엇이라고 생각하나요?

루퍼스가 만든 치약회사가 성공할 수 있었던 비결
1.
2.
3.
4.
5.

2. 회사에는 직책이 나누어져 있고, 직책마다 맡은 역할이 있습니다. 루퍼스가 만든 치약회사에도 루퍼스와 함께 회사를 꾸려가는 사람들이 있습니다. 등장인물들에게 어울리는 직책과 역할을 적어보세요.

등장인물	직책	역할
루퍼스		
케이트		
헥터 아저씨		
수학 선생님 (콘티)		

3. '행복한 입술크림 사'에서 기술자로 일하던 헥터 아저씨는 회사가 망하는 바람에 일자리를 잃었습니다. 그렇지만 공장을 빌리러 오는 사람이 있다면 기술자도 필요할 것이라는 생각에 공장 주위를 맴돌다 케이트를 만나게 되었습니다. 헥터 아저씨의 행동을 나타내는 문장을 읽고, 기술자로서의 가치관을 생각해 봅시다.

책 속 문장	기술자로서의 가치관
아저씨가 그 기계를 보는 마음은 지난번에 내가 클리블랜드 미술관에 갔을 때 입구에 있는 아름다운 조각 작품을 보고 느낀 것과 같지 않을까? (85쪽)	
튜브 채우는 기계가 그렇게 훌륭하고 말끔한 상태로 있을 수 있었던 것은 아저씨가 일주일에 두어 번씩 기름칠도 하고 손질도 하러 들렀기 때문이더라고. (85쪽)	
저 기계에 관해서는 내가 그 누구보다 잘 알거든. 사실 내가 저 기계를 거의 만들다시피 했고, 또 수리했으니까. (86쪽)	자부심 : 기계를 누구보다 잘 다루는 것에 대한 자랑스러움
헥터 아저씨는 루퍼스에게 기계에 대해 열심히 설명했어. 시간당 몇 개의 튜브를 채울 수 있는지, 튜브를 갈아 끼우는 일을 하는 사람은 몇 명이나 필요한지. (91쪽)	

4. 엄마 심부름으로 치약을 사러 갔던 루퍼스는 비싼 가격에 충격을 받고 직접 치약을 만들었습니다. 케이트와 아이들까지 합세하여 조금씩 판매 수량을 늘려가던 것을 사업으로까지 확장하는 과정을 정리했습니다. 다음의 과정 중 가장 기억에 남는 부분과 그 이유를 말해 보세요.

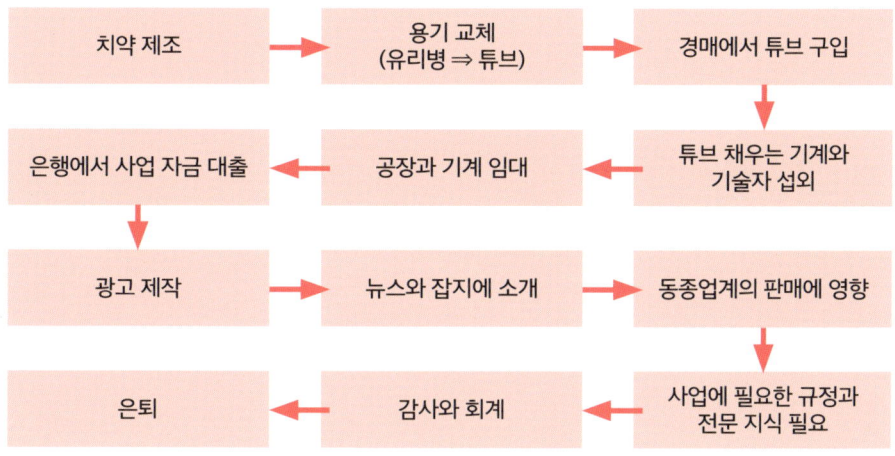

 **진로 탐색 : 꿈을 응원합니다**

※ 사업가에 대해 조사해 보고 빈칸은 여러분이 채워 보세요.

1. 사업가란?

> 이윤 창출을 목적으로 하는 사업을 계획하고 운영하는 사람입니다. 요즘은 회사를 전문적으로 경영하는 사람을 CEO 또는 전문경영인이라고 부르기도 합니다.

2. 사업가는 어떤 일을 할까요?

> - 회사를 이끌어 나가고 직원들을 관리합니다.
> - 회사의 모든 일에 대해 책임을 지고 운영합니다.
> - 회사가 판매하는 상품에 대해 전문적인 지식을 쌓아갑니다.
>
> 그 외에 또 어떤 일을 할까요?

3. 사업가가 되려면 어떤 점이 필요할까요?

성격	공부	능력
- 여러 사람을 이끌어가는 리더십 -	- 회사를 전문적으로 경영할 수 있는 경영학 -	- 사회 경제의 변동을 분석하는 능력 -

4. 사업가로 일하면 좋은 점과 힘든 점은 무엇일까요?

좋은 점	힘든 점

5. 사업가와 관련된 직업에는 무엇이 있을까요?

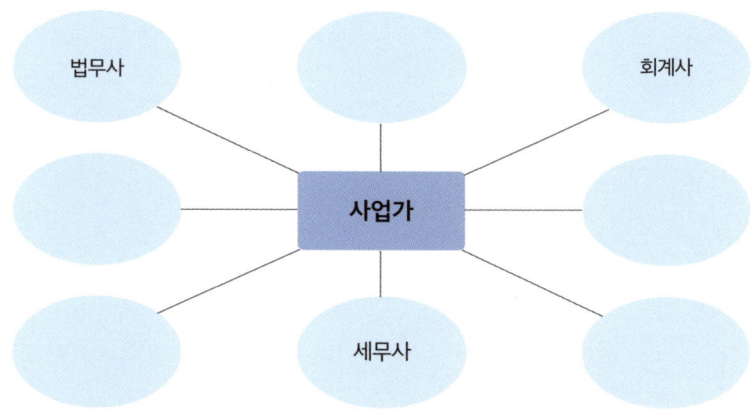

6. 사업가와 다른 직업을 융합하여 새로운 직업을 만들어 봅시다.

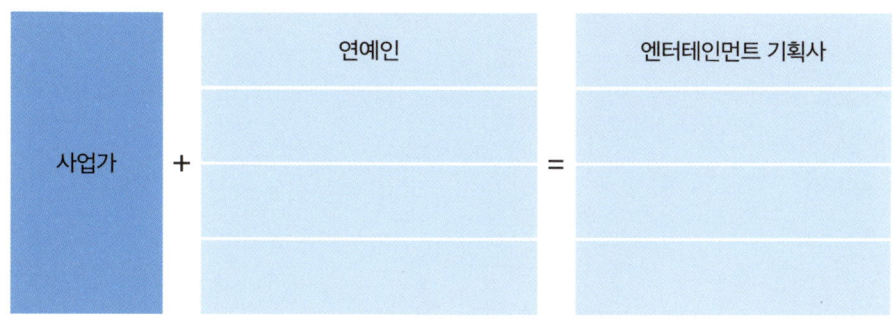

5장 진로 멘토

내 꿈의 이정표가 되는 사람

#19

열혈 경찰, 폭력에 멍든 불량소년을 구하라

| 경찰 |

About the Book

WELCOME, 나의 불량파출소

문부일 지음, 시공사, 2016

교통사고로 부모님을 여읜 한철은 이모네 집에 함께 살면서 이모부의 폭력에 시달립니다. 다른 사람들에게는 마냥 사람 좋은 모습으로 행동하는 이모부의 이중성을 폭로하지도 못하고 마음속의 분노를 학교 폭력의 가해자로 행동함으로써 표출하기도 합니다. 문제아로만 여겨지는 한철을 눈여겨보고 그의 환경에 주목한 사람은 행복 파출소의 경찰입니다. 드러내지 않고 한철을 돕는 행복 파출소의 경찰 덕분에 비뚤어진 한철의 마음도 조금씩 제자리를 찾고, 한철은 결국 용기를 내어 폭력을 신고합니다. 위계질서를 내세운 직장 내의 폭력과 우리 사회에 만연한 크고 작은 폭력에 대해 다루는 한편 한철의 성장과 그의 꿈을 들여다보게 됩니다.

함께 보면 좋아요

『나는 형사가 되고 싶어요』 김홍철 지음, 청어, 2017
『마을을 지켜라』 노나미 아사 지음, 박재현 옮김, 샘터사, 2016
『폴리스맨, 학교로 출동』 이명랑 지음, 시공사, 2010
『노빈손, 경찰 특공대에 가다』 강산들 지음, 이우일 그림, 양욱 감수, 뜨인돌, 2008

낱말 퍼즐 : 내용을 떠올려 보아요

정답

가로 | 1.나의 불량 파출소 2.모범어린이상 3.순찰함 4.감지덕지 5.심증 6.검정고시 7.순발력 8.희망 9.라면 상자 10.보호 11.한살이 12.돼지 저금통

세로 | ①의무경찰 ②파문 ③곰팡이 ④상담심리 ⑤순경 ⑥가정폭력 ⑦감시카메라 ⑧지팡이 ⑨적신호 ⑩순망치한 ⑪자초지종 ⑫보상금 ⑬사이버

가로

1. 폭력적인 가정환경으로 인해 학교에서 불량한 생활을 했던 한철이 경찰들을 만나면서 삶이 변하는 이야기를 담은 소설 제목. 문부일 작가의 『WELCOME, ○○ ○○○○』
2. 한철이 초등학교 3학년 때 숙제와 청소를 잘했다고 학교에서 받은 상.
3. 한철이 경찬 형에게 도움을 주기 위해 뚱스 패거리의 범행 정보를 쪽지에 적어 넣어둔 곳. 중요한 길목에 달아 놓고 순찰하는 사람이 순찰 결과를 적어 넣는 상자.
4. 받은 것이 자신에게는 과분하여 아주 고맙게 여김을 뜻하는 사자성어.
5. 재판 과정에서 법관의 주관적 인식이나 확신에 의한 심리적 증거(↔물증).
6. 봉사확인서를 써준 김 순경에게 어느 대학을 나왔냐고 한철이 묻자 자신은 ○○○○ 출신이라고 알려줌. 어떤 자격에 필요한 학력을 검정하기 위해 치르는 시험.
7. 어떤 일에 순간적으로 빨리 대처할 수 있는 능력.
8. 이모부의 폭력을 피해 새로운 보금자리로 이사하는 이모와 한철이 꿈꾸는 마음. 앞일에 대하여 좋은 결과를 기대함.
9. 파출소 소장이 문화상품권을 함께 넣어 한철에게 건네준 것.
10. 한철과 같은 청소년은 위험이나 곤란에 처하지 않도록 보살핌을 받을 권리가 있음. ○○ 받을 권리.
11. 생물이 태어나서 어린 시절을 거치며 성장하여 자손을 남기고 죽을 때까지의 과정(=일생).
12. 슈퍼에서 과자를 사려고 했던 한철이 창고에 간 주인아저씨를 기다리다가 훔쳤던 물건.

세로

① 병역 의무 기간 동안 군복무 대신에 경찰 업무를 보조하는 왕경찬과 같은 경찰. 줄임말은 '의경'.
② 잔잔한 물 위에 돌멩이를 던지면 수면에 일어난 잔물결이 옆으로 퍼지는 것. 어떠한 일이 다른 데에 미치는 영향을 비유함.
③ 한철이 이모부의 폭력 때문에 생긴 멍을 비유한 것. 주로 음식이나 물건이 습하거나 썩을 때 발생하는 균류.
④ 청소년 전문 경찰이 되기 위해 대학에 입학한 김 순경이 공부하고 싶은 분야. 서로 이야기하는 과정에서 마음의 병을 치유하는 심리치료 분야.
⑤ 경찰 공무원 계급의 한 종류. ○○-경장-경사.
⑥ 한철의 경우처럼 가정 내에서 일어나는 폭력 행위. 지나친 훈육, 체벌, 무관심 등이 해당되며 흔히 언어적, 신체적으로 나타남.
⑦ 어떤 대상이나 행동을 단속하려고 설치한 카메라. CCTV.
⑧ 국민들이 힘들거나 위험에 처했을 때 기댄다는 의미로 경찰을 상징하는 문구. '민중의 ○○○'.
⑨ 한철의 몸에 나타난 멍 자국은 폭력으로부터 구해달라는 뜻. 위험을 알리는 징조를 비유한 말(↔청신호).
⑩ 입술을 잃으면 이가 시리다는 뜻의 사자성어. 가까운 사이의 한쪽이 망하면 다른 한쪽도 그 영향을 받아 온전하기가 어려움을 뜻함.
⑪ 소장님과 한철 사이에 있었던 오해를 김 순경이 차근차근 설명함. 일의 처음부터 끝까지 있었던 과정을 가리키는 말.
⑫ 국가가 적법한 행위에 의해 국민에게 가한 재산상의 손실을 보충해 주기 위해 제공하는 돈.
⑬ 컴퓨터 네트워크에서 일어난 사건을 해결하는 경찰부대. ○○○ 수사대.

# 해석적 발문 : 다양하게 생각해 보아요

1. 아침밥을 먹던 한철은 이모부가 던져서 찌그러진 냄비를 바라보다가 이모 몰래 가방에 넣습니다. 그리고는 학교 가는 길에 재활용품 수거함에 던져버립니다. 한철은 왜 냄비를 버렸을까요? (51쪽)

2. 경찬 형은 욕쟁이의 괴롭힘과 폭력을 참아서라도 모범 경찰이라는 이름을 유지하고 싶어 합니다. 하지만 한철은 이유 없이 맞고 사는 것은 모범적인 것이 아니라 바보 같은 것이라 여겨 모범적으로 사는 것을 힘들게 느낍니다. 경찬 형과 한철이 말한 '모범'은 각각 어떤 의미일까요? (69쪽)

왕경찬의 모범	한철의 모범

3. 소장님이 한철에게 알려준 파출소 창고의 비밀번호는 파출소 전화번호의 뒷자리와 같습니다. 소장님이 한철에게 비밀번호를 알려준 의미는 무엇이라고 생각하나요? (158쪽)

4. 작가는 폭력에 노출되어 있는 사람들이 아무것도 하지 않으면 아무것도 달라지지 않는다고 합니다. 스스로 변하겠다는 의지와 희망을 갖는 것이 중요하기 때문입니다. 여러분은 등장인물들이 변하기 위해 스스로 선택한 행동들은 무엇이라고 생각하나요? (173쪽)

등장인물	스스로 선택한 행동
한철	
이모	
김 순경	
왕경찬 의경	

5. 『WELCOME, 나의 불량파출소』에는 폭력에 노출된 등장인물들의 모습이 나옵니다. 그들이 마주한 폭력의 형태와 그 폭력에 대한 반응은 어떻게 표현되고 있나요?

등장인물	폭력의 형태	반응
이모부		
이모		
한철		
욕쟁이 경찰		
경찬 의경		

선택적 발문 : 입장을 정해 보아요

1. 이모와 한철은 각자 이모부에게 폭행당하고 있다는 걸 알면서도 폭력에 대해서는 서로 침묵합니다. 이모부의 폭력을 침묵하고 있는 것에 대해 여러분은 어떻게 생각하나요? (50쪽)

☐ 공감한다 ☐ 공감하지 않는다

이유 :

2. 한철은 그동안의 잘못을 뉘우치고 이전과는 다른 삶을 살기 위해 상담 선생님을 찾아갔지만, 진로 상담보다는 시험공부를 먼저 하라는 대답만 들었습니다. 게다가 다른 선생님들도 형편이 어려울수록 더 독하게 공부해야 한다고 말합니다. 여러분은 선생님들의 말에 대해 어떻게 생각하나요? (189~190쪽)

☐ 공감한다 ☐ 공감하지 않는다

이유 :

3. 한철은 학교에서 말썽을 일으키는 문제아지만 가정 폭력의 피해자이기도 합니다. 행복 파출소의 경찰들은 한철이 그동안 저지른 일과 처한 환경을 알고 난 후 어떤 처벌을 해야 할지 고민합니다. 여러분이 함께 근무하는 경찰이라면 한철에 대해 학교 폭력 가해자로 벌을 줄 것인지 가정 폭력 피해자로 보호해 줄 것인지 선택하고, 그 이유를 말해 보세요.

☐ 학교 폭력 가해자로 벌을 줄 것이다   ☐ 가정 폭력 피해자로 보호해 줄 것이다

이유 :

사색적 발문 : 생각을 넓혀 보아요

1. 한철은 파출소 유리창을 깨끗하게 닦고 나서 먹은 돈가스가 특별한 맛으로 느껴졌습니다. 자발적으로 시작한 봉사는 아니었지만 봉사를 하고 나니 마음이 달라졌기 때문입니다. 여러분도 봉사활동을 하기 전후의 마음가짐이 달라진 적이 있었다면 소개해 주세요. (92쪽)

2. 한철은 자신의 몸에 남은 멍 자국을 몸에 핀 곰팡이라고 생각합니다. 경찬 형은 그 멍 자국을 폭력으로부터 구해 달라는 신호로 받아들였습니다. 이처럼 멍 자국 외에도 폭력의 피해자들이 보내는 구조 신호에는 어떤 것이 있을까요? (111쪽)

3. 이모가 개를 때리며 욕을 퍼붓는 모습을 본 한철은 크게 놀랐습니다. 이모부에게 맞기만 하던 이모가 가해자가 된 모습을 보니 시간이 흘러 자신과 이모가 변하게 될 모습이 두려웠습니다. 이들처럼 피해자가 가해자로 변하는 상황을 본 적이 있다면 이야기해 주세요. (158~159쪽)

4. 한철은 이모부를 경찰서에 신고하고 나와 구내식당에서 밥을 먹었습니다. 꾸역꾸역 밥을 먹는 한철에게 김 순경이 치킨 상자를 내려놓으며 독하게 살려면 배가 든든해야 한다고 위로합니다. 한철은 착하게 살라는 말보다 독하게 살라는 말이 더 와닿았다고 합니다. 여러분이 한철에게 주고 싶은 음식과 전하고 싶은 말은 무엇인가요? 접시 그림에 음식을 그리고 전하고 싶은 메시지를 적어 보세요. (185쪽)

한철아, _____ 살아라.
왜냐하면,

책 속 진로 찾기 : 꿈을 키워 보아요

1. 행복 파출소의 업무는 소소한 사건부터 가정 폭력 상황을 파악하는 일까지 광범위합니다. 『WELCOME, 나의 불량파출소』의 등장인물들을 통해 알 수 있는 경찰관의 업무와 그 일을 처리하는 데 필요한 업무 능력에 대해 정리해 봅시다.

구분	주요 업무	필요한 업무 능력
파출소장		
욕쟁이 경찰		
김 순경		
경찬 의경		
그 외의 인물		

2. 한철과 이모가 행복동을 떠나 새 보금자리로 가는 날, 교통정리를 하고 있던 경찬 형은 한철에게 꼭 꿈을 찾아 다시 만나자고 당부합니다. 만약 한철이 경찰이 된다면 경찰관 임무 수행에 적합한 한철의 강점은 무엇이라고 생각하나요?

한철의 강점	이유
폭력을 당했던 경험	폭력의 위험성을 누구보다 잘 알기에 폭력 예방이나 근절에 대해 잘 대처할 수 있을 것 같다.

3. 행복 파출소에서는 무단횡단 단속, 담배 도난 사건, 학교 폭력 및 가정 폭력 근절 캠페인 등 매일매일 크고 작은 일들이 일어납니다. 책의 내용을 바탕으로 행복 파출소 업무일지를 작성해 보세요.

행복 파출소 업무일지		
작성자	작성일	이름
업무 종류	업무 내용	
일상 업무		
사건 내용		
특이사항		

Tip! 작성일은 ○○일 ○○시, 그날 늦은 밤, 어느 조용한 밤 등 다양하게 적어 보세요.

 **진로 탐색 : 꿈을 응원합니다**

※ 경찰에 대해 조사해 보고 빈칸은 여러분이 채워 보세요.

1. 경찰이란?

> 경찰은 사회의 안정과 국민의 행복을 위해 법과 질서를 유지하는 공무원입니다. 국가와 국민으로부터 어려움과 위험에 빠진 사람을 도울 의무를 부여받았습니다. 그래서 남에게 피해를 주거나 규칙을 어긴 사람을 제재할 권한이 있습니다.

2. 경찰은 어떤 일을 할까요?

> \- 사건이나 사고가 났을 때 수사하는 일을 합니다.
> \- 교통이 혼잡하거나 특별한 일이 있을 때 정리하는 일을 합니다.
> \- 범죄 예방교육을 실시합니다.
>
> 그 외에 또 어떤 일을 할까요?

3. 경찰 업무를 잘하려면 어떤 점이 필요할까요?

성격	공부	능력
- 어려운 사람을 도우려는 봉사 정신 -	- 공정하게 수사할 수 있는 법과 규칙에 관한 지식 -	- 급한 상황이 생겼을 때 신속하게 대응하는 순발력 -

4. 경찰 일을 하면서 좋은 점과 힘든 점은 무엇일까요?

좋은 점	힘든 점

5. 경찰과 관련된 직업에는 무엇이 있을까요?

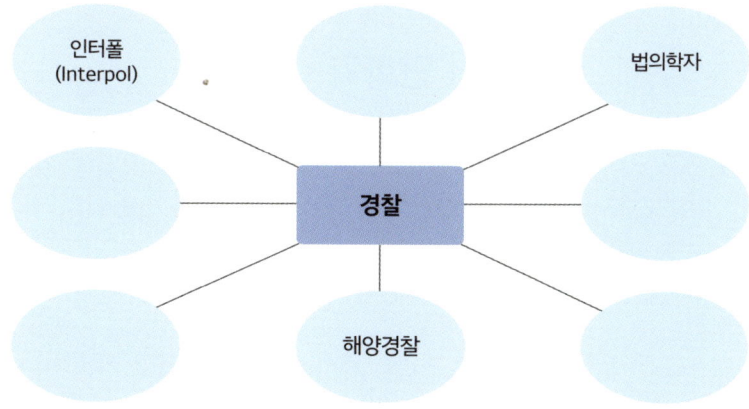

6. 경찰과 다른 직업을 융합하여 새로운 직업을 만들어 봅시다.

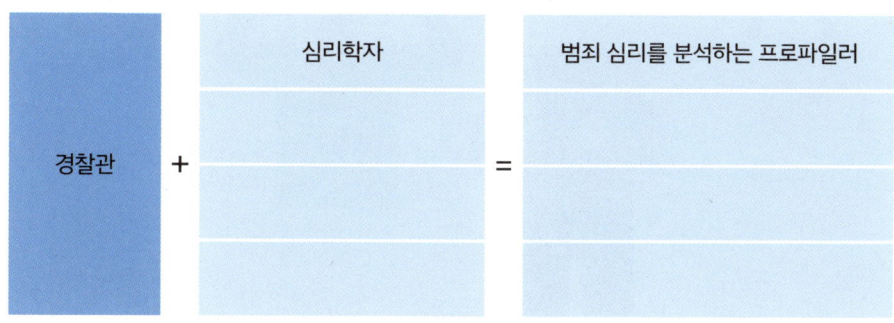

#20

만화에 빠진 60대 민수와 10대 민수의 우정과 전쟁

| 만화가 |

About the Book

오늘의 민수
김혜정 지음, 문학과지성사, 2017

만화가를 꿈꾸는 열다섯 살 주민수와 예순두 살의 애니메이션 감독 김민수가 만났습니다. 혼자서 자신을 키우는 엄마가 힘들까 봐 일찍 철이 들어버린 어린 민수와, 게임하느라 밤을 새고 아직도 누나에게 혼나는 할아버지 민수는 이름은 같지만 성격은 전혀 다릅니다. 그런데 나이 차만큼이나 공감대가 없어 보이는 이들이 '만화'라는 공통된 관심사를 통해 세대를 뛰어넘은 우정을 쌓고 함께 성장합니다. 어린 민수는 미래에 대한 꿈을 꾸고, 어른 민수는 어린 시절 자신이 품고 있었던 열정을 들여다보게 됩니다. 이 소설은 마음속에 꿈과 열정을 가지고 자신이 진짜 좋아하는 일을 할 때, 나이는 숫자에 불과할 뿐 누구라도 친구가 될 수 있음을 보여줍니다.

함께 보면 좋아요
『우리 시대 웹툰 작가들의 생존기』 박인찬 지음, 다할미디어, 2017
『하필이면 꿈이 만화가라서』 올리버 폼마반 지음, 조윤진 옮김, 뜨인돌, 2016
『만화가 상경기』 사이바라 리에코 지음, 김동욱 옮김, AK커뮤니케이션즈, 2011
『이토록 뜨거운 파랑』 신여랑 지음, 창비, 2010

낱말 퍼즐 : 내용을 떠올려 보아요

정답

가로 | 1.맹맹과마요 2.조감도 3.애니메이션 4. 프로듀서 5.오늘의 민수 6.제작 7.코다리튀김 8.만화가 9.허드렛일 10.캐릭터 11.치명타 12.유명세 13.팅커벨 14.월요일

세로 | ①할머니 ②디제이 ③과학캠프 ④요조 ⑤애프터리코딩 ⑥서부영화 ⑦수제자 ⑧리틀피터 ⑨김혜정 ⑩만장일치 ⑪허송세월 ⑫캐스팅 ⑬명감독

가로

1. 민수가 인터넷에 연재하는 만화의 제목. 남자 중학생 두 명의 일상을 다룬 생활 웹툰.
2. 높은 곳에서 아래를 내려다보았을 때의 모양을 그린 그림이나 지도.
3. 동작이나 모양을 조금씩 달리한 그림이나 인형을 연속시켜 마치 살아 있는 것처럼 보이게 촬영한 영화.
4. 영화 제작의 총책임자. 줄여서 '피디'라고 부름.
5. 만화를 좋아하는 중학생 민수와 세계적인 애니메이션 감독인 어른 민수와의 소통을 다룬 청소년 소설. 이 책의 제목.
6. 기계나 작품을 일정한 재료를 사용하여 만듦.
7. 자령이 김 감독에게 갖다 주라며 민수에게 들려 보낸 음식. 반건조 상태의 명태를 기름에 넣고 튀겨냄.
8. 주인공 민수가 꿈꾸는 직업. 만화를 전문적으로 그리는 사람.
9. 민수가 김 감독의 집에서 이러한 일을 하면서 있었음. 중요하지 않은 여러 가지 잡일.
10. 작가가 소설이나 연극, 영화, 만화 등의 작품 속에 만들어낸 인물로 그들의 행동에 의해 이야기가 전개됨.
11. 아직 개봉하지 않은 김 감독의 영화에 대한 내용이 기사화되어 타격을 입음. 목숨을 위협할 정도의 치명적인 타격.
12. 세상에 이름이 널리 알려진 탓으로 겪게 되는 어려움이나 불편을 세금에 비유하여 이르는 말.
13. J. M. 배리가 지은 소설 『피터와 웬디』에 등장하는 요정. 2008년 미국에서 이 요정의 이름을 제목으로 하여 애니메이션 영화가 제작됨.
14. 일주일이 시작되는 요일. 일요일과 화요일의 중간에 있는 요일.

세로

① 민수가 여진을 처음 부를 때 썼던 호칭. 나이가 많은 여자를 그렇게 부르기보다는 '여사님'이라 부르라고 김 감독이 권함.
② 민수와 보리는 학교 방송국에서 이것을 맡아 함께 연습하면서 친해짐. 라디오 방송의 음악 프로그램이나 춤을 추는 클럽에서 가벼운 이야기와 함께 음악을 선곡해 들려주는 사람.
③ 민수는 엄마가 원하는 대로 이곳에 참가함. 김 감독이 큰아버지 행세를 하여 민수를 그곳에서 빼내 줌.
④ 민수는 김 감독의 영화 〈○○ 가족의 비밀〉에서 "다 지나갈 거다"라는 대사를 가장 좋아함.
⑤ 화면을 먼저 촬영한 후에 그 화면에 맞추어서 대화나 음악을 녹음하는 일. "after recording"의 한글식 표기.
⑥ 개척기 미국 서부를 배경으로 총잡이와 주변 인물들이 중심이 되는 영화의 한 장르.
⑦ 여러 제자 중에서 학문이나 기술 등을 배운 것이 가장 뛰어난 제자.
⑧ 민수가 만화를 연재할 때 사용하는 필명. 김 감독을 좋아하고 존경하여 그의 이름을 따서 지음.
⑨ 『시크릿 박스』, 『텐텐영화단』, 『하이킹 걸즈』 등을 지은 작가의 이름.
⑩ 회의장에 모인 모든 사람의 의견이 완전히 일치함.
⑪ 하는 일 없이 세월을 헛되이 보냄을 뜻하는 말.
⑫ 연극이나 영화, 드라마에서 배역에 적합한 배우를 정하는 일.
⑬ 실력이 뛰어나서 이름난 감독. 김민수 감독은 자신의 분야에서 정평이 나 있음.

 ## 해석적 발문 : 다양하게 생각해 보아요

1. 민수는 김 감독의 영화 〈요조 가족의 비밀〉에서 요조가 힘들어할 때마다 아빠가 "다 지나갈 거다"라며 위로한 대사를 좋아한다고 합니다. 이 말을 들은 김 감독은 민수가 힘들어하는 일이 무엇인지 궁금합니다. 여러분은 민수가 다 지나갔으면 좋겠다고 생각할 만큼 힘든 일이 무엇이라고 생각하나요? (41쪽)

2. 엄마가 자신을 힘들게 키우는 것을 잘 알고 있는 민수는 실망시키지 않으려고 엄마가 시키는 대로 하려고 합니다. 그러나 가끔 엄마가 무겁게 느껴집니다. 민수가 엄마에게서 느끼는 무게감은 무엇일까요? (95쪽)

3. 『오늘의 민수』에는 만화가가 되고 싶은 중학생 민수와 애니메이션 감독으로 성공한 60대 민수, 이름이 같은 두 민수가 등장합니다. 그런데 나이로 볼 때 두 민수의 생각이 바뀌어 있는 듯한 느낌이 들기도 합니다. 이들의 대화에서 드러나는 두 민수의 성격을 비교해 보세요. (102~103쪽)

> "감독님, 화 좀 내지 마세요."
> "내가, 언제?"
> "자주 그러시잖아요. 아까도 여사님이 골고루 먹으라고 하니까 버럭 하시고."
> 민수가 옆에서 지켜본바 김 감독은 화를 자주 냈다. 민수는 진심으로 김 감독의 건강이 걱정되었다.
> "화가 나니까 화를 내지. 너는 화 안 내?"
> "네. 전 잘 안 내요. 화가 나는 일이 있을 때면 생각해요. 이 일이 과연 한 달이나 1년 뒤에도 화가 날 일인가. 그러면 화가 좀 덜 나요."

> "쳇, 난 그건 싫다. 지금 나는 여기 있는데, 무슨 한 달이나 1년 뒤의 내 감정을 더 헤아리고 있냐?"
> 김 감독이 고개를 절레절레 저었다.
> "그럼 넌 좋은 일이 생겨도 내년에도 좋아할 건지 따져보고 좋아하냐?"
> "그건 아니에요."
> "난 화나면 화낼 거고, 좋으면 좋아할 거다. 숨기거나 억누르고 사는 거 딱 질색이라고."

학생 주민수	감독 김민수

4. 방학 동안 김 감독의 집에서 잔심부름을 하던 민수는 개학을 앞두고 그만둘 것을 생각하자 서운한 마음이 앞섭니다. 김 감독과 보내는 시간은 경진과 보리와 같이 있을 때 느끼는 재미와는 달랐습니다. 민수에게 김 감독과 보내는 시간이 왜 친구들과 있을 때와는 다르게 느껴졌을까요? (103쪽)

5. 스스로를 거장이라고 칭하는 김 감독에게 민수는 뻔뻔하다고 하고, 김 감독은 자신의 가치를 스스로 알고 있을 뿐이라고 대꾸합니다. 여러분은 자신의 가치를 스스로 알고 있다는 것이 어떤 의미라고 생각하나요? (139쪽)

선택적 발문 : 입장을 정해 보아요

1. 김 감독은 민수가 그린 〈맹맹과 마요〉가 재미있으니 인터넷에 올려보라고 하며 앞으로도 하고 싶은 일을 하라고 합니다. 반면 민수의 엄마는 예술가 중에서 성공한 사람들은 극소수라며 민수가 만화 그리는 것을 반대합니다. 여러분은 누구의 의견에 더 공감하나요? (92쪽, 105쪽)

☐ 김 감독   ☐ 민수 엄마

이유 :

2. 민수는 늘 다음을 우선시하는 엄마를 이해할 수 없습니다. 자신은 현재를 살고 있는데, 엄마는 현재 느끼는 재미만으로는 인생을 살 수 없다고 합니다. 현재를 살고 싶은 민수와 다음을 위해 살아야 한다는 엄마 중 누구의 의견에 공감하나요? (150쪽)

☐ 민수   ☐ 엄마

이유 :

3. 김 감독은 자신의 이야기가 기사화되자 몹시 당혹스러워 민수에게 화가 났습니다. 민수는 김 감독의 잔심부름을 돕는 동안 친해졌다고 생각했는데 김 감독의 꾸지람을 들으니 섭섭한 마음이 듭니다. 여러분은 김 감독이 민수에게 지나치다 싶은 만큼 정색하며 화를 낸 것에 대해 어떻게 생각하나요? (199~200쪽)

☐ 공감한다   ☐ 공감하지 않는다

이유 :

사색적 발문 : 생각을 넓혀 보아요

1. 민수는 보리와 이야기하는 것이 즐겁습니다. 시시껄렁한 농담을 하거나 앞뒤 맥락 없는 대화만 주고받는 다른 친구와는 달리 진지한 이야기를 나눌 수 있기 때문입니다. 여러분에게도 다른 아이들과는 달라서 특별한 친구가 있다면 소개해 주세요. (64~65쪽)

2. 만화가가 꿈인 민수는 만화를 좋아한다고 다 만화가가 될 수 있는 건 아니라고 합니다. 그러나 김 감독은 하고 싶으면 하면 되지 뭐가 걱정이냐고 민수를 부추깁니다. 민수는 자신이 김 감독의 나이가 되었을 때를 상상해 보려고 애쓰지만 잘 되지 않습니다. 민수를 대신하여 여러분이 민수가 김 감독의 나이가 되었을 때 어떤 일을 하고 있을지 상상해 보세요. (104~105쪽)

3. 박 기자는 민수에게 김 감독에 대한 추가 인터뷰를 요청했습니다. 차기작에 대해서는 언급도 하지 말라는 김 감독의 당부를 까맣게 잊고, 민수는 기자의 질문에 아는 내용을 다 이야기했습니다. 그러나 그 내용이 기사가 되어 김 감독이 곤란에 처하자 기자에게 따졌지만, 기자는 오히려 기사를 잘 써달라고 부탁하지 않았냐며 거짓을 말합니다. 만약 여러분이 민수라면 이 상황을 어떻게 대처할 건가요? (197쪽)

4. 김 감독의 영화 〈요조 가족의 비밀〉은 특별한 초능력을 가진 슈퍼 패밀리가 자신의 초능력을 이용해 사람들에게 도움을 주는 내용입니다. 영화를 보고 민수는 자신에게도 초능력이 생긴다면 어떤 게 좋을지 고민해 보았습니다. 여러분에게도 초능력이 생긴다면 어떤 초능력을 원하나요? (217쪽)

책 속 진로 찾기 : 꿈을 키워 보아요

1. 『오늘의 민수』에는 애니메이션 영화를 만드는 김 감독과 최 피디가 등장합니다. 영화 제작에서 감독과 프로듀서가 하는 일을 알아보고 각 역할에서 필요한 직업 능력을 발표해 봅시다. 그리고 만약 민수의 웹툰 〈맹맹과 마요〉가 애니메이션 영화로 만들어진다면 민수는 어떤 역할을 더 잘할 수 있을까요? (48쪽)

구분	감독(Director)	피디(Producer)
정의	영화를 연출하는 사람	영화의 기획과 제작에 종사하는 사람
하는 일		
직업에 필요한 능력		
민수에게 더 적합한 일		

2. 아나운서가 꿈인 보리는 평소 방송부 활동을 열심히 합니다. 보리가 쓴 방송 대본은 내용이 재미있어 학생들 사이에서 인기가 좋습니다. 아나운서가 되기에 적합한 보리의 능력에 대해 살펴보고, 더 필요한 능력에 대해서 정리해 봅시다. (64쪽)

현재 가지고 있는 능력	앞으로 더 필요한 능력

3. 웹툰 작가 데보라를 만날 생각에 들떠 있는 민수에게 김 감독은 자신이 영화를 만들던 때의 이야기를 들려주었습니다. 민수는 김 감독의 이야기는 다른 어른들이 자기 자랑하는 것과는 달리 자신의 인생을 예습하는 것 같아 즐겁기만 합니다. 여러분도 민수처럼 롤 모델로 닮고 싶은 사람이 있다면 소개해 주세요. (120~121쪽)

나의 롤 모델	닮고 싶은 점

4. 민수가 추천한 재미있는 웹툰을 밤새 본 김 감독은 애니메이션으로 만들면 좋겠다고 합니다. 민수도 그 말에 맞장구를 치며 실사 영화보다는 애니메이션이 더 나을 것 같다고 합니다. 실사 영화와 애니메이션에 대해 정리해 봅시다.

	실사 영화	애니메이션
특징		
장점		
단점		

5. 〈라이언 킹〉, 〈미녀와 야수〉, 〈신데렐라〉 등 애니메이션이 실사 영화로 다시 제작되는 경우가 많이 있습니다. 여러분이 좋아하는 애니메이션 중 실사로 바꾸면 좋을 작품을 소개해 보세요.

 **진로 탐색 : 꿈을 응원합니다**

※ 만화가에 대해 조사해 보고 빈칸은 여러분이 채워 보세요.

1. 만화가란?

> 평면적인 공간에 그림으로 이야기를 흥미롭게 풀어나갑니다. 그림의 형식에 따라 카툰(cartoon), 캐리커처(caricature), 코믹스(comics) 등으로 나누어집니다. 그림으로 이야기를 표현하고 메시지를 전달하기 때문에 그림 실력과 스토리텔링 실력이 필요합니다.

2. 만화가들은 어떤 일을 할까요?

> - 캐릭터 만들기 : 이야기 내용에 적합한 등장인물을 만듭니다.
> - 만화 원본 그리기 : 이야기 전개에 따른 그림 배치와 구성을 정합니다.
> - 단행본 출판하기 : 만화를 엮어서 책으로 출간합니다.
>
> 그 외에 또 어떤 일을 할까요?

3. 만화가의 일을 잘하려면 어떤 점이 필요할까요?

성격	공부	능력
- 마감 기일을 잘 지키는 책임감 -	- 구상한 내용을 잘 표현하는 그림 기술 -	- 자신만의 개성이 드러나도록 이야기를 만드는 상상력 -

4. 만화가의 일을 하면 좋은 점과 힘든 점은 무엇일까요?

좋은 점	힘든 점

5. 만화가와 관련된 직업에는 무엇이 있을까요?

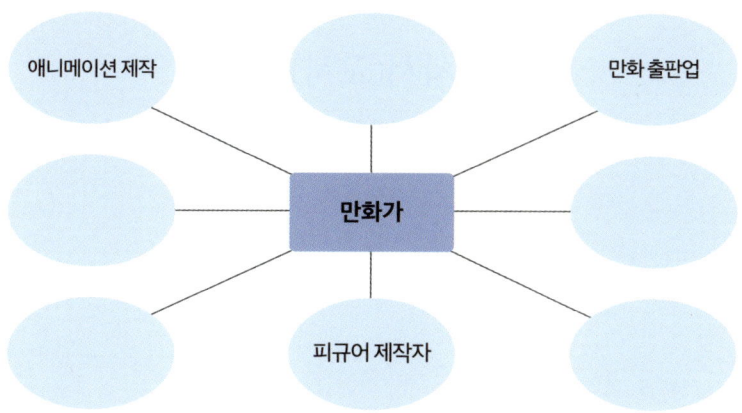

6. 만화가와 다른 직업을 융합하여 새로운 직업을 만들어 봅시다.

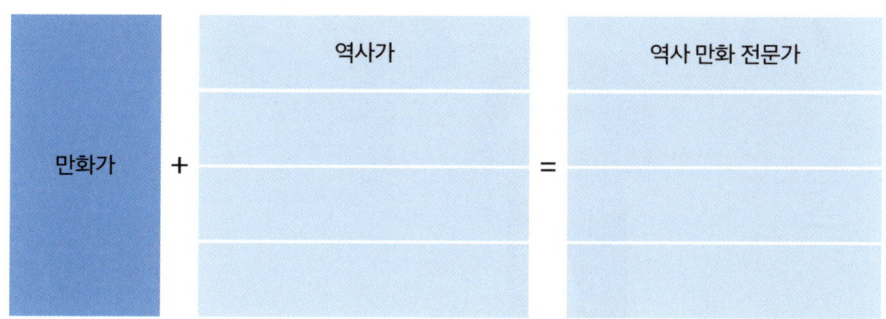

#21
불안에 쫓기는 아이들을 위한 독서회

| 사서(교사) |

About the Book

미치도록 가렵다

김선영 지음, 자음과모음, 2014

사서교사인 수인이 새로 발령받아 온 형설중 도서관은 학교의 가장 후미진 곳에 위치해 분위기가 음습하다 못해 귀신이 나올 것만 같습니다. 볕이 잘 드는 학교의 중심 공간으로 도서관을 옮기자는 제안을 내보지만 누구도 관심을 보이지 않고, 독서회로 모집한 아이들마저 제멋대로입니다. 의도하지 않았던 폭행사건에 휘말려 전학을 오게 된 도범, 항상 가방에 망치를 넣어 다니는 해명, 책이 말을 건다는 이담. 수인은 아이들을 중닭에 비유한 어머니의 말을 통해 자신과 아이들이 가지고 있는 불안과 마음속의 혼란을 이해하게 됩니다. 오늘을 살고 있는 우리가 겪고 있는 가려움과, 그 가려움을 통해 성장해 가는 이야기입니다.

함께 보면 좋아요

『도서관을 훔친 아이』 알프레드 고메스 세르다 지음, 김정하 옮김, 풀빛미디어, 2018
『사서 빠뜨』 즈느비에브 빠뜨 지음, 최내경 옮김, 재미마주, 2017
『교도소 도서관』 아비 스타인버그 지음, 한유주 옮김, 이음, 2012
『도서관의 기적』 미도리카와 세이지 지음, 햇살과나무꾼 옮김, 책과콩나무, 2011

낱말 퍼즐 : 내용을 떠올려 보아요

정답

가로 | 1.구어체 2.자작시 3.형설지공 4.나노 5.미치도록 가렵다 6.오토바이 7.글쓴이 8.사바나 9.교장 10.붕우유신 11.자작나무 사이로 12.휴머니즘 13.학교도서관 14.문학상 15.일기장

세로 | ①체형 ②검지손가락 ③시나리오 ④쑥부쟁이 ⑤망치 ⑥미술 ⑦바나나우유 ⑧이구아나 ⑨반딧불이 ⑩장자 ⑪작자 미상 ⑫사서교사 ⑬감상문 ⑭휴관일

가로

1. 일상생활에서 보통 사용하는 말로 문장에 표현하는 말(=입말).
2. 자기가 지은 시.
3. '개똥벌레와 눈으로 이룬 공'이라는 뜻으로 어려운 생활 속에서도 부지런히 학문을 닦는 것을 비유한 사자성어.
4. 10억분의 1을 나타내는 분수.
5. 도서관을 중심으로 등장인물들이 겪는 불안과 성장 이야기. 김선영 작가의 성장소설.
6. 학교 대항 담력 시험을 빌미로 학교 선배들이 도범에게 훔쳐오라고 한 것.
7. 글을 쓴 사람(=지은이).
8. 건기가 뚜렷하게 구별되는 열대와 아열대의 초원. 영문 표기는 savanna.
9. 수인이 도서관 옮기기 프로젝트를 계획하자 백년 전통을 내세우며 반대하는 학교의 관리자.
10. 오륜의 하나로 '친구 사이에는 믿음이 있어야 한다'는 뜻의 사자성어.
11. 수인이 자주 들르는 헌책방의 이름. 어릴 때 좋아했던 나무 이름이 들어감.
12. 라틴어 humanista에서 유래한 것으로 인간다움을 존중하는 넓은 범위의 사상이나 정신을 아울러 이르는 말.
13. 수인이 근무하는 학교 내 장소. 수업과 교수 학습 활동을 지원하기 위한 정보와 자료를 수집하고 관리하는 곳.
14. 훌륭한 문학작품에 대해 수여하는 상. 노벨○○○.
15. 도범에 대한 아버지의 마음을 바꾸게 한 도범의 물건. 날마다 겪은 일이나 느낌 등을 적는 공책.

세로

① 세호는 마른 편이고 해명은 통통한 편. 체격에 따라 나누어지는 몸의 부류.
② 어린 수인이 엄마가 자신을 떠나는 것을 두려워하여 상처를 만들게 된 부위.
③ 영화를 만들기 위해 쓴 각본.
④ 이담과 닮았다고 수인이 느낀 꽃. '쑥을 캐러 다니는 대장장이의 딸'이라는 말에서 유래함. 쑥을 닮은 잎과 보라색을 띤 꽃이 특징.
⑤ 해명이 자신을 보호하기 위해 가방에 넣어 다닌 연장.
⑥ 자발적인 왕따를 선택한 양희순 선생님의 담당 과목.
⑦ 어린 수인이 도서관에서 엄마를 기다리며 먹었던 것. 책의 맛으로 기억하고 있는 불투명한 노란색의 음료.
⑧ 몸 전체 길이가 1.5~2미터쯤 되며 머리가 크고 꼬리가 몸길이의 3분의 2 정도 되는 도마뱀의 한 종류.
⑨ 형설중학교 독서회의 이름. 꽁무니에 있는 발광기로 반짝반짝 빛을 내는 곤충(=개똥벌레).
⑩ 수인이 수산나여고 도서관에서 이끌었던 '호접몽'은 이 사상가의 글에 매료된 아이들이 만든 이름. 자연으로 돌아갈 것을 주장했던 중국 전국시대의 송나라 철학자.
⑪ 작품의 원작자가 누구인지 알 수 없는 경우를 이르는 말.
⑫ 수인의 직업. 학교 안에 있는 도서관의 관리 운영 책임자이며 독서교육을 수행하는 교사.
⑬ 감상에 대하여 쓴 글. 독후○○○.
⑭ 도서관, 미술관, 박물관 등이 일반에 대한 공개 업무를 쉬는 날.

해석적 발문 : 다양하게 생각해 보아요

1. 상배 일행에게 폭행당한 도범은 세호와 해명이 약을 사다 주자 그 약값을 갚습니다. 도범은 약값을 안 받으려는 해명에게 약값은 자신과 해명이 동등한 증거라고 합니다. 친구 사이는 동등해야 한다는 도범의 말은 어떤 의미일까요? (50쪽)

2. 수인이 독서회를 모집했을 때 참여자 대부분은 억지로 오게 된 아이들이었습니다. 그런 아이들에게 수인은 '남들이 보는 나의 모습'과 '내가 보는 나의 모습' 그리기를 제안합니다. 수인이 첫 수업에서 이 활동을 한 이유는 무엇이라고 생각하나요? (83~84쪽)

3. 도범은 수인의 오른손 검지 끝이 뭉툭한 것을 보고 왜 그렇게 되었냐고 묻습니다. 그러자 수인도 붕대가 감겨 있는 도범의 손가락에 대해 묻습니다. 서로의 검지에 대해 얘기하기로 한 두 사람은 조심스럽게 아픈 기억을 털어 놓습니다. 수인이 남자친구에게도 말하지 못했던 이야기를 도범에게 할 수 있었던 이유는 무엇이라고 생각하나요? (165쪽)

4. 양희순 선생님은 동료 교사들의 수군거림에도 소외감을 느끼거나 위축되지 않고 오히려 당당합니다. 자발적 왕따를 자처하는 그녀는 자기 스스로를 안에서 채우면 아무리 밖에서 찧고 까불어도 끄떡없다고 합니다. 양희순 선생님이 가진 당당함의 근원은 무엇이라고 생각하나요? (183쪽)

5. 『미치도록 가렵다』의 김선영 작가는 우리 모두가 갖고 있는 불안을 가려움에 비유했다고 합니다. 책 속의 등장인물도 저마다의 불안을 갖고 있습니다. 그들이 가진 불안과 그것을 해결하기 위해 필요한 것은 무엇일까요? (207쪽)

등장인물	불안	불안을 해결하기 위해 필요한 것
수인		
세호		
도범		
해명		

6. 도범이 입원한 병실을 찾아온 수인은 『니코마코스 윤리학』을 도범에게 줍니다. 책 속에는 수인이 직접 뽑아 쓴 중요한 메시지가 있었습니다. 수인의 메시지 중에서 도범은 '다른 사람의 행복이 자기 행복의 조건이 되는 것'이란 말이 와닿았습니다. 수인이 도범에게 쓴 메시지는 어떤 의미를 담고 있나요? (233~234쪽)

선택적 발문 : 입장을 정해 보아요

1. 붓을 털던 세호가 해머의 소맷자락에 물감을 묻히자 해머는 망치를 들고 덤볐습니다. 그 모습을 본 미술 선생님은 빨간 물감을 묻힌 붓을 해머에게 쥐어주며 세호의 얼굴에 하고 싶은 대로 칠하라고 합니다. 여러분은 미술 선생님의 교육 방식에 대해 어떻게 생각하나요? (43쪽)

☐ 공감한다   ☐ 공감하지 않는다

이유 :

2. 수인은 독서회에 모인 비자발적 참여자들에게 한 번 더 참여 여부를 생각해 보라고 합니다. 아이들이 무언가를 시작할 때 자발성을 발휘하는 것과 그렇지 않은 것이 큰 차이가 있다고 생각하기 때문입니다. 그러나 교장 선생님은 수인의 말처럼 하면 자발적이지 않은 아이들은 아예 책을 한 줄도 안 보는 상태로 방치된다고 합니다. 여러분은 수인과 교장 선생님 중 누구의 의견에 더 공감하나요? (99~100쪽)

☐ 수인   ☐ 교장 선생님

이유 :

3. 소문이 흉흉한 양관에 있는 도서관을 본관 교무실로 옮기고 싶은 수인은 교무회의 시간에 도서관이 학교의 중심에 있어야 한다고 강조합니다. 수인의 말이 끝나자 부장은 학교의 심장은 교무실이라며 반박합니다. 여러분은 학교의 심장이 어떤 공간이어야 한다고 생각하나요? (140쪽)

☐ 교무실   ☐ 교실   ☐ 도서관   ☐ 급식실   ☐ 기타

이유 :

사색적 발문 : 생각을 넓혀 보아요

1. 수인이 새로 발령받은 형설중 도서관은 분위기가 음습하다 못해 귀신이 나올 것만 같았습니다. 여러분이 다니고 있는 학교 도서관의 분위기는 어떤지 이야기해 보세요. (24~25쪽)

2. 수인이 자주 이용하는 헌책방의 주인장은 고객이 구입한 책 목록을 보면 그 사람이 요즘 어떤 화두에 매달려 있는지 알게 된다고 합니다. 여러분이 최근에 읽었거나 지금 읽고 있는 책에서 발견할 수 있는 관심사는 무엇인가요? (56~57쪽)

3. 남자친구에게 미국으로 떠났다는 문자를 받은 수인은 사랑받지 못한 자신의 서러움 때문에 밤새도록 울었습니다. 아침이 되자 어떤 한순간을 기점으로 빛나던 사물이 빛을 잃는다는 것이 어떤 것인지 여실히 느끼게 되었다고 했습니다. 여러분도 수인처럼 빛을 잃었다고 느끼거나 빛을 얻었다고 느꼈던 순간이 있나요? (131쪽)

4. 수인은 남이 하자는 대로 흘러가게 두는 건 자신을 덜 사랑하는 거라고 말합니다. 이 말을 들은 도범은 자신을 사랑하는 것에 대해 곰곰이 생각해 봅니다. 여러분도 수인의 말을 되새겨 보고, 나를 사랑하는 방법에 대해 이야기해 보세요. (175쪽)

책 속 진로 찾기 : 꿈을 키워 보아요

1. 수산나고등학교에서 수인은 호접몽 아이들과 다양한 독서행사를 하고 그 활동들이 교과부의 독서교육 모범 사례로 오르기도 했습니다. 여러분이 사서교사라면 어떤 프로그램을 운영하고 싶은가요? (36쪽)

2. 형설중학교에서 수인이 맡게 된 독서회 아이들 중 자발적으로 독서회에 지원한 사람은 네 명뿐이었지만 그것도 마지못해서였습니다. 그런 아이들이 수인과 함께 도서관에서 독서회 활동을 하는 동안 조금씩 변화하게 되고, 수인도 자신을 돌아보는 계기가 됩니다. 수인이 사서교사로서 각 아이들에게 미친 영향은 무엇이라고 생각하나요? (79쪽)

인물	영향
송이담	
강도범	
최세호	
안해명	

3. 형설중학교 도서관은 학교에서 가장 후미진 곳에 자리 잡고 있어 도서관 이용자가 거의 없었습니다. 수인은 독서회를 열어 아이들을 불러모으고, 학교의 중심으로 도서관을 옮기려고 하지만 여러 선생님들의 반대에 부딪히게 됩니다. 형설중학교 도서관을 변화시키기 위해 사서교사로서 수인에게 필요한 역량은 무엇일까요? (137~138쪽)

4. 도서관 이용자의 편의를 도모하기 위해서 도서관은 마땅한 환경과 기능을 갖추어야 합니다. 여러분이 형설중학교 도서관을 운영하게 된다면 환경과 기능적인 부분에 있어서 어떤 면에 중점을 두고 싶은가요? (198쪽)

도서관 환경	도서관 기능
-	-
-	-
-	-
-	-

진로 탐색 : 꿈을 응원합니다

※ 사서(교사)에 대해 조사해 보고 빈칸은 여러분이 채워 보세요

1. 사서(교사)란?

> 도서관을 운영하는 운영자이며 자료를 관리하는 정보전문가입니다. 도서관에 소장할 자료를 구입하고 자료의 주제와 내용, 형태에 따라 분류합니다. 책과 관련된 여러 가지 문화 행사와 독서수업을 진행하고 도서관 이용자의 편의를 도모합니다.

2. 사서(교사)는 어떤 일을 할까요?

> - 도서관 소장자료를 구입하여 분류하고 관리합니다.
> - 도서관 이용자 교육 및 독서수업을 합니다.
> - 독서교실, 작가 강연 등 독서문화행사를 기획하고 진행합니다.
> - 시설, 자료구성, 이용자 만족도 등 전반적인 도서관 환경 기능을 개선할 방법을 구상합니다.
>
> 그 외에 또 어떤 일을 할까요?

3. 사서(교사)가 되기 위해서는 어떤 점이 필요할까요?

성격	공부	능력
- 책과 사람에 대한 애정 -	- 국어와 외국어 공부 -	- 이용자의 요구를 파악하는 의사 소통 능력 -

4. 사서(교사)라는 직업의 좋은 점과 힘든 점은 무엇일까요?

좋은 점	힘든 점

5. 사서(교사)와 관련된 일을 하는 직업에는 어떤 것이 있을까요?

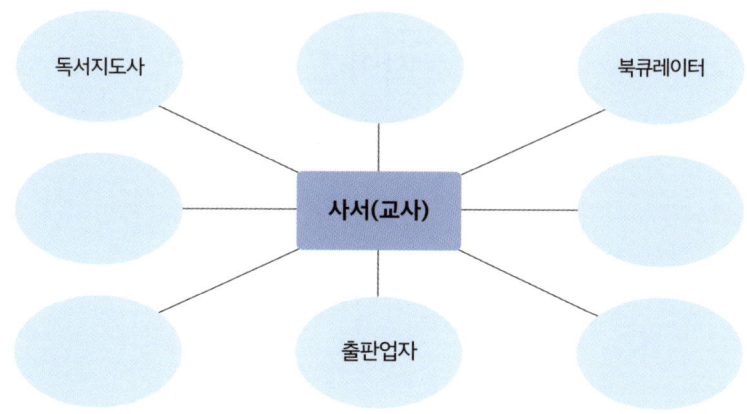

6. 사서(교사)와 다른 직업을 융합하여 새로운 직업을 만들어 봅시다.

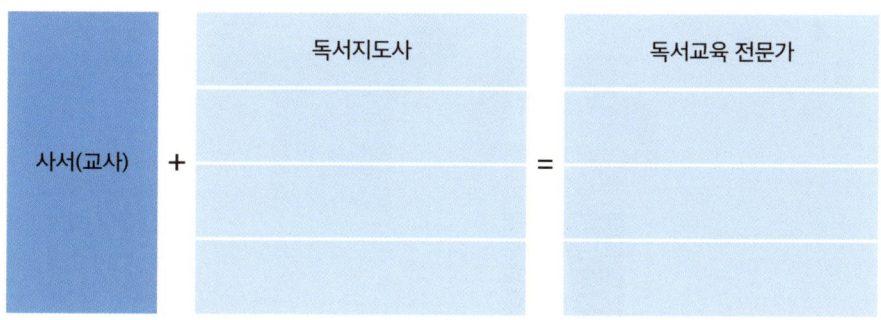

#22
옆집에 유명 작가가 산다면?

| 작가 |

About the Book

어느 날 작가가 되었습니다
아넷 하위징 지음, 전은경 옮김, 탐, 2017

엄마가 돌아가신 후 카팅카는 옆집에 사는 린다 아줌마에게 글쓰기를 배우게 되었습니다. 린다 아줌마는 작가로서 사물의 뒷면을 보는 법을 배워야 한다며 내적 갈등 안에 숨어 있는 이야기를 찾아내라고 합니다. 린다 아줌마의 말을 들은 카팅카는 아빠와 디르키 아줌마를 떠올립니다. 디르키 아줌마를 좋아하지만 엄마로서는 받아들일 수 없는 카팅카의 마음은 글에서도 나타납니다. 카팅카가 써온 글을 린다 아줌마가 교정해 주고, 서로의 삶을 알아가면서 특별한 관계가 되어가는 동안 카팅카는 디르키 아줌마를 받아들일 만큼 내적으로 성장합니다. 카팅카의 성장소설이면서 한편으로는 글쓰기 실용서로도 손색없는 이야기입니다.

함께 보면 좋아요
『소설 쓰는 소설』 스도 야스타카 지음, 김지연 옮김, 책과콩나무, 2018
『분홍 손가락』 김경해 지음, 자음과모음, 2017
『너도 작가가 되고 싶니?』 강유정 지음, 비룡소, 2016
『내일의 너를 믿어봐』 송영선 외 지음, 탐, 2013

낱말 퍼즐 : 내용을 떠올려 보아요

정답

가로 | 1.인용구 2.글쓰기 3.물리치료사 4.미주알고주알 5.파란색 6.시점 7.혈연관계 8.이야기 9.킬유어달링스 10.작가 11.지은이 12.드림 13.클레오파트라

세로 | ①구세주 ②글재주 ③기물 ④사이버 ⑤알람시계 ⑥알파벳 ⑦색종이 ⑧관용어 ⑨야심작 ⑩유종지미 ⑪스펙터클 ⑫시나리오 ⑬가이드라인 ⑭이웃집

가로

1. 다른 책이나 글에서 인용한 구절.
2. 카팅카가 린다 아줌마에게 배운 것. 문장을 정리하여 글을 지어나가는 행위.
3. 디르키 아줌마의 직업. 의사의 진단과 처방에 따라 통증이나 장애가 있는 환자에게 운동과 물리적인 방법을 적용하여 치료하는 일.
4. 카팅카는 자신의 이야기로 글을 쓰면서 사소한 것까지 모두 드러내게 됨. 사람 속의 처음부터 맨 끝부분까지 속속들이 훑어본다는 뜻.
5. 린다 아줌마가 글쓰기 강좌에서 좋은 글이라고 평가할 때 사용하는 색깔.
6. 소설에서 이야기를 서술하여 나가는 방식이나 관점.
7. 부모와 자식, 형제자매를 기본으로 하여 연쇄적으로 이어지는 혈육 관계. 아빠-카팅카-칼레의 관계를 이르는 사자성어.
8. 어떤 사물이나 사건 또는 현상에 대해 일정한 내용을 가지고 하는 말. 영어로는 story.
9. 린다 아줌마의 원고에 전담 편집자가 교정 표시한 KYD는 "Kill your darlings"의 약자로, 아무리 자신이 좋아하고 아름답다고 생각하는 문장이라도 전체적인 내용과 어울리지 않으면 과감히 삭제해야 한다는 의미. 이 영어 문장의 한글식 표기.
10. 린다 아줌마의 직업이자 카팅카의 장래 희망. 문학 작품이나 그림, 조각 등의 예술품을 창작하는 사람.
11. 책을 지은 사람을 뜻하는 순우리말. 『어느 날 작가가 되었습니다』의 ○○○는 아넷 하위징.
12. '꿈'을 뜻하는 영어 단어 'Dream'의 한글 표기.
13. 린다 아줌마가 키우던 고양이 네로가 죽은 뒤 동물보호소에서 데려온 붉은 털을 가진 아기 고양이의 이름.

세로

① 글 쓰는 법을 알고 싶은 카팅카에게 수업료도 받지 않고 지도해 주는 린다 아줌마는 카팅카에게 이러한 존재. 괴로움이나 곤경에서 구해 주는 사람.
② 글을 잘 짓거나 쉽게 깨치는 재주.
③ 린다 아줌마가 글 쓰지 않는 날이면 햇볕에 널어 말리는 물건들. 살림살이에 쓰이는 여러 가지 기구와 물건.
④ 컴퓨터와 관계있는 가상 또는 공상의 의미. Cyber.
⑤ 엄마가 죽은 뒤 아빠와 한시도 안 떨어지려는 카팅카에게 아빠가 분리 연습을 시도하면서 쥐어준 것. 지정한 날짜나 시간이 되면 소리가 울리도록 만든 시계.
⑥ 린다 아줌마가 서재에 있는 책들을 정리하는 기준. 영어, 라틴어, 그리스어 등에서 단어를 이루는 문자.
⑦ 색을 입힌 종이. 주로 종이접기나 미술 작품을 만들 때 사용함.
⑧ 둘 이상의 단어가 결합하여 특정한 뜻을 관용적으로 나타내는 말. 예) 코가 납작해지다 → 몹시 무안을 당하거나 기가 죽어 위신이 떨어지다.
⑨ 새로운 시도를 하여 큰 성과를 기대하는 작품.
⑩ 한번 시작한 일을 끝까지 잘하여 좋은 결과를 맺음을 뜻하는 한자성어.
⑪ 연극이나 영화에서 웅장하고 화려한 장면을 뜻하는 영어 단어 'spectacle'의 한글 표기.
⑫ 영화를 만들기 위해 쓴 대본. 영화의 시청각적인 묘사를 구체적으로 표현하며 등장인물과 대사, 동작, 배경, 음향 등 여러 가지 요소를 종합적으로 기술함.
⑬ 방향이나 목표, 방법 등을 안내하는 지침을 뜻하는 영어 단어 'guideline'의 한글 표기.
⑭ 카팅카와 린다 아줌마는 서로 이웃하고 있는 사이. 가까이 있거나 접하여 사는 집.

 **해석적 발문 : 다양하게 생각해 보아요**

1. 아디 이모는 카팅카에게 '엄마가 죽었다'라는 말 대신 '엄마가 돌아가셨다'라는 말을 쓰라고 합니다. 하지만 카팅카는 '돌아가셨다'라는 말이 왠지 이상하게 여겨집니다. 린다 아줌마도 같은 의견이라고 해서 카팅카는 계속 '죽었다'라는 말을 쓰고 있습니다. 카팅카는 왜 돌아가셨다는 말을 이상하게 여기는 걸까요? (6쪽)

2. 린다 아줌마는 작가로서 사물의 뒷면을 보는 법을 배워야 한다며 내적 갈등 안에 숨어 있는 이야기를 찾아내라고 말합니다. 린다 아줌마의 말을 들은 카팅카는 아빠와 디르키 아줌마를 떠올립니다. 카팅카 아빠와 디르키 아줌마의 내적 갈등 속에 숨어 있는 이야기는 무엇일까요? (52쪽)

3. 카팅카는 금요일마다 린다 아줌마에게 글쓰기를 배우러 갑니다. 그러나 글쓰기 수업은 하지 않고, 정원을 가꾸거나 서재를 청소하는 등의 다른 일만 하는 날도 있습니다. 글쓰기와 관련이 없는 이러한 활동이 카팅카의 글쓰기에 어떠한 영향을 미친다고 생각하나요? (111쪽)

4. 디르키 아줌마와 쇼핑을 갔던 카팅카는 아줌마가 권해 준 하얀 점무늬가 있는 빨간 원피스와 두 사람을 모녀 사이로 착각한 식당 종업원의 말 때문에 화가 났습니다. 그 일이 있은 후 몇 주 동안 디르키 아줌마는 카팅카의 집에 오지 않았습니다. 그동안 디르키 아줌마와 잘 지냈던 카팅카는 왜 그렇게 화를 냈을까요? (127쪽, 129쪽)

5. 꽤 오랫동안 글쓰기 수업을 했지만 여전히 카팅카의 글에는 빨간색 교정 표시가 많습니다. 자신감을 잃은 카팅카를 위로하기 위해 린다 아줌마는 전담 편집자가 교정한 자신의 원고를 보여줍니다. 그러면서 시간이 지날수록 자신을 제대로 판단하기 어렵다며 '거리두기'가 필요하다고 합니다. 린다 아줌마가 말한 '거리두기'란 어떤 의미일까요? (134~135쪽)

6. 테르스헬링 섬에 간 카팅카는 용기를 내 디르키 아줌마에게 전화합니다. 그리고 엄마가 그립다며 엄마의 동영상을 함께 봐 달라고 합니다. 카팅카는 왜 디르키 아줌마에게 엄마의 동영상을 함께 보자고 했을까요? (162~163쪽)

선택적 발문 : 입장을 정해 보아요

1. 아디 고모는 텔레비전 앞에서 음식을 먹는 게 건강하지 못한 습관이라며 고치라고 합니다. 그러나 아빠는 식사하면서 뉴스와 청소년 저널을 보면 손쉽게 지식을 쌓게 된다고 합니다. 여러분이 카팅카 가족과 식사를 하게 된다면 누구의 의견에 따를 건가요? (54~55쪽)

☐ 아디 고모   ☐ 아빠

이유 :

2. 대부분의 도서관은 책을 주제에 맞게 분류한 다음 정해진 규칙에 따른 청구기호 순으로 정리합니다. 그렇지만 작은 도서관이나 개인 서재의 경우는 개인이 정한 규칙에 따라 정리하기도 합니다. 린다 아줌마는 알파벳 순서로 서재의 책을 정리하고, 디르키 아줌마는 색깔별로 책을 정리합니다. 여러분은 서재를 어떤 방법으로 정리하고 싶은가요? (107~108쪽)

☐ 제목의 첫 글자 순서   ☐ 색깔별   ☐ 십진분류법   ☐ 그 외

이유 :

3. 린다 아줌마와 글쓰기 수업을 하는 동안 카팅카는 조금씩 성장합니다. 엄마를 잃은 상처도 회복해 가면서 엄마의 이야기를 글로 쓸 것이라고 다짐하기도 합니다. 여러분은 카팅카가 어떤 분야의 작가가 될 것으로 기대하나요?

☐ 소설가　　☐ 시인　　☐ 동화작가　　☐ 수필가　　☐ 그 외

이유 :

사색적 발문 : 생각을 넓혀 보아요

1. 하를링언으로 가는 배에서 디르키 아줌마를 만난 후 카팅카 가족의 삶에는 변화가 생겨났습니다. 만약 디르키 아줌마를 만나지 않았다면 카팅카와 아빠의 삶은 어떻게 달라졌을까요? (25쪽)

2. 디르키 아줌마가 자주 듣던 안드레 하제스의 노래 가사는 카팅카의 눈물샘을 자극했습니다. 카팅카는 사람들이 울 수밖에 없는 글을 쓰는 것이 제일 어려운 일이라고 느낍니다. 카팅카의 눈물샘을 자극한 노래 가사처럼 여러분의 마음에 와닿은 글이나 책이 있다면 소개해 주세요. (105쪽)

3. 린다 아줌마는 카팅카에게 니콜린 미제이의 책 『글쓰기 수업』에서 전환점에 대한 부분을 찾아주었습니다. 테르스헬링스 섬에 간 카팅카는 혼자 해변에 나가서 전환점을 만들었습니다. 파도에 몸을 맡기고 가만히 있는 동안 머릿속이 조용해졌고, 물에서 걸어 나왔을 때는 평온해진 것을 느꼈습니다. 카팅카처럼 여러분에게도 내적 갈등을 해결하는 '전환점'과 같은 상황이 있었나요? (160쪽)

4. 디르키 아줌마와 관계를 회복한 카팅카는 다시 엄마를 얻었다고 합니다. 엄마가 자신을 키울 필요도 없고, 그저 옆에 있기만 하면 된다고 합니다. 그리고 훗날 엄마에 관한 글을 쓰겠다고 마음먹습니다. 카팅카처럼 여러분에게도 쓰고 싶은 글의 주제가 있다면 이야기해 보세요. (163쪽)

책 속 진로 찾기 : 꿈을 키워 보아요

1. 카팅카는 린다 아줌마의 조언과 비평에 따라 자신만의 작가 수첩을 정리합니다. 카팅카의 작가 수첩에서 가장 공감이 되는 것을 선택하고 그 내용을 바탕으로 나만의 작가 수첩을 구성해 보세요.

카팅카의 작가 수첩	공감 부분
1. 일단 그냥 쓰는 거다. 많이 써야 한다. 연습, 연습, 또 연습. 무슨 이야기를 쓰는지는 아무 상관이 없다. 어떻게 쓰는지가 중요하다.	
2. 쇼우, 돈 텔(Show, Don't tell). 말하지 말고 보여 줘라. 주인이 슬프다고 설명하지 말고, 그 주인공이 어깨를 축 늘어뜨리고 길을 터벅터벅 걷는 모습을 묘사하라.	
3. 작가가 지닌 중요한 도구 중 하나는 시간이다. 작가는 시간을 당기거나 늦출 수 있다.	
4. 글을 반드시 시간 순서대로 쓸 필요는 없다. 독자가 호기심을 일으켜 이야기 속으로 빠져들 장면을 골라야 한다.	
5. 회상 기법(플래시백)을 사용하라. 소풍에 관한 글을 이렇게 시작할 수 있다. "버스는 오전 8시 반에 출발했다." 다음과 같이 쓰면 더 흥미진진하다. "오늘 나는 검은 표범과 눈을 마주하고 서 있었다."	
6. 뭘 쓰려는가만 생각하지 말고 뭘 빼놓을지를 생각해야 한다.	
7. 다른 작가는 어떻게 하는지 자세히 관찰해야 한다.	
8. 사물의 뒷면을 보는 법을 배워야 한다. 사람들이 내보이는 겉모습, 그 뒤쪽을 볼 수 있어야 한다. 내적 갈등이 중요하다. 이야기는 바로 거기 숨어 있다.	
9. 시점은 '누구의 눈으로 사건을 서술하는가.'라는 의미다. 똑같은 사건을 다른 등장인물의 시각에서 써 보는 연습이 필요하다.	
10. 킬 유어 달링스(Kill Your Darings). 며칠 동안이나 아름다운 장면을 생각했는데도, 전체적인 이야기와 제대로 맞지 않는다면 그 장면을 빼야 한다.	

○○의 작가 수첩

_____

_____

_____

2. 린다 아줌마와 함께 정원을 가꾸었던 일은 카팅카가 글을 쓰는 것에도 좋은 영향을 주었습니다. 식물의 이름과 특성에 맞게 키우는 법을 알게 되면서 새로운 경험을 얻었습니다. 글쓰기에 도움되는 또 다른 활동에는 어떤 것이 있을지 생각해 보세요. (136쪽)

3. 글을 쓰는 작가는 다양한 분야에 존재합니다. 나에게 어떤 분야의 작가가 어울리는지 고민해 보고, 그 분야의 작가에 대해 알아봅시다.

작가의 종류
소설가(일반/역사/SF/판타지) / 시인 / 수필가 / 시나리오 작가 / 코미디 작가 / 드라마 작가 / 다큐 작가 / 예능 작가 / 라디오 작가 / 아동문학가 / 웹툰 작가 / 스토리 작가 / 인터넷 작가 / 여행 작가 / 그 외

나에게 어울리는 작가 찾기	
나의 강점	
어울리는 분야	
하는 일	

 **진로 탐색** : 꿈을 응원합니다

※ 작가에 대해 조사해 보고 빈칸은 여러분이 채워 보세요.

1. 작가란?

> 문학 작품이나 그림, 조각 등의 예술 작품을 창작하는 예술가입니다. 문학 작품의 경우 저술가라고 하지만 통상적으로 작가라는 말을 널리 씁니다.

2. 작가는 어떤 일을 할까요?

> - 소설가 : 장편, 단편 등 일정 형식의 소설을 씁니다.
> - 시인 : 시를 짓는 일을 전문적으로 합니다.
> - 방송작가 : 드라마나 예능 프로그램, 다큐멘터리 등의 대본을 씁니다.
>
> 그 외에 또 어떤 일을 할까요?

3. 작가가 되기 위해서는 어떤 점이 필요할까요?

성격	공부	능력
- 다양한 소재를 수집하여 정리하는 꼼꼼함 -	- 다양한 표현으로 글을 쓰기 위한 언어 공부 -	- 독자에게 감동을 전할 수 있는 문장력 -

4. 작가가 되면 좋은 점과 힘든 점은 무엇일까요?

좋은 점	힘든 점

5. 작가와 관련된 직업에는 또 어떤 것이 있을까요?

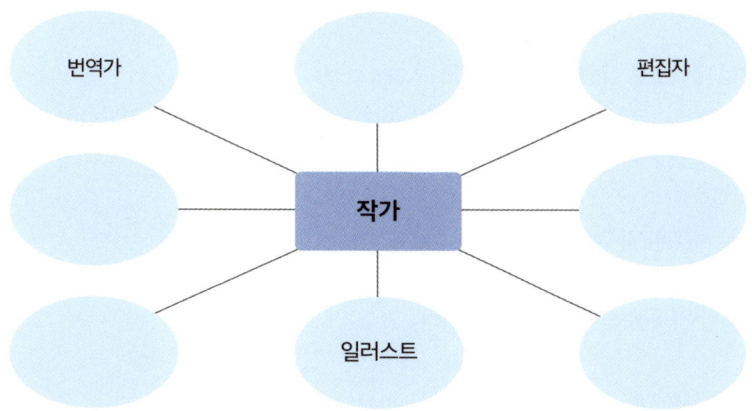

6. 작가와 다른 직업을 융합하여 새로운 직업을 만들어 봅시다.

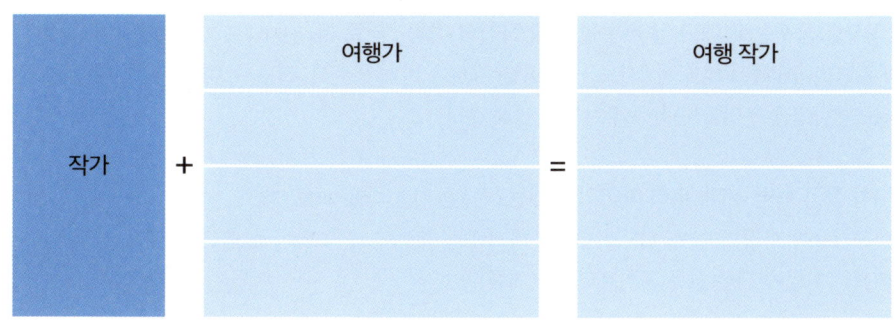

부록1

진로·직업 영역별 추천 책

1. 미래의 직업에 관한 정보를 주는 책

4차 산업혁명 시대의 변화와 주요 기술을 알고, 직업 세계가 어떻게 변화해 나갈지 그에 따른 준비를 하는 데 참고할 만한 책들을 소개한다.

『청소년이 꼭 알아야 할 2030 뜨는 직업 지는 직업』 최정원 지음, 동아엠앤비, 2018
4차 산업혁명이 사회 전반에 혁신적인 변화를 가져오는 미래에 새롭게 주목받는 직업과 사라질 것으로 예상되는 직업을 소개한다.

『한발 앞서 내다보는 유망직업 미래지도』 김영기 외 지음, 일상이상, 2018
현장 전문가들의 조언으로 미래 유망 직업과 대한민국 일자리의 미래를 전망하고 미래의 직업을 얻기 위해 준비해야 할 것을 제시한다.

『내 아이와 로봇의 일자리 경쟁』 이채욱 지음, 매일경제신문사, 2018
로봇과의 일자리 경쟁에서 안전과 위험도에 따라 직업을 분석하고 미래 직업 선택과 전공, 과목 선택, 학습 방법에 대한 대안을 제시한다.

『4차 산업혁명을 대비한 십대 진로 길잡이』 이보경 지음, 지브레인, 2018
2025년의 미래를 예상하고 사물인터넷과 가상현실 세계가 삶을 어떻게 바꿀 것인지 그려 보게 하며, 4차 산업시대에서 선택할 직업을 소개한다.

『의사를 꿈꾸는 10대가 알아야 할 미래 직업의 이동 : 의료 편』 신지나 외 지음, 한스미디어, 2018
4차 산업시대에는 의료계에서도 큰 변화를 가져와 미래의 의사, 간호사, 약사, 수의사를 꿈꾸는 청소년들에게 무엇을 준비해야 할지 조언해 준다.

『4차 산업 혁명 시대, 우리 아이의 미래는』 전진한 지음, 다림, 2018
인공지능이 사람의 일자리를 차지하는 미래에는 품성이 곧 능력이며, 좋은 직업의 고정관념을 버리고 직업에 대한 안목을 기르라고 조언한다.

『4차 산업혁명과 미래 직업』 이종호 지음, 북카라반, 2017
4차 산업혁명으로 인공지능이 대부분의 일자리를 대체하면서 앞으로 사라질 직업, 살아남을 직업, 새로 생겨날 직업에 대해 소개한다.

『4차 산업혁명은 어떤 인재를 원하는가』 설성인 지음, 다산4.0, 2017
세상을 바꾸는 세계 일류 이공계 대학 10곳을 선정하고 직접 방문해 교수와 학생을 인터뷰하며, 각 대학의 역사와 비전을 소개한다.

『4차 산업혁명과 인간의 미래』 최연구 지음, 살림Friends, 2018
4차 산업혁명이라는 미래의 특이점과 시대에 맞는 인재상을 제시하고 창의적 융합인재를 필요로 하는 미래의 유망 일자리에 대해 이야기한다.

『청소년이 꼭 알아야 할 4차 산업혁명 새로운 직업 이야기』 이랑 외 지음, 드림리치, 2018
로봇, 인공지능 등 4차 산업혁명의 11개 핵심기술 분야에 맞추어 미래의 직업에 대해 소개하고 전문가의 인터뷰까지 수록했다.

『10대가 맞이할 세상, 새로운 미래직업』 김승 외 지음, 미디어숲, 2017
4차 산업혁명을 좀 더 구체적으로 들여다보고 직업의 정의와 개념이 어떻게 변하고 있는지, 무엇을 준비해야 하는지를 보여준다.

『로봇 시대 미래 직업 이야기』 김은식 지음, 나무야, 2017
컴퓨터와 인공지능의 차이점과 우리 생활 곳곳에서 일상을 변화시키는 인공지능에 대해 소개하며 AI가 대신하기 어려운 일에 관해 이야기한다.

『미래를 여는 새로운 직업(전 5권)』 서울산업진흥원 신직업인재센터 지음, 서울산업진흥원, 2017
4차 산업시대에 일자리가 기계화되면서 인간만이 할 수 있는 일자리는 무엇인지 소개하고 미래직업에 대해 준비하도록 현장 인터뷰를 담았다.

『청소년이 꼭 알아야 할 IT 미래직업』 권은옥 외 지음, 콘텐츠하다, 2016
미래에 주목받을 IT 관련 직업 50가지를 흥미롭게 소개하고 청소년들이 원하는 직업을 실질적으로 준비할 수 있게 도움을 준다.

『10대가 알아야 할 미래 직업의 이동』 박종서 외 지음, 한스미디어, 2016
기술 변화의 속도는 농업, 건축, 의료, 법 등의 모든 영역에 ICT와 인공지능이 확장될 것을 예고하고 미래직업의 특징을 체계적으로 정리했다.

『미래 직업, 어디까지 아니?』 박영숙 지음, 고래가숨쉬는도서관, 2015
IT 로봇, 경제·경영, 의료·복지, 환경·에너지, 문화·예술, 생활과 여가 등 여섯 개의 분야에 속하는 54개의 미래 직업을 알아가는 과정을 담았다.

『미래 유망 직업 콘서트』 고정민 지음, 꿈결, 2015
미래 유망 직업을 홀랜드의 직업흥미검사에서 제시하는 6가지 유형(현실형, 탐구형, 예술형, 사회형, 진취형, 관습형)에 따라 나누고 소개한다.

『잡아라 미래직업 100』 곽동훈 외 지음, 스타리치북스, 2015
급변하는 시대를 대비하여 미래 직업 100가지를 소개하고 시각적으로 더 쉽게 다가가도록 각각의 직업을 모두 일러스트로 표현했다.

2. 직업 관련 인물을 소개하는 책

내가 꿈꾸는 직업의 길을 걷고 있는 사람들은 어떻게 그 일을 시작하고 힘든 과정을 이겨냈을까? 현재의 자리에 오르기까지 그들이 겪은 고민과 직업에 대한 보람을 읽어보고 나의 꿈을 구체적으로 그려보자.

『나는 대한민국의 여성 과학자입니까?』 권소영 외 지음, 와우라이프, 2018
우리나라 과학 분야의 최전선에서 연구하는 여성 과학자들이 치열한 공부 경쟁에서 성공하고 일과 육아를 포기하지 않고 도전하는 진솔한 삶을 담았다.

『미래의 별 나를 만나다』 이랑 외 지음, 드림리치, 2018
청소년이 선정한 멘토 15인을 직접 인터뷰하여 생생하고 실질적인 정보가 가득하며 인터뷰마다 진로전문가의 세세한 직업 조언을 추가했다.

『마음을 열 수 있다면 아나운서』 윤지영 지음, 토크쇼, 2018
윤지영 아나운서를 통해 콘텐츠 전달자에서 생산자로 변하는 아나운서의 역할과 방송 준비, 프로그램 진행의 보람과 고민에 대해 알아본다.

『그들도 아이였다』 김은우 지음, 마음이음, 2018
현재 자기가 활동하는 분야에서 최고의 자리에 오른 인물들이 평범한 아이였을 적에 겪은 고민과 꿈에 대한 이야기를 들려준다.

『청소년을 위한 영화감독이 되는 길』 민병훈 지음, 가쎄, 2018
영화감독을 꿈꾸는 청소년들의 궁금증을 33개의 쳅터로 나누고 영화감독으로서의 경험을 바탕으로 기본 소양과 꿈을 이룰 수 있는 지름길을 제시한다.

『갈팡질팡 청년의사 성장기』 허기영 지음, 푸른들녘, 2018
청년 의사인 저자가 의사가 되는 과정과 의사로서의 삶을 솔직하게 전달하며, 의료 체계의 현실까지 짚어주어 이 시대에서 의사의 역할에 대해 통찰하게 해 준다.

『리얼(Real) 로봇공학자』 박지은 외 지음, 가나출판사, 2018
세계 로보컵 우승과 최고의 휴머노이드 상을 수상하고 평창 동계올림픽 로봇스키대회 프로젝트를 진행한 한양대학교 한재권 교수를 인터뷰했다.

『10대, 우리들의 별을 만나다』 이랑·권혁준 지음, 드림리치, 2018
청소년들이 가장 만나고 싶어 하는 15인의 멘토들과 꿈에 대해 이야기하고 그들의 직업 세계를 알려 준다.

『호통판사 천종호의 변명』 천종호 지음, 우리학교, 2018
미성년자 범죄가 빈번해지고 수위가 높아지는 요즘, 천종호 판사가 청소년 범죄자와 소년법에 대한 딜레마를 이야기하며 법과 정의의 길을 안내한다.

『골든아워(전 2권)』 이국종 지음, 흐름출판, 2018
골든아워 60분 안에 치료해야 하는 치열한 중증외상센터 현장에서 외과의사 이국종이 들려주는 의료 현실에 대한 보고이다.

『유튜브의 신』 나동현(대도서관) 지음, 비즈니스북스, 2018
1인 크리에이터들의 롤 모델인 대도서관은 콘텐츠 기획부터 수익 창출까지 유튜브 플랫폼을

똑똑하게 활용할 수 있는 방법을 이 책에 모두 담았다.

『그린 잡』 박경화·녹색교육센터 지음, 양철북, 2016
건강한 생태와 공존을 지향하는 녹색직업인 15명의 인생 이야기와 장마다 구체적인 직업 정보를 소개하며 더욱 다양한 녹색직업을 부록으로 소개한다.

『발명을 통해 꿈을 꾸고 꿈을 이룬 여대생들』 문혜진 외 지음, 지식공감, 2016
세상을 관찰하고 실험해 보고 작게나마 직접 만들어 보는 디자인 사고(design thinking)를 실행하여 꿈을 하나씩 이루어 가는 두 여대생의 이야기다.

『고졸 전성시대』 양인숙 외 지음, 꿈결, 2015
무작정 대학에 진학하는 것보다 자신이 할 수 있는 일과 행복을 찾은 고졸 청춘 13인의 이야기를 통해 청소년들이 스스로를 믿으며 용감하게 세상에 나아가도록 돕는다.

『박지성 마이 스토리』 박지성 지음, 한스미디어, 2015
박지성이 축구를 시작하게 된 유년 시절의 이야기부터 축구 선수로 활동하면서 있었던 주요 사건의 기록과 은퇴 후의 진솔한 이야기를 담았다.

『광고천재 이제석』 이제석 지음, 학고재, 2014
초판에는 광고 도전기와 이제석광고연구소의 설립 과정을 담았고, 개정판에는 광고인으로서의 성공기, 광고의 미래에 대한 철학과 비전을 더했다.

『젊은 장인, 몸으로 부딪쳐!』 강상균 외 지음, 탐, 2014
공부 외의 다른 가능성을 찾아내 성공한 젊은 장인 여섯 명을 만나 인터뷰한 내용으로 청소년들에게 일단 몸으로 부딪쳐 본 다음 자신의 길인지 판단해 보라고 권한다.

『미스터, 나이팅게일』 문광기 지음, 김영사, 2014
간호사가 여성의 직업이라고 여기는 사회적 편견에 도전하여 남자 간호사로서 겪은 에피소드와 그곳에서 배운 인생의 의미를 생생하게 풀어냈다.

3. 진로독서에 관한 책

아무것도 하고 싶지 않아서, 반대로 하고 싶은 일이 너무 많아서 쉽게 진로를 결정하지 못하는 아이들에게 책으로 다양한 간접 경험을 하고, 그중에서 자신이 가장 흥미를 느끼는 일을 발견할 수 있게 도움을 주는 책이다.

『꿈꾸는 미래 진로독서(전 3권)』 김주상 외 지음 정인출판사, 2017
미래의 직업 이야기를 중심으로 자신이 가진 적성, 흥미를 발견하여 더욱 구체적으로 진로 탐색 활동을 가능하게 했다.

『인문학아 부탁해 나의 꿈, 나의 미래(전 2권)』 공규택 지음, 북트리거, 2017
인문학적 책 읽기를 바탕으로 자기주도적 진로 탐색을 가능하게 한다. 관련 직종에 대한 유용한 정보와 함께 올바른 직업 가치관을 살펴볼 수 있다.

『진로진학독서』 윤소영 외 지음, 경향미디어, 2016
관심 분야를 고민하고 해당 분야의 책을 읽은 뒤 그 직업이나 진로 분야에 대한 세부적인 지식과 간접 경험을 준다.

『진로독서 인성독서』 서상훈 외 지음, 더디퍼런스, 2016
책이 가진 가치를 통해 진로에 대한 귀한 정보를 얻고 더불어 살아가는 삶에 대한 자세를 배울 수 있음을 알려준다.

『진로, 책 속에 길이 있다』 김순례 외 지음, 성안당, 2015
가드너의 다중지능이론에 기반하여 자신의 강점을 이해하고 발전시켜 어떻게 직업으로 선택할 것인지 독서에서 그 답을 찾을 수 있도록 제시한다.

『꿈에 날개를 달아주는 진로독서』 전국학교도서관담당교사 경남모임 지음, 대원사, 2015
현장에서 체험한 활동 사례를 통해 자기 이해 - 진로 계획 - 진로 탐색 - 진로 체험의 단계로 진로독서 과정을 소개한다.

『국어샘과 진로샘이 함께 만든 진로독서』 김영찬 외 지음, 우리학교, 2014
미국의 진로심리학자 홀랜드의 6가지 이론(현실형, 탐구형, 예술형, 사회형, 기업형, 관습형)에 따라 흥미 유형에 맞는 독서로 진로를 탐색할 수 있다.

『내 꿈을 열어주는 진로독서』 임성미 지음, 꿈결, 2013
청소년이 꼭 읽어야 할 도서 30권을 선정하여 소개하고, 다양한 각도에서 책을 읽고 분석하여 청소년 스스로 미래의 꿈을 발견할 수 있도록 돕는다.

『십대를 위한 진로콘서트』 권순이 외 지음, 꿈결, 2013
자신에 대해 제대로 알고 있는지 등 나를 이해하는 일부터 시작해서 진로 탐색을 하며, 진로와 직업에 대한 계획과 실천에 대해 이야기한다.

『오늘 읽은 책이 바로 네 미래다』 임성미 지음, 북하우스, 2010
적성과 진로를 고민해 볼 수 있는 60권의 도서를 통해 진로를 찾을 수 있도록 도우며, 책 읽기로 꿈을 이룬 사람의 실화를 소개한다.

『청소년을 위한 진로 인문학』 김경집 외 지음, 학교도서관저널, 2017
인문학자, 작가, 철학자, 문화평론가, 청소년 진로상담가 등 다양한 분야의 멘토들이 청소년들에게 자아와 진로 탐색하는 법을 안내한다.

부록 2

다양한 진로·직업 체험 통로

가까운 진로센터에서 진행하는 다양한 진로 캠프와 진로 상담을 활용하여 진로 결정에 도움을 받을 수 있다. 진로·직업 체험은 센터 방문 체험과 직업 현장으로 찾아가는 진로 체험, 학교와 연계해 주는 것으로 나뉘는 등 그 방법이 다양하다. 대개 지방자치단체에서 운영하는 체험센터는 강사를 파견하여 찾아가는 진로 체험을 함께 진행한다.

교육지원센터 '꿈여울'
소개 : 초·중·고등학교를 방문하여 진행하는 진로직업체험교육과 방학을 활용하여 센터에서 운영되는 체험프로그램이 있다.
문의 : www.1020dream.com / ☎ 대구경북 053-655-0200, 부산영남 070-7740-6670, 서울경기 010-4112-4148 / 1020edu@naver.com
주소 : 대구시 달서구 상화로 303

국립청소년농생명센터
소개 : 청소년들이 생명을 연구하는 과학실험과 농업생산 기술을 실제로 체험할 수 있다.
문의 : nyac.kywa.or.kr / ☎ 063-540-5600
주소 : 전라북도 김제시 부량면 벽골제로 421

도봉 진로직업체험지원센터 '꿈여울'
소개 : 진로 상담실, 토요 직업체험 스쿨, 롤모델 콘서트, 직업체험 이벤트, 기업현장 직업체험 등의 프로그램이 있다.
문의 : www.dobongdream.or.kr / ☎ 02-2091-2343
주소 : 서울시 도봉구 도봉로 552 도봉구민회관 3층

미래창창 성북청소년 진로직업체험지원센터
소개 : 1일 4시간 직접 직업체험을 하는 〈청진기〉, 직업인 특강프로그램인 〈마을 멘토와의 만남〉, 자유학기제 주제선택프로그램, 진로박람회, 학부모를 위한 〈학부모 진로 마을학교〉 등이 진행된다.
문의 : www.sbcareer.or.kr / ☎ 02-2241-2485~8
주소 : 서울시 성북구 오패산로3길 87 성북자기주도학습지원센터

서울시립과학관
소개 : 청소년의 기초과학 이해를 돕고 과학의 대중화를 위해 건립한 서울시립과학관은 일상에 숨어 있는 과학적 원리를 쉽게 체험할 수 있다.
문의 : science.seoul.go.kr/main / ☎ 02-970-4500~1
주소 : 서울시 노원구 한글 비석로 160

서울시립은평청소년미래진로센터 '크리킨디센터'
소개 : 복합 메이커 스페이스 · 코딩작업장 · 목공작업장 · 직조작업장 · 음악작업장 · 요리작업장 등 청소년의 미래 진로 탐색을 위한 분야별 오픈클래스가 마련돼 있고 청소년 리더십 프로그램과 대안교육 프로그램도 진행된다.
문의 : krkd.eco / ☎ 02-6951-2123
주소 : 서울시 은평구 통일로 684 서울혁신파크 공유동 크리킨디센터

서울시립청소년직업체험센터 '하자센터'
소개 : 연세대학교가 서울시의 위탁을 받아 운영하는 청소년 학습 공간이다. 공교육연계사업인 공공진로학교, 어린이 놀이 및 작업 프로젝트인 청개구리 작업장, 수능 이후 교육공백기를 활용하여 삶의 진로를 탐색하는 스프링캠프, 청소년 진로 역량강화 프로젝트인 비커밍 프로젝트 등의 프로그램이 진행된다.
문의 : haja.net/ ☎ 02-2677-9200
주소 : 서울시 영등포구 영신로 200

아이지니어스(iGENIUS)
소개 : 센터에서 직업 참여하는 직업체험과 찾아가는 진로 체험을 동시에 진행한다.
문의 : igenius.co.kr/ ☎ 02-707-3040
주소 : 경기도 부천시 원미구 중동로 248번길 33

용산구 진로직업체험지원센터 '미래야'
소개 : 미디어관련 직업체험, 4차 산업혁명 직업 소개와 직업을 체험할 수 있고 청소년의 미래에 대한 진로 상담도 가능하다.
문의 : www.miraeya.or.kr/ ☎ 070-7165-1034~36/1023
주소 : 서울시 용산구 한강대로 255

은평청소년진로직업체험지원센터 '드림아지트'
소개 : 현장 직업 체험, 직업 실무 체험, 직업인 초청 진로특강 · 진로콘서트, 서울진로직업박람

회 등의 프로그램이 있다.
문의 : www.woori1318.or.kr/career/ ☎ 02-383-9966
주소 : 서울시 은평구 백련산로4길 16

이앤티진로직업체험센터
소개 : 방송, 연출, 가수, 배우, 뮤지컬, 모델, 무용, 법률, 뷰티 등 방송연출 분야의 직업을 체험할 수 있다.
문의 : www.entjob.co.kr/ ☎ 02-786-7997
주소 : 서울시 강남구 논현동 112-21 로뎀2빌딩 4층

중랑진로직업체험지원센터
소개 : 학교와 직업체험처간 연계를 지원하고 상설 직업 체험 프로그램을 운영한다.
문의 : dreamhigh.kr/ ☎ 02-496-5690~2
주소 : 서울시 중랑구 망우로 353 엠코 C동 지하2층

지식재산 진로직업체험협회
소개 : 청소년에게 지식재산교육을 통해 발명을 알리고 진로·직업교육과 창업을 통한 기업가 정신을 교육한다.
문의 : www.진로직업.com/home/ ☎ 02-2203-3320
주소 : 서울시 광진구 광나루로24길 23

키자니아
소개 : 직업 해당 직업인이 되어 다양한 체험을 해 볼 수 있는 테마형 직업체험관이다. 일한 대가로 키자니아의 화폐인 '키조'를 받고 은행 계설과 직접 사용으로 경제흐름을 익힐 수 있다.
문의 : www.kidzania.co.kr/intro/ ☎ 1544-5110
주소
- 서울점: 서울시 송파구 올림픽로 240
- 부산점: 부산시 해운대구 센텀4로 15 센텀시티몰

포천시 꿈모락 진로직업체험센터
소개 : 포천시 진로교육의 허브이며 직업체험형, 학과체험형, 간접체험형, 역량강화형 프로그램을 진행한다.
문의 : www.pocheonkkummorak.com/ ☎ 031-538-3268
주소 : 경기도 포천시 소흘읍 호국로523번길 59-56

한국잡월드
소개 : 청소년들이 다양한 직업세계를 체험하고 보다 구체적인 진로를 탐색할 수 있도록 만들어진 직업체험관이다.
문의 : blog.naver.com/kjobworld/ ☎ 1644-1333
주소 : 경기도 성남시 분당구 분당수서로 501

군포시교육협력지원센터 '꿈이지'
소개 : 군포시 초·중·고등학생에게 현장직업체험, 직업실무체험, 현장견학, 학과체험, 진로캠프, 진로특강 등의 현장진로·직업체험과 자유학년제를 지원한다.
문의 : www.gpdreameasy.or.kr/ ☎ 031-390-1426~9
주소 : 경기도 군포시 산본로 322

꿈길(진로체험지원센터)
소개 : 학생들의 다양한 진로체험을 지원하기 위해 교육부가 운영하는 대국민 서비스 플랫폼이다. 지역사회의 다양한 진로체험처와 프로그램을 관리하고 학교의 진로체험 운영을 지원한다.
문의 : www.ggoomgil.go.kr/ ☎ 1566-9915
주소 : 서울시 중구 세종대로 39 꿈길운영지원센터

드림어스 교육지원센터
소개 : 전국 초·중·고등학교를 대상으로 전문 직업인 특강, 창의적 직업체험, 직업박람회, 진로동아리, 진로캠프 등의 프로그램을 운영한다.
문의 : dreamus.kr / ☎ 070-8882-2507 / hse4936@gmail.com
주소
- 대구 본사 : 대구시 동구 동부로 22길 48 유성푸르나임
- 서울 지사 : 서울시 구로구 디지털로 27길 24 801호

마인드 UP 캠프
소개 : 가족, 학교, 단체, 기업을 대상으로 키즈 리더십, 초등 리더십, 청소년 진로인성, 해외영어, 부모, 가족, 대학생 등 다양한 캠프를 진행한다.
문의 : mindupcamp.com / ☎ 1577-3132 / mindup4u@naver.com
주소
- 서울 삼성점: 서울시 강남구 테헤란로 79길 6 제이에스타워 5층 ㈜위엠유
- 인천 송도점: 인천시 연수구 송도동 30-3번지 센트로드빌딩 b동 30층 유오네크 ㈜위엠유
- 광주 일곡점: 광주시 북구 송해로 58번길 14, 2층 ㈜위엠유

캠퍼스 멘토
소개 : 진로캠프, 청소년 창업·진로 멘토링, 학과 멘토링, 직업인 멘토링, 진로진학교원 연수 등을 진행한다. 밴드와 카페, 카카오톡 등 다양한 미디어 채널을 이용해 교사와 학부모 온라인 채널도 운영하고 있다.
문의 : campusmentor.org / ☎ 02-333-5966 / mentor@camtor.co.kr
주소 : 서울시 마포구 월드컵북로6길, 49 성명빌딩 2층

크레존(창의인성교육넷)
소개 : 선생님, 학부모와 학생에게 전국의 다양한 창의적 체험활동과 창의·인성교육의 정보를 제공한다.
문의 : www.crezone.net / ☎ 02-559-3929 / crezone@kofac.re.kr
주소 : 서울시 강남구 선릉로 602

헬로우 뮤지엄
소개 : 작품 감상, 연계 예술 활동, 아티스트 인터뷰, 진로체험 등 청소년을 위한 진로체험 프로그램이 있다.
문의 : www.hellomuseum.com / ☎ 02-3217-4222 / hello@hellomuseum.com
주소 : 서울시 성동구 금호로 72

부록 3

진로·직업 정보를 제공하는 사이트

	사이트명	사이트 주소
1	경기도 진로진학지원센터	http://www.jinhak.goedu.kr
2	고입정보포털	http://www.hischool.go.kr
3	국가자격정보Q-net	http://www.q-net.or.kr
4	꿈길	http://www.ggoomgil.go.kr/front/index.do
5	대구 진학진로정보센터	http://www.dae.go.kr/jinhak/main.do
6	대입정보포털 어디가	http://www.adiga.kr
7	대전광역시교육청 진로진학지원센터	http://www.edurang.net/main.do?s=course
8	대학알리미	http://www.academyinfo.go.kr
9	마이스터고	http://www.hifive.go.kr
10	민간자격정보서비스	http://www.pqi.or.kr
11	삼성영포털	http://www.youngsamsung.com
12	서울 진로진학 정보센터	http://www.jinhak.or.kr
13	에듀넷	http://edunet.net
14	워크넷	http://www.work.go.kr
15	직업능력개발훈련기관	http://www.kai.or.kr
16	진학사	http://www.jinhak.com
17	청소년 기업가체험프로그램	http://yeep.kr
18	커리어넷	http://www.career.go.kr
19	크레존(창의인성교육넷)	http://www.crezone.net
20	틴커리어벨(동천출판)	http://www.kdlab.co.kr
21	학교알리미	http://www.schoolinfo.go.kr
22	한국가이던스	http://www.guidance.co.kr
23	한국고용정보원	http://www.keis.or.kr
24	한국대학교육협의회	http://www.kcue.or.kr
25	한국미래진로개발원	http://kfcdi.com
26	한국전문대학교육협의회	http://www.kcce.or.kr
27	한국직업능력개발원	http://www.krivet.re.kr
28	한국진로개발원	http://www.eslab.co.kr/
29	한국청소년상담복지개발원	http://www.kyci.or.kr
30	월드잡플러스	http://www.worldjob.or.kr

책으로 말 걸고, 토론으로 진로 찾기
수업에 바로 쓰는 진로독서 길잡이

1판 1쇄 발행 2019년 4월 1일
1판 4쇄 발행 2024년 1월 15일

지은이 김길순, 김윤진, 박혜미, 이영옥
펴낸이 한기호
책임편집 박주희
편집 여문주, 서정원, 박혜리, 송원빈, 이선진
본부장 연용호
마케팅 하미영
경영지원 김윤아
디자인 김경년
인쇄 예림인쇄

펴낸곳 (주)학교도서관저널
     출판등록 제2009-000231호(2009년 10월 15일)
     주소 04029 서울시 마포구 동교로 12안길 14(서교동) 삼성빌딩 A동 3층
     전화 02-322-9677 팩스 02-6918-0818
     전자우편 slj9677@gmail.com
     홈페이지 www.slj.co.kr

ISBN 978-89-6915-056-1 (03370)

·책값은 뒤표지에 있습니다.
·이 도서의 국립중앙도서관 출판예정도서목록(CIP)은 서지정보유통지원시스템 홈페이지(http://seoji.nl.go.kr)와 국가자료공동목록시스템(http://www.nl.go.kr/kolisnet)에서 이용하실 수 있습니다. (CIP제어번호 : CIP2019011239)